新时代乡村产业振兴干部读物系列

U0613208

农村创业创新

农业农村部乡村产业发展司　组编

中国农业出版社
农村读物出版社
北　京

图书在版编目（CIP）数据

农村创业创新／农业农村部乡村产业发展司组编
.—北京：中国农业出版社，2022.1
（新时代乡村产业振兴干部读物系列）
ISBN 978-7-109-28606-1

Ⅰ.①农… Ⅱ.①农… Ⅲ.①农村—创业—中国—干
部教育—学习参考资料 Ⅳ.①F249.214

中国版本图书馆 CIP 数据核字（2021）第 150333 号

中国农业出版社出版
地址：北京市朝阳区麦子店街 18 号楼
邮编：100125
责任编辑：冀 刚 刘 伟
版式设计：王 晨 责任校对：吴丽婷
印刷：中农印务有限公司
版次：2022 年 1 月第 1 版
印次：2022 年 1 月北京第 1 次印刷
发行：新华书店北京发行所
开本：700mm×1000mm 1/16
印张：20.5
字数：320 千字
定价：78.00 元

丛书编委会

本书编委会

主　编　周　振
参　编　马　晔　张　扬　张　琛　徐拓远　黄　斌

序

　　民族要复兴，乡村必振兴。产业振兴是乡村振兴的重中之重。当前，全面推进乡村振兴和农业农村现代化，其根本是汇聚更多资源要素，拓展农业多种功能，提升乡村多元价值，壮大县域乡村富民产业。国务院印发《关于促进乡村产业振兴的指导意见》，农业农村部印发《全国乡村产业发展规划（2020—2021年）》，需要进一步统一思想认识、推进措施落实。只有聚集更多力量、更多资源、更多主体支持乡村产业振兴，只有乡村产业主体队伍、参与队伍、支持队伍等壮大了，行动起来了，乡村产业振兴才有基础、才有希望。

　　乡村产业根植于县域，以农业农村资源为依托，以农民为主体，以农村一二三产业融合发展为路径，地域特色鲜明、创新创业活跃、业态类型丰富、利益联结紧密，是提升农业、繁荣农村、富裕农民的产业。当前，一批彰显地域特色、体现乡村气息、承载乡村价值、适应现代需要的乡村产业，正在广阔天地中不断成长、蓄势待发。

　　近年来，全国农村一二三产业融合水平稳步提升，农产品加工业持续发展，乡村特色产业加快发展，乡村休闲旅游业蓬勃发展，农村创业创新持续推进。促进乡村产业振兴，基层干部和广大经营者迫切需要相关知识启发思维、开阔视野、提升水平，"新时代乡村产业振兴干部读物系列""乡村产业振兴八

1

大案例"便应运而生。丛书由农业农村部乡村产业发展司组织全国相关专家学者编写,以乡村产业振兴各级相关部门领导干部为主要读者对象,从乡村产业振兴总论、现代种养业、农产品加工流通业、乡土特色产业、乡村休闲旅游业、乡村服务业等方面介绍了基本知识和理论、以往好的经验做法,同时收集了脱贫典型案例、种养典型案例、融合典型案例、品牌典型案例、园区典型案例、休闲农业典型案例、农村电商典型案例、抱团发展典型案例等,为今后工作提供了新思路、新方法、新案例,是一套集理论性、知识性和指导性于一体的经典之作。

丛书针对目前乡村产业振兴面临的时代需求、发展需求和社会需求,层层递进、逐步升华、全面覆盖,为读者提供了贴近社会发展、实用直观的知识体系。丛书紧扣中央三农工作部署,组织编写专家和编辑人员深入生产一线调研考察,力求切实解决实际问题,为读者答疑解惑,并从传统农业向规模化、特色化、品牌化方向转变展开编写,更全面、精准地满足当今乡村产业发展的新需求。

发展壮大乡村富民产业,是一项功在当代、利在千秋、使命光荣的历史任务。我们要认真学习贯彻习近平总书记关于三农工作重要论述,贯彻落实党中央、国务院的决策部署,锐意进取,攻坚克难,培育壮大乡村产业,为全面推进乡村振兴和加快农业农村现代化奠定坚实基础。

农业农村部总农艺师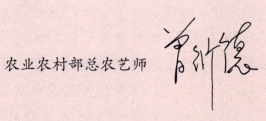

前　言

中共十九大报告提出，坚持实施创新驱动发展战略。习近平总书记指出，要把创新摆在国家发展全局的核心位置，激发调动全社会的创新激情，持续发力，加快形成以创新为主要引领和支撑的经济体系与发展模式。李克强总理强调，"大众创业、万众创新"是推动发展的强大动力；要采取进一步措施便利有条件的农民工返乡创业，落实促进农村一二三产业融合发展的措施。返乡下乡人员创业创新是"大众创业、万众创新"的重要组成部分，是继乡镇企业异军突起之后农村的又一次创业创新浪潮，是推动农业农村经济发展的新动能、促进乡村振兴的重要力量。近几年，在大量农村劳动力进城务工的同时，大批农民工、大学生、退役士兵、农业科技人员等返乡下乡创业创新，搞得风生水起、异彩纷呈，呈现出人数越来越多、领域越来越宽、起点越来越高、成效越来越好的可喜局面。既为解决当前矛盾提供了新办法，又为长远发展注入了新动能。

为总结当前我国农村创业创新发展情况，描绘发展趋势、推介典型案例、介绍发展经验；为各地政府推进农村创业创新、实施乡村振兴战略提供参考；为广大返乡下乡创业创新人员提供案例与经验借鉴，遂成本书。

本书共分为 15 章。

第一章至第五章主要包括 5 个方面的内容：①农村创业创新概述。从宏观层面介绍我国农村创业创新对乡村产业振兴的重大意义，阐释"双创"内涵及"双创"的理论依据。②农村创业创新发展现状与总体趋势。介绍全国创业创新的发展态势，并总结了我国农村创业创新的主要发展特征与趋势。③农村创业创新实践。从5个方面介绍实践效果，从创业创新者和政府作用两个角度总结了农村创业创新的基本经验。④农村创业创新面临的主要问题与原因分析。从4个方面介绍了当前面临的主要问题，并相应地分析了其原因。⑤推进农村创业创新的发展思路与对策建议。介绍下一步的发展思路，并从3个方面提出了对策建议。通过前5章的分析，系统地展现了当前我国农村创业创新的现状、问题与未来趋势。

第六章至第十章聚焦县级政府推进农村创业创新的做法与经验：①山东省费县全方位布局探索农村创业创新路径。②山西省万荣县规划引领、多措并举的创业创新实践。③四川省金堂县加强创业创新，助力乡村产业振兴。④山东省昌乐县打造农村创业创新高地。⑤广东省珠海市斗门区以园区为抓手，助推农村创业创新。各章分别从地区介绍、主要措施、实施效果、经验总结4个方面展开分析，将好的做法加以凝练，并向全国推介。

第十一章至第十五章聚焦农业龙头企业、农民专业合作社、家庭农场等新型农业经营主体，以及返乡农民工、返乡大学生等新农人的创业创新故事：①"好想你"公司的发展之路——农业龙头企业创业创新，介绍了企业创业创新的历程、内容、成果与经验。②种粮也有大收益——农民专业合作社创业创新，介绍了河南省荥阳市新田地种植专业合作社、黑龙江省克山县仁发现代农业农机专业合作社、湖南省锦绣千村农作物种植专业合作社创业创新的历程与成效，并对其经验作了总结。③各骋所长、百花齐放——家庭农场创业创新，介绍了四川省成都市双堰家庭农场、天津市武清区军磊家庭农场、西藏日喀则市岗苏家庭农场的创业创新故事，3家农场分别属于产业融合、技术研发、能人带领3种农场类型，具有一定的代表性。④"候鸟"变"归雁"——返乡农民工创业创新，介绍了山东省临朐县天润农场王永法、河南省新野县鼎泰电子精工科技有限公司王馨、安徽省桐城市农夫商城汪启航3位返乡农民工的创业创新历程。⑤在激扬青春中启航——返乡大学生创业创新，介绍了卖菜的中国人民大学硕士、出身寒门的食品企业董事长、长春版豆腐西施、火龙果农创客的创业创新故事。最后这5章介绍了5类群体动人的创业创新故事，总结出他们的经验，希冀能为全国创业创新群体提供参考。

推进农村创业创新，是一项战略性任务，需要全社会共同参与和支持。既需要政府部门的政策扶持，又需要广大群体的积极参与，还需要科研院所的持续研究。希望本书的出版，能为我国农村创业创新、乡村产业振兴提供微薄之力。

本书在编写过程中得到了中农智慧（北京）农业研究院王维，中国人民大学博士研究生张琛、徐拓远、张扬，以及中国人民大学硕士研究生马晔、黄斌的大力支持，他们在素材收集、资料整理、文稿校对等方面做了大量工作，在此表示感谢。

由于农村创业创新的理论研究尚处于起步阶段，对农村创业创新的调查研究总体有限，本书难免存在不足之处，敬请读者不吝指正。

编 者

2021年6月

目　录

第一章

农村创业创新概述

近年来，农村创业创新蓬勃发展。中共中央、国务院对此高度重视。习近平总书记在十九大报告中强调，要促进农村一二三产业融合发展，支持和鼓励农民就业创业，拓宽增收渠道。李克强总理强调，要健全农村"双创"促进机制，支持返乡下乡人员到农村创业创新。当前，农村"双创"已成为农业供给侧结构性改革的强大动力，成为"大众创业、万众创新"的重要组成部分，是推进乡村振兴的重要路径之一。

第一节 农村"双创"的目的

农村创业创新是"大众创业、万众创新"的重要力量，也是我国实施创新驱动发展的重要载体。随着越来越多的在村农民以及返乡下乡人员到农村创业创新，为推进农业供给侧结构性改革、活跃乡村经济、实现乡村振兴发挥了重要作用。

一、推动观念更新、制度创新

农村创业创新是典型的新生事物，不可避免地会给固有观念和现存制度带来冲击。创业创新不是科学家和社会精英阶层的专利，也不是被束之高阁、晦涩难懂的专利和论文，是深入"草根阶层"的自主创新。随着农村创业创新广度与深度的拓宽，人们将会改变对创业创新的理解与看法，改变关于发展乡村经济的思维与行为，尊重企业家、崇尚企业家精神的社会风气将会形成。农村创业创新的深入开展，也会倒逼各级政府部门审视那些不适应农村创业创新的体制藩篱与制度障碍，在信用体系建设、知识产权保护、科技成果转移转化、创业创新融资担保等方面先行先试，促进政府部门不断提升现代化治理水平。农村创业创新实质上是发轫于乡村基层、由草根大众主导的一次渐进改革，有利于政府运用市场的反作用力量实现自我改革，是理顺政府和市场关系的一次升华（王昌林，2018）。

二、培育乡村经济发展新动能

乡村承载着广大城乡居民对美好生活的向往，是提供优质农产品、繁荣优秀文化与供给生态产品的关键载体，是推动我国经济高质量发展的重要阵地。当前，我国乡村经济正处在由数量增长向质量发展转型升级期，受劳动力、土地等要素成本持续上涨的影响，我国乡村经济传统要素驱动型发展模式已难以为继，经济发展动能亟待转换。推进农村创业创新，鼓励与引导农民工、高校毕业生、退役士兵、科技人员、农村能人和农村青年等到农村创业创新，能为乡村经济注入信息、管理、技术等新要素，引入先进生产方式与现代经营理念，实现对现存资本、劳动力、物质资源等要素的重新组合，优化提升资源配置效率，培育发展农产品电商、定制农业、休闲农业等新产业新业态，推进农村一二三产业融合发展。不仅推动了传统产业的改造提升，而且也促进了农业多功能性的实现，创造出更多新供给，释放出更多新需求，汇聚成为乡村经济发展新动能。

三、开辟农民就业增收新渠道

就业是最大的民生，农民增收致富是乡村振兴的落脚点。习近平总书记指出："农业农村工作，说一千、道一万，增加农民收入是关键。要加快构建促进农民持续较快增收的长效政策机制，让广大农民都尽快富裕起来。"伴随我国经济结构转型升级以及国内外市场需求趋弱，农民就业比较集中的中低端领域吸纳人口就业能力衰退，农民持续增收的传统动能在逐渐减弱。鼓励与引导有意愿、有能力的人员到农村创办领办新型农业经营主体或服务主体，推进创业创新。既可以让他们施展才干、实现个人价值，而且还会产生巨大的岗位创造效应，催生出许多新的职业、新的岗位、新的就业方式，带动农民就近就地就业，把就业压力更多转化为社会经济活动需要的人力资源，实现以创新促创业、以创业促就业、以就业促增收的良性循环。

四、推进城乡融合发展

长期以来，受城乡二元结构的影响，我国农村资源要素特别是青壮年劳动力大多向城镇单向流动，导致农村发展要素不足尤其是产业主体培育不够，制约了乡村经济的发展。鼓励与支持各类人员到农村创业创新，有利于带动城镇资源要素向农村流动，促进城乡要素双向流动和城乡一体化发展。创业创新主体积极投身现代农业和乡村建设，他们受过工业化的训练、城镇化的熏陶，既懂城市又懂农村，既会搞生产又会跑市场，能够以工业化的理念搞生产、以市场化的理念搞营销、以城乡一体化的理念搞融合、以现代化的思维参与乡村治理，以"新农人""新乡贤""归雁"等多种独特的身份架起了城乡互动的桥梁。不仅促进了乡村经济发展，而且也有利于乡村治理、文化传承以及美丽乡村建设，有利于为地方建设充满生机的特色小镇、繁荣县域经济贡献力量，探索出构建新型城乡关系的新模式。

五、促进机会公正和社会纵向流动

农村创业创新不仅对农民就业和乡村经济发展具有重要支撑作用，而且还具有更为深刻的促进机会公正和社会纵向流动的内在价值。机会公平是最大的公平。传统意义上农村人口实现社会纵向流动靠教育和就业，当前农村创业创新渐成第三条通道。农村创业创新依托"人"这个最重要的生产要素，以发展新产业、应用新技术、形成新模式为主要表象，让人的聪明才智、活力得以充分展现，为参与者提供了改变命运、获得纵向上升的平等机会。大力推进农村创业创新，也有助于优化调整收入分配结构，让更多的年轻人尤其是农村贫困人口的孩子有更多的上升通道，有利于先富带动后富、缓解农村收入差距、推进共同富裕的实现（王昌林，2018）。

第二节 "双创"内涵

一、创业

什么是创业？我国《辞海》解释为"开创事业"，最早出自于《孟子·梁惠王下》中"君子创业垂统，为可继也"。《全球创业观察（GEM）报告》中将"创业"定义为"任何个人、群体或已成立的企业，以自我雇用、新型企业组织或是发展现有企业的形式，成立新企业或是新的风险投入的尝试"。创业的定义有狭义与广义之分，狭义的定义即通俗而言的创建新企业；广义的定义拓展至将不同资源组织在一起，利用和开发并创造价值的过程。

一般而言，创业涵盖创业者、商业机会、组织、资源和市场5个方面的核心要素。①创业者，是创业过程核心个人或团体，是创业主体，发挥着商业机会的识别、企业组织的创立、产品创新以及市场开拓的重要作用，是创业过程中的关键推动者或领导人物。②商业机会，即创业机会，是获取潜在利益的机会，是创业者进行创业的主要驱动力量。③组织，即创业载体，创业活动依托组织实施。④资源，包括人、财、物等，是创业者获得收益的重要支撑。⑤市场，企业的存在是因为企业提供产品或服务能满足市场需求，如果没有市场需求，新建企业也就没有存在的价值。一些学者采用模型的方式，抽象概括了创业的核心要素以及各要素的关系，为实际创业过程提供了指导，详见专栏1-1。

◆ **专栏 1-1**

经典创业模型

1. 蒂蒙斯的创业要素模型 美国创业教育的先驱蒂蒙斯教授从商业机会、资源、创业者及其团队三要素中提炼出了创业要素模型（专栏图1-1）。蒂蒙斯认为，商业机会、资源、创业者及其团队是任何创业活动都不可或缺的：没有商业机会，创业活动就成为盲目的行动，不能产生价值；没有资源，商业机会很难转化成价值；没有创业者及其团队的实施，创业活动也很难实现。另外，该模型强调了三要素动态匹配的作用，强调创业者要善于运用资源、把握机会，同时也指出创业需要合适的创业者与创业团队。

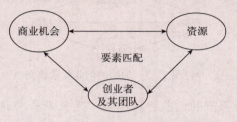

专栏图1-1　蒂蒙斯的创业要素模型

2. 萨尔曼的创业要素模型　萨尔曼认为，在创业过程中，为了更好地开发商业机会、提升企业价值，创业者需要把握4个关键要素，即人和资源、机会、交易行为和环境（专栏图1-2）。该模型强调了环境的重要性，认为其他3个要素来源于环境并反过来影响环境。模型还考虑了交易行为，即创业者与资源环境之间直接或间接的关系。该模型也强调了要素之间的适应性，即4个关键要素要相互协调、相互促进。

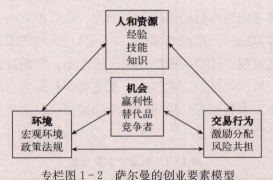

专栏图1-2　萨尔曼的创业要素模型

3. 加纳的创业要素模型　加纳认为，个人（创业者）、组织（企业类型）、环境、过程是创业的关键要素（专栏图1-3）。加纳认为，新企业的创建就是将各个相互独立的行为要素组成合理的序列以产生理想的结果。创业者需要有获得成就的渴望、冒险精神以及丰富的经历等特质。过程包括发现商业机会、组织建立、创业者集聚资源、新产品的生产以及对政府和社会作出回应等。

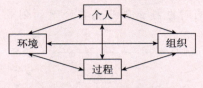

专栏图 1-3 加纳的创业要素模型

4. 克里斯蒂安的创业要素模型 克里斯蒂安认为，创业者与新事业是创业最重要的要素，如何创建新事业、随着时间而变化的创业过程管理、影响创业活动的外部环境网络是创业管理中的3个核心问题。

资料来源：崔海兴，郑风田，2014. 我国农民工回乡创业行为的理论与实证研究 [M]. 北京：中国农业出版社.

从动力来源、组织形式、创业发端、创业过程与创新程度看，创业可划分为多种类型（表1-1）。其中，较有影响力的是《全球创业观察（GEM）报告》依据创业者的创业动机划分的两种类型。第一类是以解决现存问题为目的的生存型创业。这类创业的直接动机是解决创业者的基本生活问题或养家糊口，不会过多地考虑社会责任、企业价值及长远发展。此类创业的规模一般较小，当前我国的创业以此种类型为主。第二类是以追求机会、创造更多利润为目的的机会型创业。这类创业者本身拥有一定的经济基础或技术，选择创业是为了追求更高层次价值的实现。

表1-1 创业的主要分类

维度	分类
动力来源	生存型创业：在生存难以为继的情况下，创业者发起并实施的创业
	机会型创业：遇到某种适合创业的商机所实施的创业
	兴趣型创业：创业者为了实现某种人生价值所实施的创业

（续）

维度	分类
组织形式	独立创业：个人或团队去创办新的企业 加盟创业：加盟某个连锁企业，成为既有的某个企业的加盟店、加盟工厂等 公司内部创业：企业组织内部的个体或群体通过与组织联合起来创建的新业务机构、推动组织业务更新和创新的过程
创业发端	商业机会驱动创业：创业者基于某个商机而起步创业的情形 创意驱动创业：创业者已经有了某种创意，继而基于特定创意，然后将创意付诸实施的创业情形
创业过程与创新程度	复制型创业：在现有经营模式基础上简单复制的一种创业模式 模仿型创业：在率先创新者已有创新成果基础上的"模仿"，甚至是在他人已有成果基础上改进的一种创业活动 安定型创业：这种创业类型强调的是创业精神的实现，也就是创新的活动，而不是新组织的创造，企业内部创业即属于这一类型。例如，研发单位的某小组在开发完成一项新产品后，继续在该企业部门开发另一项新品 冒险型创业：这种类型的创业，除了对创业者本身带来极大的改变，个人前途的不确定性也很高；对新企业的产品创新活动而言，也将面临很高的失败风险。冒险型创业是一种难度很高的创业类型，有较高的失败率，但成功所得的报酬也很惊人。这种类型的创业如果想要获得成功，必须在创业者能力、创业时机、创业精神发挥、创业策略研究拟定、经营模式设计、创业过程管理等各方面，都有很好的搭配

资料来源：雷家骕，葛健新，王华书，等，2014. 创新创业管理学导论 [M]. 北京：清华大学出版社.

二、创新

创新源于美籍奥地利经济学家约瑟夫·熊彼特《经济发展理论》的概念。熊彼特指出，创新就是把生产要素和生产条件的新组合引入生产体系之中，"建立一种新的生产函数"，其目的是获取潜在的利润（雷家骕等，2014）。通俗而言，创新是一个将机会转变成新创意，并将创意转化成实践活动的过程。

创新的分类方式较多，其中普遍认为创新可以划分为产品创新、工艺创新、营销创新和组织创新 4 类。产品创新指性能和特征上全新的或有显著改进的产品（商品或服务），包括全新的产品和性能显著改进的产品2类。工艺创新，即引入新的生产方法，包括技术、装备和软件上的显著改进。营销创新，即采用新的营销方式，包括营销理念、产品设计或包装、分销渠道、促销方式等方面的显著改进。组织创新，即运营策略、工作场所或外部联系的组织方式发生变革。4类创新的典型案例见表1-2。

表1-2　4类创新的典型案例

类别	典型案例
产品创新	销售呼伦贝尔空气是典型的产品创新。一般而言，大家认为空气是免费的。但是，随着近年来人们对空气污染愈发重视，浙江一位企业家抓住机会销售呼伦贝尔空气。一时间，把"卖空气致富"这件看起来荒诞的事推上风口浪尖，并取得了不错的成绩
工艺创新	在饮品中添加防腐剂是饮品行业较为常见的事情，此举虽保障了饮品的较长储存期，但是长期饮用有损健康。为此，四川福仁缘农业开发有限公司实施工艺创新，开发出了一种不用添加剂的饮品——福仁缘枇杷汁，获得了许多消费者的青睐
营销创新	在农业领域内，最为典型的莫过于农产品电商，农产品电商是对传统产品营销方式的一次重大革新。如四川省仁寿县农二哥食品公司，过去一直在县域内从事腊肉产品销售，销售额较为有限，年销售额仅20万～30万元；2015年开始从事网络销售，2016年销售额突破300万元
组织创新	山东省潍坊市临朐县奶牛合作社由于规模小、实力弱，合作社在与奶业企业等其他市场主体的谈判中极为被动，经常面临压低奶价、拖欠奶款等问题。在此形势下，临朐县奶牛合作社走上了"抱团"经营、共闯市场的联合之路——成立了潍坊市志合奶牛专业合作社联合社。在产品销售方面，联合社采取鲜奶统一销售的措施，打破了乳品企业的独家买方垄断，成功扭转了以前被动接收买方收购条件的市场格局，提升了与乳品企业的市场谈判能力

创新和创业相连一体、共生共存。一方面，创新的价值既可以通过创办新企业来实现，也可以通过原有企业的发展壮大来实现，因而创业是创新的一种结果。事实上，许多创新的商业化往往依赖于创业。另一方面，有竞争力的创业活动一定充满了各种创新。持续性

强、涉及范围广的创业可以广泛带动技术创新、商业模式探索以及管理上的创新，以此提升创业成功率。可见，创业不仅是创新的实现方式，也是拉动创新的工具（王昌林，2018）。

第三节　"双创"的理论依据

长期以来，人们普遍认为创业创新是"高大上"的事情，往往集中在二三产业、发生在城市里。那么，为什么当下农村创业创新也成为一件可行的平常事呢？究竟是哪些因素发生了变化，促使农村创业创新从很难实现变成了可能呢？当前，农村创业创新快速发展得益于以下 3 个方面：

一、消费升级拓宽了创业创新市场空间

我国正处于中等收入国家向高收入国家迈进的历史新阶段，消费升级带来的新需求为农村创业创新创造了广阔的市场空间。按照世界银行对不同收入经济体的划分，1999 年我国进入中低收入经济体行列，2010 年步入中高收入经济体行列，目前我国正处于从中高收入向高收入阶段迈进的关键时期。随着我国居民收入水平的上升和生活品质的提升，消费结构将持续优化升级，中高端、多元化、个性化消费需求将快速增长，人民群众对优质农产品、生态产品、清洁空气、美丽环境等的需求更加迫切，质量和效益成为新时代农业农村发展的主题。城乡居民对美好生活的向往，为农村地区发挥资源优势，大力发展生态农业、乡村旅游等新产业新业态提供了消费市场支撑，为农村创业创新提供了市场需求动力。

◆ 专栏 1 - 2

乡村功能转变促进农村创业创新领域拓展

乡村是一个具有多样化、复合性功能的空间单元。长期以来，

乡村在整个国民经济和社会发展过程中，主要扮演着食物供给、要素贡献的角色。生产功能、增产导向占主导地位，促生产、保供给是主要任务，乡村功能单一化。农村创业创新可选择的领域较窄，主要集中在农业领域，尤其是种植业、养殖业等为主的农业产业化经营领域。当前，随着我国经济社会发展进入高质量发展阶段，结构性矛盾上升为主要矛盾，生产主义乡村开始向后生产主义乡村转型。乡村生产功能向生产、生活、生态"三生"功能拓展不仅有条件，也有现实需求：一方面，经济社会发展对资源要素投入的依赖程度下降，重要农产品供给总体充足，农业继续增产的迫切性降低，对农村劳动力总量需求下降，农业支持政策开始调整转变，这为农业生产功能向"三生"功能拓展提供了条件；另一方面，城乡居民对美好生活的要求不断增加且更加多样，不仅需要乡村作为生产单元而存在，同时也需要乡村向生态空间、文化传承、新消费载体等转变。乡村功能转变，为创业创新提供了更多的空间和可选择领域。

二、新一轮技术变革支撑创业创新发展

新一轮技术变革与创业人员知识积累，为农村创业创新提供了技术支撑与智力支撑，为新供给的创造提供了源源不断的支持。从技术变革看，当今世界，新一代信息技术、生物技术、新材料技术、智能制造技术等不断取得突破，与各行各业深度融合，正在深刻改变人们的生产生活方式；如互联网技术在农业农村的广泛应用，为革新农产品销售方式提供了可能，催生出了农产品电商、众筹农业、定制农业等新产业新业态；生物技术的推广应用，为许多健康、生态农产品的供给提供了可能；这表明伴随着技术变革以及现代技术的广泛应用，农业农村领域的创新不再是不可高攀的难事，创业也不再是天方夜谭。从创业人员知识积累看，随着我国城乡居民受教育水平提升以及城乡劳动力流动加快，一大批返乡下乡人员参与到农村创业创新中，他们受过工业化的训练、城镇化的熏陶，既懂城市又懂农村，既会搞

生产又会跑市场，他们到农村创业创新，能够以工业化的理念搞生产、以市场化的理念搞营销、以城乡一体化的理念搞融合，不断提升农业生产标准化、规模化和品牌化水平，即伴随着我国经济社会的快速发展，当前我国已成长了一大批潜在创业创新人群。

三、优惠政策加快出台扶持创业创新

农业农村改革加快以及扶持农村创业创新的系列政策密集出台，为农村创业创新提供了强有力的政策支持。一是关键领域改革推进降低了交易成本。一些重大制度改革扎实推进，不仅实现了预期制度收益的增加，也降低了交易成本。例如，农村产权制度改革推进，农村产权交易体系逐步建立，推动了资源优化配置；又如，农村土地流转的加快、农业附属设施物抵押贷款加快推进等，降低了制度性交易成本，有利于农村创业创新。二是惠农政策累积叠加带来的预期收入变化。近年来，国家持续出台了一系列强农惠农富农政策，形成明显的推进农村创业创新的制度激励效应。例如，国家各部门连续出台了多个促进创业创新的政策文件，从用地、融资、人才、税收等各个方面给予了创业创新支持，为农村创业创新营造了良好的发展环境。

概括而言，消费升级为农村创业创新创造了市场新需求，创业者知识积累与技术变革为创业创新提供了支撑，有助于形成新供给。在良好的政策环境支持下，农村创业创新快速发展，一批新产业、新业态、新模式应运而生（图1-1）。

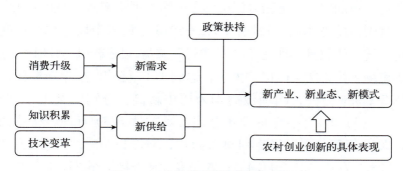

图1-1　农村创业创新依据框架图

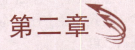

第二章
农村创业创新发展现状与总体趋势

在中共十九大精神指引下，当前全国各地深入实施创新驱动发展战略，大力推动"大众创业、万众创新"，各类群体创业创新活力有效激发，农村创业创新扬帆起航正当时。

第一节　全国创业创新的发展态势

农村创业创新是全国"大众创业、万众创新"发展的重要内容，分析全国创业创新发展态势，有助于了解农村领域创业创新的发展背景。当前，我国"大众创业、万众创新"不断向更高质量进发。

一、新增市场主体快速增长

随着新一轮技术创新和产业变革浪潮不断向纵深拓展，创业创新机会进一步涌现，促进新登记市场主体活力不断增强。中共十八大以来，我国市场主体增长较快，2013—2018 年期末市场主体与年度新登记市场主体数量实现逐年"双增长"态势（图 2 - 1）。2018 年底，我国市场主体首次突破亿户大关，达到 1.10 亿户，全年新登记市场主体 2 149.6 万户，两项数据均为历史新高，分别比 2017 年增长 12.3% 与 11.9%，平均每天新登记市场主体 5.89 万户。从结构上看，2018 年底，企业数量 3 474.2 万户，增长 14.5%；个体工商户数量 7 328.6 万户，增长 11.4%；农民专业合作社数量 217.3 万户，增长 7.7%（表 2 - 1）。

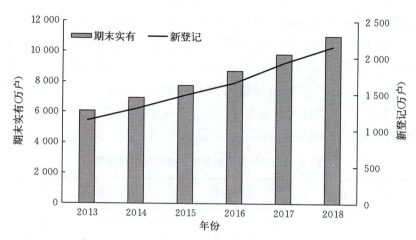

图 2-1　2013—2018 年我国市场主体期末实有与新登记发展情况

资料来源：国家市场监督管理总局官方网站。

表 2-1　2017—2018 年我国市场主体发展情况

单位：万户

类别		2018 年		2017 年	
		期末实有	新登记	期末实有	新登记
市场主体		11 020.0	2 149.6	9 814.8	1 924.9
其中：	企业	3 474.2	670.0	3 033.7	607.4
	个体工商户	7 328.6	1 456.4	6 579.4	1 289.8
	农民专业合作社	217.3	23.1	201.7	27.8

资料来源：国家市场监督管理总局官方网站。

二、载体平台建设成效显著

创业创新平台是开展"双创"工作的重要载体。近年来，我国"双创"平台数量继续保持了快速扩张的好势头。截至 2017 年底，众创空间数量已经达到 5 739 家，科技企业孵化器 4 069 家，中央企业搭建的创业创新平台 970 个，已认定国家中小企业公共服务示范平台

473 家，各地认定的省级示范平台 3 200 多家。同时，全国"双创"平台带动作用持续凸显。其中，众创空间当年新注册企业超过 8.7 万家，同比增长 22%，吸纳就业超 170 万人；科技企业孵化器在孵科技型中小企业 17.5 万家，累计毕业企业 11.1 万家，当年发明专利 2.1 万件，占当年度全国发明专利授权数的 5%；中央企业搭建的 187 个孵化器，吸引入驻企业和团队 5 283 个，创客 3.88 万人。2017 年我国创业创新载体平台建设情况见表 2 - 2。

表 2 - 2   2017 年我国创业创新载体平台建设情况

类别	数量	说明
众创空间	5 739 家	全国纳入火炬统计的众创空间超过 5 700 家，与 2016 年相比，增幅超 33%，众创空间总面积超过 2 500 平方米，提供工位超过 105 万个，同比增长 36%
科技企业孵化器	4 069 家	截至 2017 年底，全国孵化器总数达 4 069 家，其中国家级孵化器 988 家；在孵科技型中小企业 17.5 万家，累计毕业企业 11.1 万家
中央企业搭建的创业创新平台	970 个	同比增加 561 个，包括"双创"示范基地、互联网平台、孵化器、产业园区以及各类创业创新活动等
国家中小企业公共服务示范平台	473 家	已认定国家中小企业公共服务示范平台 473 家，各地认定的省级示范平台 3 200 多家，配套服务人员 19 万人

资料来源：国家发展和改革委员会，2018. 2017 年中国大众创业万众创新发展报告 [M]. 北京：人民出版社.

三、创业创新舆论氛围更加浓厚

随着各地区、各部门全面深化改革创新，优化制度供给，营造良好环境，全国形成了认同"双创"、投身"双创"的浓厚氛围，"双创"观念深入人心。各地区积极组织主流媒体多层次、多角度宣传"双创"，在社会各界掀起创业创新浪潮。例如，2018 年全国"双创"活动周以"高水平'双创'，高质量发展"为主题，在全国范围内再次掀起了一场宣传"双创"的热潮：在成都主会场举办了启动仪式、主题展示、改革开放 40 周年创业代表座谈会、创业创新平台建设推进会、创业乐天府、创新星空间、黑科技每日秀等重点活动；在北京会场举办了高质量发展论坛、创业创新系列大赛、区域协同创新发展研讨会、重大项目发布及签约等重点活动；在各地分会场举办了展览展示、项目路演、投融资对接、专家论坛、政策宣讲等各类创业创新活动。此外，创业创新赛事持续增多。由清华大学和中国高校创新创业教育联盟主办的首届"京津冀-粤港澳"（国际）青年创新创业大赛北方赛区决赛在中新天津生态城举行，第五届"创青春"中国青年创新创业大赛（互联网组）总决赛在江西省共青城市举行①。

四、创业创新政策环境持续优化

近年来，国家持续实施了一系列重大举措，通过加强新政策供给、完善投融资环境、健全人才政策、实施税收优惠，推动创业创新服务水平再上新高。在加强新政策供给上，国务院印发了《关于强化实施创新驱动发展战略进一步推进大众创业万众创新深入发展的意见》，提出了 39 条举措，为充分释放全社会创业创新潜能指明了方向、明确了措施，标志着"大众创业、万众创新"进入了新的发展阶段。在投融资环境完善上，国务院办公厅印发《关于进一步激发社会领域投资活力的意见》，进一步激发医疗、养老、教育、文化、体育等社会领域投资活力；中国人民银行印发《关于做好 2017 年信贷政策工作的意见》，要求银行业金融机构加大对创业创新企业的支持力度。在人才政策健全上，人力资源和社会保障部印发《关于支持和鼓励事业单位专业技术人员创新创业的指导意见》，从支持和鼓励事业单位专业技术人员兼职创新或者在职创办企业、离岗创业创新等方面

---

① 资料来源：国家信息中心研究报告《2018 年我国创新创业形势分析与展望》。

提出多项举措；设立了"全国创新争先奖"，2017 年共评选产生了 10 个奖牌获奖团队、28 名奖章获奖人选、254 名奖状获奖人选；中央组织部提出力争用 10 年左右的时间，建设一支结构合理、素质优良、作风过硬的基层青年人才队伍。在税收优惠上，持续减少小微企业负担，财政部、国家税务总局印发《关于支持小微企业融资有关税收政策的通知》等，提出对金融机构向农户、小型企业、微型企业及个体工商户发放小额贷款取得的利息收入，免征增值税；将小微企业的年应缴纳税所得上限由 30 万元提高至 50 万元。

五、创业创新培育新动能成效突出

随着"大众创业、万众创新"持续向纵深拓展，经济发展新动能加速成长壮大，有效促进了产业向高端迈进和就业质量提质。一是大量新技术新业态新模式不断涌现。物联网等关键技术进入发展培育期，云计算、大数据、人工智能与实体经济深度融合，工业互联网加速普及，推动电信、能源、制造、商贸、农业、食品、文化创意、公共安全等实体经济领域加速数字转型，催生知识付费、新零售等新模式新业态，分享经济触及范围和渗透程度不断扩大加深。2018 年前 3 季度，我国高技术产业增加值同比增长 11.8%，增速高于规模以上工业 5.6 个百分点；战略性新兴产业同比增长 8.8%，高于规模以上工业 2.4 个百分点。二是创造大量高质量就业机会。"大众创业、万众创新"为我国稳定和扩大就业提供了重要支撑。据国务院国有资产监督管理委员会统计，截至 2017 年底，中央企业有 150 多名科技人员参与创业创新，带动就业人数近 700 万人；全国创业孵化载体内企业就业人数超过 200 万人，每家毕业企业平均带动就业 43 人；中国宏观经济研究院联合 36 氪定期监测显示，2017 年初创企业网上新招聘岗位 259.1 万个，较 2016 年同比上升 6.4%[①]。

---

① 资料来源：国家发展和改革委员会，2018. 2017 年中国大众创业万众创新发展报告 [M]. 北京：人民出版社.

第二节 我国农村创业创新的主要发展特征与趋势

当前，大批农民工、大学生、退役士兵、城镇科技人员等返乡下乡创业创新，风生水起、溢彩缤纷，呈现出主体数量越来越多、领域越来越宽、模式越来越新、起点越来越高的发展态势。

一、农村创业创新正处于改革开放以来的第三轮发展热潮

农村是广阔舞台，农民群体人多力量大，农业农村蕴含巨大的创造活力。改革开放以来，我国农村经历了一波又一波创业热潮，当前正处于第三轮发展热潮（图 2－2）。

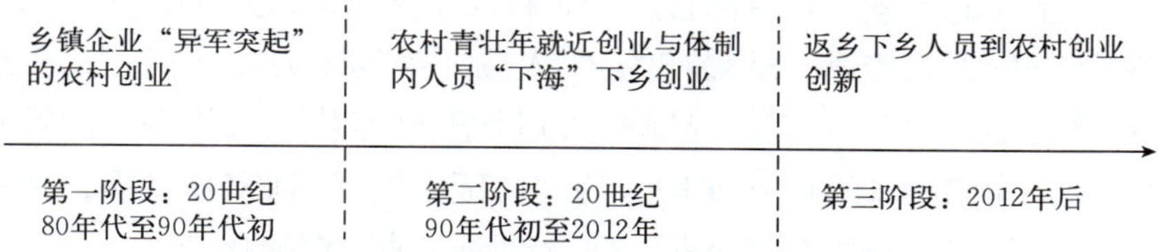

乡镇企业"异军突起"的农村创业	农村青壮年就近创业与体制内人员"下海"下乡创业	返乡下乡人员到农村创业创新
第一阶段：20世纪80年代至90年代初	第二阶段：20世纪90年代初至2012年	第三阶段：2012年后

图 2－2 农村创业创新的三个历史发展阶段

第一阶段（20 世纪 80 年代至 90 年代初）：乡镇企业"异军突起"的农村创业年代。20 世纪 80 年代，国家放宽了对农村发展工商业的限制，乡村集体经济多点开花，农村能人纷纷加入创业队伍，乡镇企业"异军突起"，成为 80 年代农村创业创新最鲜明的特征。如果说实行家庭联产承包责任制是迈出了中国农村改革的第一步，那么毫无疑问，第二步改革就是乡镇企业的快速发展，它带来了农村生产力的又一次飞跃，被邓小平同志夸赞为"这是完全出乎我们意料的最大收获"。20 世纪 80 年代，我国乡村工业化大幕拉开之后，乡镇企业在全国遍地开花。在经历一段黄金发展期后，乡镇企业迎来了一次严峻考验。从 1989 年起，国家开始治理整顿产品质量差、经济效益低、污染严重的企业，在"适者生存"的新形势下，许多乡镇企业开始调整产品结构，改变简单的规模扩张模式，开始着力提高科技水平，并积极开拓国际市场。3 年调整期的风雨过后，生存下来的乡镇企业迎

来了新一轮发展机遇期。1992—1994 年，乡镇企业规模再次迅速扩张，经济效益状况好转，增加值年均增长率高于 50%，长三角和珠三角地区的乡镇企业甚至已经在当地 GDP 中"三分天下有其一"。90 年代中后期，乡镇企业发展进入了调整创新时期，产权制度改革的大幕徐徐拉开。

第二阶段（20 世纪 90 年代初至 2012 年）：农村青壮年就近创业与体制内人员"下海"下乡创业。1992 年邓小平同志发表南方谈话之后，计划经济向社会主义市场经济加快转型，大量青壮年农民工就地就近或到城里务工经商创业，同时大量城镇体制内人员"下海"到农村创业，带来了新一轮农村创业浪潮。例如，1992 年山东平邑人张庆刚带着 20 名地地道道的农民，踏上开发伊始的上海浦东，成为首批闯上海的沂蒙人。这群普通的农村汉子凭借沂蒙精神，在上海滩书写了一段沂蒙传奇，从最初的 21 人到如今的 3 万余名员工，创造了扬名上海的"沂蒙劳务"品牌。20 世纪 90 年代，贵州铜仁的姚某辞去了梵净山国家级自然保护区的"铁饭碗"，回到家乡发展，并成立铜仁世纪绿色装饰有限公司，建立苗圃基地培育绿化苗。

第三阶段（2012 年后）：返乡下乡人员到农村创业创新。中共十八大以来，国家大力实施创新驱动战略，积极推动"大众创业、万众创新"，"三农"政策支持力度不断加大，农业农村新产业新业态新模式蓬勃兴起，城乡交流日益密切，为农村创业创新提供了更多的机会、更好的要素和更大的舞台，以返乡下乡人员为主导的群体推动形成了农村"双创"新热潮。

二、农村创业创新人员规模持续扩张

农村创业创新热潮正在形成，涌现出特征明显的三大群体。既有具有农村户籍的农民工、高校毕业生和退役士兵等返乡人员，也有具有城镇户籍的科技人员、高校毕业生、有意愿有能力的城镇居民等下乡人员，还有农村能人和农村青年等本乡人员，形成蔚为壮观的"双创"主体①。

---

① 资料来源：农业农村部官方网站文章《农村创业创新呈蓬勃发展趋势》。

从数量规模看，农村创业创新人数逐渐增多。21 世纪以来，农村创业创新的第一个小高峰是 2008 年金融危机爆发后形成的，当年创业的主体占总量的 5.8%；此后返乡创业创新逐渐兴起，2009—2011 年 3 年内成立的创业主体占总量的 13.5%，年均占 4.5%；2012 年和 2013 年是农村创业创新的起飞阶段，两年内成立的创业主体占总量的 15.9%，年均占 7.95%；2014 年以来是农村创业创新的高速增长期，4 年内成立的创业主体占总量的 54.1%，年均占 13.53%。据农业农村部统计，农村创业创新的 3 类群体数量增幅近 5 年均保持在两位数左右。截至 2018 年底，农民工、高校毕业生、退役士兵、企业主、科技人员等返乡下乡"双创"人员累计达到 780 万人，分别比 2017 年、2016 年增加了 40 万人、210 万人（表 2 - 3）。

表 2 - 3　2015—2018 年农村创业创新人数发展变化

年份	内容
2015 年	农民工返乡创业人数累计已超过 450 万人
2016 年	从农村流向城镇的农民工、高校毕业生、退役士兵等人员返乡创业创新人数累计达 570 多万人，其中农民工返乡创业累计 450 万人
2017 年	农民工、高校毕业生、退役士兵、企业主、科技人员等返乡下乡"双创"人员累计达到 740 万人
2018 年	返乡下乡创业创新人员 780 万人

从人员结构看，年轻的高学历者将成为主流。受调查的农村创业创新人群中，学历为大专的占 7.0%、本科的占 1.9%、硕士及以上的占 0.3%。对照年龄组分析发现，年龄越低的组别高学历创业者的比重越高。"90 后"创业群体中，大专及以上学历的占 27.7%；"80后"创业群体中，大专及以上学历的占 16%；而"70 前"创业群体中，这一比重仅有 3.2%。另外，创业者接受专业培训指导的比例也在上升。2018 年的调查显示，半数以上人数接受过创业培训，达到 53.8%，比 2017 年 7 月的第一次动态监测情况提升 2.3 个百分点。其中，接受过如何创业创新培训的占 21.9%，接受过企业经营管理

培训的占 20.1％，接受过生产技术培训的占 35.7％，接受过市场营销培训的占 19.4％。据农业农村部抽样调查显示，70％的创业者都有打工、求学和服兵役等经历，多是农村能人、农村青年。

从主体分布看，农村创业创新主体分布广泛。从创业创新主体所在村分布来看，有 78.3％的固定观察点农村有创业创新主体，即每 5 个村庄中约有 4 个已有农村创业创新主体，成为当地农业农村经济发展的新动能。分地区看，西部地区特别是劳动力输出地区这一比例最高，86.4％的农村有创业创新主体；中部地区次之，有 80.3％的农村有创业创新主体；东北地区 73.7％的农村有创业创新主体；东部地区这一比例最低，仅有 66.2％的农村有创业创新主体。中西部返乡创业以农民工居多，东部地区的高校毕业生返乡创业较其他地区居多。

三、农村创业创新领域不断拓展、起点不断提升

乡村天地宽。伴随返乡下乡创业创新人员规模的扩张，以及农村创业创新的深入实践，农村"双创"呈现出领域拓宽、起点上升的变化趋势。

从发展领域看，农村产业融合创业创新明显增多。据农业农村部抽样分析，82％的返乡下乡人员创业创新领域都是农村产业融合项目，创业领域逐步覆盖特色种养业、农产品加工业、休闲农业与乡村旅游、信息服务、电子商务、"三品一标"农产品生产经营、特色工艺产业等；创办的经营主体包括家庭农场、种养大户、农民合作社、农业企业和农产品加工流通企业，并呈现出融合互动、竞相发展的趋势。

从发展起点看，农村创业创新起点越来越高。返乡下乡创业创新主体素质更高，抱团创业更多，管理方式更新，广泛采用了新技术、新模式和新业态，现代要素投入明显增加，并且融入当地的现代农业和特色经济中去。据农业农村部调查，54％的创业创新主体广泛运用互联网、智慧农业、共享经济等新技术新模式，89.3％的农村创业创新经营主体是多人联合创业、合作创业、抱团创业，广泛采用了个人

独资制、合伙制、合作制、股份合作制和股份制等形式。

四、农村创业创新呈现五大典型模式

当今农村创业创新正在广阔天地中蓄势迸发，全国县域涌现出了五大农村"双创"典型模式[①]（表2-4）。

表2-4　全国县域五大农村创业创新典型模式比较

模式	内涵	特征
返乡下乡能人带动型	返乡农民工、高校毕业生及科技人员等返乡下乡人员通过创办、领办企业和合作社等新型农业经营主体，引领带动周边农民创业就业	1. 能人作用突出 2. 示范引领明显
"双创"园区（基地）集群型	以农业企业、园区（基地）为主的平台载体，为农村创业创新提供见习、实习、实训、咨询、孵化等多种服务的模式	1. 资源聚集度高 2. 基础设施条件较好 3. 政策服务到位
龙头企业带动型	依托国家或省市级农业产业化重点龙头企业优势，带动当地农村创业创新为企业配套服务，引领当地经济发展	1. 龙头引领，产业特色鲜明 2. 带动创业，配套服务企业 3. 企业集群，建设创业创新孵化区
特色产业拉动型	围绕特色产业，强化产业链创业创新，沿产业链上中下游，面向产前、产中、产后环节的生产与服务需求，开展创业创新活动，形成大中小企业并立、各类经营主体集聚、产业集群持续壮大的创业生态系统	1. 产业特色突出地域优势 2. 创业创新载体作用明显 3. 农村创业创新反促特色产业发展
产业融合创新驱动型	围绕产业融合形成的新产业、新业态和新模式，开展创业创新活动，加速区域之间、产业之间的资源和要素的流动与重组，推动农业农村发展	1. 电商聚集融合 2. 休闲旅游带动融合 3. 行业横向融合

---

① 资料来源：农业农村部乡村产业发展司。

第一，返乡下乡能人带动型。主要是指返乡农民工、高校毕业生及科技人员等返乡下乡人员通过创办、领办企业和合作社等新型农业经营主体，引领带动周边农民创业就业。这是一种近似"能人经济"的创业模式。其主要特点：一是能人作用突出。这些创业者有头脑、懂技术、能经营、善管理，一个人创业，引领带动周边人员乃至整村或整乡共同发展。山西省阳城县皇城村党支部书记、皇城相府集团董事长陈晓拴，带领村民挖掘历史文化，修缮皇城相府，建成国家AAAA级景区；发展休闲观光农业和乡村旅游业，打造"旅游景点＋宾馆酒店＋文化演艺＋'农家乐'"发展模式，形成了游、购、娱、吃、住、行"一条龙"产业链条，每年接待中外游客200多万人次，旅游综合收入近3亿元，带动了全村经济发展。二是示范引领明显。能人创业成功后，带领周边人员创业，把其他创业者聚集在自己周边，开展合作与服务。北京密农人家农业科技公司总经理孔博，创建密农人家电商平台，经营生鲜农产品，带动68名新农人创业者共同创业，带动300余户农户生产种植转型，2016年销售额突破2 600万元。

第二，"双创"园区（基地）集群型。该模式是以农业企业、园区（基地）为主的平台载体，为农村创业创新提供见习、实习、实训、咨询、孵化等多种服务的模式。园区能够有效地创造聚集力，通过共享资源、克服外部负效应、带动关联产业的发展，从而有效地推动产业集群的形成。作为企业的重要聚集基地，通过自身的规模、品牌、资源等价值为区域经济发展和企业资本扩张起到了巨大的推动作用。其主要特点：一是资源聚集度高。"双创"园区有限借鉴工业园区的做法，实现园区内要素集中、产业集聚、企业集群、技术集成。福建省晋江市建设海峡创业园构建"三创园（创业、创新、创意）"、国际工业设计园、智能装备产业园、陈埭新区创新中心、金井高校科教园五大科技创新载体，聚集创业创新要素，为农业农村各类人才创业创新提供空间。二是基础设施条件较好。"双创"园区（基地）基本都实现了"五通一平"，建立众创空间及创业孵化基地等涉农孵化器，为创业者提供办公场所或生产设施，创业者入驻即可创业。长春国信农业投资建设了 70 万平方米的众创空间及创业孵化基地等涉农孵化器，打造了有机农业种植标准化"双创"园区、农产品加工示范园区、农业企业孵化园等 12 个综合性园区，接纳"双创"人员创业创新，为"双创"人员服务，提供实习就业创业岗位 4 000 多个，带动农民就业 2 000 多人。三是政策服务到位。"双创"园区（基地）一般都集成了注册登记、政策咨询、创业培训、财务代理、融资担保、法律服务等服务，能够为创业者解决创业过程中遇到的各种困难和问题。四川省成都市郫都区出台了系列专项支持政策，集成落实到农村创业创新园区（基地）、众创空间、创业孵化器等，打造菁蓉·成都现代农业创业创新空间，2017 年涉农"双创"项目政策扶持资金累计达到 1.67 亿元，其中农业"双创"园区道路、沟渠、高标准农田改造、"互联网＋物联网"和园区孵化办公条件等基础设施完善项目资金投入 1.41 亿元。

第三，龙头企业带动型。该模式是依托国家或省市级农业产业化重点龙头企业优势，带动当地农村创业创新为企业配套服务，引领当地经济发展。其主要特点：一是龙头引领，产业特色鲜明。龙头企业从事的是当地优势或支柱型产业，规模较大，在当地经济发展中起主导作用，是名副其实的领头雁。河南新郑好想你枣业股份有限公司是一家集红枣种植加工、冷藏保鲜、科技研发、贸易出口、观光旅游于一体的综合型企业。公司以市场需求为导向、以技术创新为动力，已成为红枣行业规模最大、技术最先进、产品种类最多、销售网络覆盖最全、辐射带动最广、市场占有率最高的龙头企业，带动新郑市将红枣产业作为主导产业发展，成为全市经济发展的"航母"。二是带动创业，配套服务企业。龙头企业采取"公司＋农户""公司＋家庭农场""公司＋合作社＋基地"等形式，带动当地创业者创业，为龙头企业提供配套服务或支持主导产业发展。广东省云浮市新兴县温氏集团主要从事肉猪、肉鸡养殖，采取"公司＋农户""公司＋家庭农场"模式，带动当地农民创业致富。三是企业集群，建设创业创新孵化区。福建省安溪县现代农业产业园，通过发挥企业的带动作用，形成农资联购、产品联销、质量联控、植保联防、庄园联建的"五联"梯次合作格局，形成了"龙头企业＋合作社＋基地＋茶农（家庭农场）"的产地利益共同体，累计带动茶叶专业合作社582家、家庭农场131个、农户12万多户。

第四，特色产业拉动型。该模式是指围绕特色产业，强化产业链创业创新，沿产业链上中下游，面向产前、产中、产后环节的生产与服务需求，开展创业创新活动，形成大中小企业并立、各类经营主体集聚、产业集群持续壮大的创业生态系统。其主要特点：一是产业特色突出地域优势。产业特色立足地区资源特色，通过将特色资源优势转化为特色产业优势，形成农村创业的核心竞争力。四川省金堂县依托食用菌、黑山羊、油橄榄、柑橘等优新特产业，建立创业基地，为创业者搭建创业平台，积极推进农村创业创新。通过特色产业带动，金堂县共建成农村"双创"园区105个、产业基地1453个，创业人数达3.1万人，带动就业22万人。二是创业创新载体作用明显。创业者依托特色产业进行创业创新，开办各类特产企业和配套企业，为创业者提供更多的创业机会。福建省安溪县以铁观音茶产业为主导，建成安溪县国家现代农业产业园，通过产业引领区、技术装备集成区、创业创新孵化区、创业创新示范核心区等建设，探索出一条依托本地特色产业带动农户创业创新、实现增收致富的新路。三是农村创业创新反促特色产业发展。创业者创业成功后，扩大了特色产业规模，提升了特色产业档次，打造了特色产业品牌，促进了特色产业的发展。吉林省长春市双阳区鹿乡镇引导返乡下乡本乡人员从事梅花鹿养殖、加工、营销和休闲旅游，设立鹿产品创业一条街，为创业者提供创业平台，极大地激发了创业者创业活力。全镇从事鹿产品经销业户达到513户，其中返乡创业的农民工开办的经销处224户，鹿产品经纪人发展到2100多人，年客流量超过100万人次，鹿产品交易总额达20亿元，有力地促进了梅花鹿产业发展。

第五，产业融合创新驱动型。该模式主要是围绕产业融合形成的新产业、新业态和新模式，开展创业创新活动，加速区域之间、产业之间的资源和要素的流动与重组，推动农业农村发展。其主要特点：一是电商聚集融合。通过建设电子商务产业园区，提供电商服务，吸引生产加工企业入驻园区，实现了二三产业融合发展。福建省安溪县弘桥智谷电子商务产业基地通过免费电商培训，鼓励支持开展电商创业，以电商服务聚集生产企业和创业者，形成了"电子商务＋仓储服务＋商品集散"的运营模式，吸引了茶叶、铁艺、鞋服和休闲食品产业等众多规模企业和一大批创业者入驻园区创业。二是休闲旅游带动融合。四川省成都市郫都区青杠树村遵循"小规模、组团式、生态化、微田园"理念，以川西民居特色为主基调，规划建设9个聚居组团共9.7万平方米的农民新居，统筹推进乡村建设、产业培育、公共配套、环境优化、社会治理，建设幸福美丽乡村，成为成都市及周边市民周末休闲度假的好去处。三是行业横向融合。三浓创咖利用大数据为涉农企业提供咨询、规划、融资等服务，促进区域农村创业创新发展，成功地把工商企业大数据配套服务移植到农村创业创新企业，融合发展出现了城市要素带动乡村发展的新趋势。成都坊田·天空农场立足楼顶平台，发展绿色循环都市农业，既利用了城市楼顶平台的优质资源，又拓展了农业的观光科普体验功能，实现一二三产业融合发展，创出一条独特的现代农业发展道路。

五、农村创业创新政策环境逐渐优化

近年来，各级农业部门扎实推进农村创业创新，通过搭平台、育主体、抓政策、搞服务等，为农村"双创"创造了良好的发展环境[①]。

在平台建设方面，各地区加大对农村创业创新园区（基地）建设力度。农业部在各地上报农村创业创新园区（基地）名单的基础上，印发《农业部关于公布全国农村创业创新园区（基地）目录的通知》（农加发〔2017〕1号），发布了北京市朝阳区新希望集团有限公司创业基地等1 096个依法合规、功能完备、辐射带动能力较强、产业融合发展趋势明显的全国农村创业创新园区（基地）目录，为返乡下乡本乡人员创业创新提供可选择的场所和高效便捷的服务。天津市目前建成了20多个农业科技园区和10个中以（中国-以色列）示

---

① 资料来源：中央农业广播电视学校研究报告《农村创业创新发展报告》。

范园区，黑龙江省建立了 300 个农民创业示范基地，重庆市重点扶持了 100 个专业优势明显、功能完善、具有一定示范带动作用的创业孵化基地。

在人才培训方面，各地区日益重视农村创业创新培训工作。截至 2017 年，农业部举办农民创业培训 60 期，培训学员 6 000 人。黑龙江省级财政投入 2 500 万元专门培训创业型农民 1 万人。河南省 2017 年上半年返乡创业培训 6.75 万人次。四川将符合条件的返乡农民工纳入高素质农民培育和现代青年农场主培训计划，人均补助培训经费 1 000～3 000 元，2016 年全省累计培训返乡农民工等 10 万人。安徽省到 2020 年，每年培训辅导农村创业创新人员 10 万人次。

在金融担保方面，各地区加大对农村创业创新扶持力度。山西省对高校毕业生在高新技术领域实现自主创业的贷款额度可提高到 20 万元，将创业贷款担保基金代偿率从 20% 提高到 25%，将农民工、高校毕业生、退役军人等人员返乡创业纳入政府创业担保贷款和财政贴息范围。浙江省对农村青年创业项目，给予不超过 30 万元、贷款期限不超过 3 年的小额担保贷款，对农村致富带头人或优秀创业项目给予贷款贴息。河南省设立"农民工返乡创业投资基金"，省级母基金设计总规模 100 亿元，加大贴息力度，采取多种担保形式，降低农民工创业融资成本。四川省财政出资注册设立省级农业信贷担保有限公司，安排补助资金 6 586.33 万元，对返乡创业个人和小企业分别给予 10 万元和不高于 200 万元的创业贴息担保贷款。

在税费优惠方面，加大对农村创业创新帮扶力度。北京等地对高素质农民创业创新减少或免收登记类、证照类等行政事业性收费。贵州省贵阳市在税费减免优惠方面，按照"非禁即允"准入规定，为农村劳动力办理证照开通绿色通道，对从事农产品批发、零售的纳税人销售的蔬菜、部分鲜活肉蛋产品以及农业生产者销售的自产农产品免征增值税。

在宣传推广方面，树典型、营造创业创新的氛围越来越浓厚。农业农村部从全国 1 000 名候选人中遴选产生并宣传推介了 100 个农村创业创新优秀带头人，着手开展了第二批优秀带头人典型案例和第一批典型县范例宣传推介工作。2018 年推出了全国农村创业创新典型县范例名单，有效地激发了各地农村"双创"人员的内生动力。黑龙江省委宣传部与省农委联合开展了"龙江最美创业人（农民篇）"评选活动，评选出 10 名龙江最美创业农民。河南省政府隆重表彰了 50 名农民工返乡创业之星，确定 28 个省级试点县，认定 28 个省级示范园区、50 个省级示范项目作为返乡下乡创业的标杆，分别给予一次性奖补 200 万元、50 万元、2 万～15 万元。四川省政府召开全省优秀农民工暨返乡创业先进集体和个人表彰大会，隆重表彰了 100 名优秀民工代表、50 家明星企业和 50 个先进单位。

在配套服务方面，各地区逐步建立了全方位的"保姆式"服务。北京等地设立"绿色通道"，为高素质农民创业创新提供便利服务，对进入创业园区的提供有针对性的创业辅导、政策咨询、集中办理证照等服务。全面清理并切实取消非行政许可审批事项，减少创业投资项目前置审批。天津市建设"六个一"配套服务体系（一套办公休闲设施、一个宽带网络、一条龙公司化服务体系、一份咖啡简餐补助、一组孵化培训平台、一揽子政策礼包），搭建返乡下乡人员创业创新的直通车。内蒙古自治区在调研、收集资料、确定候选试点旗（县）等工作的基础上，精心编制好自治区农村牧区一二三产业融合发展总体规划和试点工作方案，把支持返乡下乡人员创业创新、推进农村牧区一二三产业融合发展工作与国家的指导意见、工作方案和重大项目相衔接。吉林省、青海省分别开展返乡下乡本乡人员创业创新的统计工作，全面掌握本省返乡下乡本乡人员的创业创新情况，摸清基本底数，建档立卡，建立农村创业创新人员信息库，进一步加强对返乡下乡本乡人员创业创新的动态监测和调查分析。

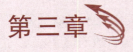

第三章
农村创业创新实践

　　20 世纪 80 年代，亿万农民群众发展乡镇企业形成异军突起之势，为改变农业农村贫困落后面貌发挥了历史性作用。近年来，大量返乡下乡人员到农村创业创新，蓄势迸发，为乡村振兴发展提供了不竭动力和源头活水。

第一节　实践效果

　　随着创业创新在乡村深入开展，为农村锻造了一批现代新农人、培育了一批农村发展新动能、发展了一批农村新产业、供给了一批高质量新产品、带动了一批农民就业增收，有力地促进了农村产业融合发展，推进了城乡融合。

一、成长了一批现代新农人

　　长期以来，我国农村青壮劳动力以及乡村能人净流向城镇，农村产业发展长久面临着主体"空心化"的问题。伴随着返乡农民工、高校毕业生及科技人员等到农村创业创新，改变了长期以来我国农村能人单向流向城镇的发展趋势。这类人群有头脑、会技术，懂城市、又懂农村，既会搞生产又会跑市场，他们到农村大展身手，掀起了一股创办农民合作社、家庭农场、专业大户、农业企业等的创业创新热潮，为乡村发展注入了一股新的力量，缓解了乡村建设人才短缺的问题，为乡村振兴锻造了一支生力军。截至 2018 年底，全国新型农业经营主体累计达到 400 万家，高素质农民超过 1 500 万人。

◆ **专栏 3－1**

创业创新中成长的新农人典型代表

1. 务农的优秀大学生　汪琰斌，男，1991 年 11 月出生，2013 年毕业于杭州万向职业技术学校园林技术专业，2017 年在职函授浙江农林大学经济学，现为浙江省宁波市鄞州姜山归本水稻农场负责人。曾荣获浙江省优秀毕业生、鄞州区优秀种粮大户、鄞州区粮食高产竞赛三等奖、全国风鹏行动鄞州区粮食高产竞赛二等奖、全国农业致富带头人、宁波市"双千"粮食高产二等奖、鄞州区"五四"青年奖章。大学毕业后，汪琰斌回到农村创办宁波市鄞州姜山归本水稻农场，开启了创业之旅。在姜山镇和陈介桥村各级领导的帮助协调下，通过土地流转开展水稻生产的规模化经营。汪琰斌非常重视种植技术，千方百计地提高自己的栽培水平，每次市、区、镇举办的各类农业及粮食栽培技术，他总是坐在前排认真记录，区里的种粮大户也成了他取经的对象。只要出门，汪琰斌必带尺子和相机，记录每个阶段水稻的生长状况。回来时，他还会拔一些水稻进行仔细解剖，将水稻生长情况用文字、图片记在水稻种植记录表里。再者，他借助互联网通过微信订阅了多个有关农业科技知识方面的公众号，认真学习科学种田方面的理论基础知识，更加系统地掌握了科学种田的知识。2016 年，汪琰斌的农场早稻亩产比 2013 年提高了 100 千克以上。

2. 公务员退休当农民　舟桂蓉，女，1958 年 7 月出生。1996 年入党，曾任资中宾馆总经理、四川省内江市资中县机关事务管理局副局长，现任汇众农业有限公司董事长、成都市农业职业经理人协会双流区会长。2016 年获得全国农村创业创新带头人，2017 年荣获成都市农业职业经纪人年度风云人物等荣誉。所带领的企业获得农业部颁发的"全国青少年科普示范基地"、中国科学技术协会颁发的"全国科普惠农兴村先进单位"。创业初年，冉桂蓉50岁，刚从公务员岗位上退休下来。回到家后，她承包土地600亩*，投资3 500万元，以有机水稻、蔬菜、农耕文化亲子教育、产品线上线下销售以及农业技术培训为主导。创业之初，家人不支持，朋友不认同，村民们更是嘲笑和奚落，但她从来没有想过放弃。9年下来，公司蒸蒸日上：第一年到第二年完成了规模农业500亩的机械化生产，自己种植有机水稻，并注册"汇蜀香"米商标；第四年完成了一三产业的融合发展；第六年蔬菜就开始出现大规模的订单销售，与多家知名企业签订采购合同，特别是供应成都地区肯德基的顶鲜中央厨房。创业9个年头，成为四川省成都市农业田园综合体的领先者。

3. "互联网＋农业"的佼佼者 熊冬在读大学期间，一次偶然的机会，他接触到了兰花，之后便利用周末时间逛花市购买兰花，然后通过QQ找顾客销售，一个半月的时间他赚了6 000元。尝到甜头之后，他在家人和朋友的反对声中，毅然决定休学回乡创业，成立了湖北省广水市传奇园艺公司，成为湖北地区网上销售兰花第一人。之后，他还卖过"飞翔牌腐树皮"，养殖过特种野猪，卖过种植兰花的紫砂花盆和种植多肉植物的花盆，最终才进入多肉植物销售这个行业。多肉植物种植是一个利润非常高的行业，目前的产区主要在山东、上海和福建。2014年公司开始网络销售多肉植物的花盆，2015年开始销售多肉植物。熊冬最大的特点是精于钻研，他介绍说："我一直在研究如何在网上将产品销路打开，收集、学习与试验了很多方法"，很快公司占领了全国多肉植物网络销售的制高点。目前，传奇园艺多肉植物销售量在淘宝网上长期居于首位。2014年，公司网络销售额900万元；2015年增加到4 500万元；2016年达到7 700万元。其中，2016年"双11""双12"期间，公司网络日销量达40余万元。

资料来源：农业农村部官方网站"农村创业创新 农村产业融合"栏目与笔者实地调研。

---

* 亩为非法定计量单位。1亩＝1/15公顷。

二、培育了一批农村发展新动能

创业创新正在乡村广阔天地中蓄势迸发，新技术、新业态、新模式在乡村发展中层出不穷，推动了农业农村经济新旧动能转换①。

一是为现代农业注入了新技术。新科技革命催生智能制造、生物工程和现代信息等新技术在农业领域得到广泛应用。在农业生产中，应用耕种收全程农机装备，在主产区逐步实现"机器换人"，综合机械化率超过66％。在农业全产业链建设中，应用综合协调配套技术，推广绿色生产储藏包装技术，实现后续处理"鸟枪换炮"，农业科技进步贡献率达到56％。在农业经营管理中，应用新一代信息技术，产品信息采集、网络结算成为农民新技能，手机成为"新农具"，产品销售实现"电商换市"。2017年农村网民达2亿多，农村网络零售额达1.2亿元，带动2 800多万农民就业创业。

二是为现代农业贡献了新业态。农业与技术跨界深度融合，形成了"农业＋"多业态。"农业＋"林牧渔，催生了稻田养鱼（虾、蟹）、林下养鸡等循环农业，截至2017年底，稻渔综合种养达到2 900万亩。"农业＋"加工流通，催生了储藏保鲜、中央厨房、个人定制等延伸型农业，截至2017年底，主食加工营业收入突破2万亿元。"农业＋"文化、教育、旅游、康养等产业，催生了创意农业、教育农园、消费体验、民宿服务、康养农业等体验型农业。"农业＋"信息产业，催生了在线农业、直播农业、数字农业、农业众筹等智慧型农业。"农业＋"城镇，催生出特色小镇、美丽乡村、田园综合体、产业园区等产城融合型农业。

三是为现代农业提供了新模式。农业生产、经营在于消费对接过程中形成了许多新商业模式。智能化生产模式深度应用信息管理技术，实现食物个性化定制、工业化生产。新平台经营模式依托企业搭建平台，为生产者和消费者架起直通管道。终端物流配送模式建设前端仓储分发基地和后端取件终端平台，打通"最后一公里"。产业联盟发展

---

① 资料来源：农业农村部官方网站文章《"双新双创"为乡村带来蓬勃活力》。

模式将产业上下游各主体进行有效联结，建立协同发展、合作共赢的抱团主体。资源共享模式利用共享农庄等平台，将土地、农房等各种资源整合，为消费者带来便利和实惠，为财产所有人带来实在收益。

三、发展了一批农村新产业

随着新技术、新业态、新模式在农业农村的广泛应用，与农业融合催生出一大批新产业，促进了农业结构优化调整。农产品加工业向精深方向发展，2017年加工产值达22万亿元，与农业产值之比由2012年的1.9∶1提高到2.2∶1，农业产业链条加快延伸。休闲农业和乡村旅游蓬勃兴起，2018年营业收入达8 000亿元（图3-1），吸纳了1 000多万农民就业，吸引30亿人次到乡村休闲度假，拓展了农业多功能。农业生产性服务业快速发展，农资供应、产品集聚、物流配送等广泛开展，年产值超过2 000亿元。

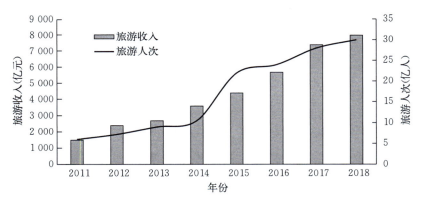

图3-1　2011—2018年我国休闲农业和乡村旅游收入与人次

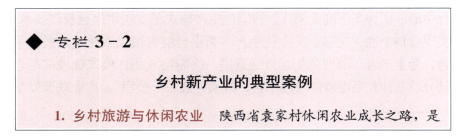

◆ 专栏 **3-2**

乡村新产业的典型案例

1. 乡村旅游与休闲农业　陕西省袁家村休闲农业成长之路，是乡村旅游与休闲农业成长的典范和重要缩影。2007年以来，陕西省礼泉县袁家村以乡村旅游为突破口，打造农民创业平台，解决产业发展和农民增收问题，成功探索出一条破解"三农"难题、建设美丽乡村的新路径。袁家村的乡村旅游与休闲农业产品分为3个部分：

一是乡村旅游，以关中传统老建筑、老作坊、老物件等物质文化和非物质文化遗产所代表的关中民俗文化为内涵，以乡村生活、"农家乐"、关中小吃和当地农民参与经营为特征，建设关中印象体验地村景一体的体验式旅游景区，初步满足了都市居民周末一日游的需求。

二是创意文化体验，以艺术长廊、书屋客栈、咖啡酒吧、创意工坊等新业态和文创青年、时尚达人参与投资经营为特征，增加和丰富了景区的经营项目和服务功能，进一步满足都市居民休闲度假和文化消费的需求，并吸纳周边更多农民就业和参与。逐步实现了阳光下的袁家村向月光下的袁家村转变，即由一日游向两日游、多日游和度假游转变。

三是特色小镇，以更多资本和人才进入，带来更多要素和资源，全面扩大、充实和提升袁家村关中印象体验地社区和景区为特征，形成基础设施完备、服务功能齐全、各类人才聚集、三产融合发展的特色小镇。既有田园风光，又享时尚生活；既有现代气息，又有乡愁民俗。产业特而强、功能聚而合、形态小而美、机制新而活，宜业宜居、开放多元的美丽乡村和特色小镇，充分满足人们对高品质生活的向往和追求。

2. 农业生产性服务业　河南省荥阳市新田地种植专业合作社的实践探索，既较好地带动了当地农业生产性服务业的发展，又促进了当地粮食产业的发展。2011年，带头人李某从国有粮食企业辞职后，成立了合作社。与多数新型农业经营主体规模化经营方式不同的是，新田地种植专业合作社并没有成片流转农户土地统一经营，而是仅向农户提供农业生产性社会化服务。具体而言，包括粮食生产服务与粮食流通销售两项业务。在粮食生产服务上，合作社提供涵盖农资供应、耕、种、植保、收全程农业社会化服务；在粮食流通销售上，合作社经营粮食烘干和粮食收购销售两项关联业务。

合作社开展的农业生产性服务业起到了两方面的突出效果：一是带动农民增收效果突出。从成本看，合作社规模经营亩均经营成本比传统农户经营减少 111 元，相比传统农户节约成本近 30%。从产量上看，合作社规模化经营单产比普通农户的高出 200 斤*/亩，相比传统农户增产 20%；从产品售价上看，合作社渠道销售的小麦价格比传统农户高出 0.2 元/斤，价格高出近 20%。综合测算，在成本节约、单产提升与售价提高多方面因素作用下，合作社生产每亩小麦净利润比传统农户高出 557 元。二是较好地促进了合作社发展壮大。截至 2016 年底，新田地种植专业合作社已实现盈利 350 万元，较 2011 年利润额 60 万元有了明显上升，年均增长 46.9%。

资料来源：笔者实地调研与网络资料整理。其中，袁家村材料来自中国乡村振兴袁家村课题组研究报告——《创新与共享：袁家村的乡村振兴之路》。

四、供给了一批高质量新产品

农村创业创新有助于提升农业供给水平。与传统小农户产品生产不同的是，返乡农民工、高校毕业生及科技人员等新农人的创业创新，革新了以往农业生产方式，投入了大量的信息、技术等新要素，应用了许多新模式，产生了丰富的新业态，有效地提升了产品质量。据农业农村部统计，在返乡下乡人员创办的企业中，有 80% 以上都是新产业、新业态、新模式和产业融合项目，有助于优化农村产业结构、提升产业发展层次、促进绿色发展。例如，天津市宁河区以科技创新、平台建设引领农村创业创新发展，全区建成了 10 万亩优质水产品基地，建设了种猪、种鱼、种蟹、种稻、种菜等"国字号"种业

---

* 斤为非法定计量单位。1 斤＝500 克。

基地。广西壮族自治区河池市宜州区通过培育孵化创新平台，打造循环经济产业链等措施，建成了优质茧丝生产基地，建成广西首家茧丝绸产业孵化器，培育茧丝绸及蚕桑综合利用企业 35 家。山西省灵丘县建设了"一元圆你创业梦"创客公寓、电商公共服务中心等众创空间，引入工商资本，汇聚专业人才，探索"有机农业＋美丽乡村＋生态旅游"的模式，建设了车河、城头会、北泉、花塔、小寨等一大批特色村庄，推动了有机农业与旅游休闲、农耕体验、文化传承、生态保护、农村电商等深度融合，提供了一批高质量的乡村旅游服务产品。

◆ 专栏 3-3

农村创业创新提升产品供给水平的典型案例

1. 创业创新引领有机水稻发展　黑龙江省哈尔滨市延寿县加信镇是水稻主产区，有百万亩的水稻田，基础大，空间大。但有效积温不足、水稻生育期短、稻米品质不高，成为稻农增收的一大瓶颈！2003 年，从东北农业大学进修回到家乡的姚宏亮，开始尝试研究新技术种植有机水稻。经过几年的经验积累，他终于摸索出一套覆膜有机水稻栽培的创新模式，而且在国家专利局申请了覆膜有机水稻栽培技术发明专利。2007—2010 年，在原有基础上，他每年都有创新，完成了"青蛙四级跳"！2007 年，使用人工覆膜。2008 年，姚宏亮的新发明——有机水稻地膜覆盖技术取得了成功，采用半人工机械覆膜，彻底解决了有机水稻除草的难题。2009 年，他发明了覆膜机，采用全机械覆膜。2010 年，他成功改装了双功能覆膜插秧一体机，机械覆膜、机械打孔、机械插秧一次性完成，比手工覆膜插秧提高功效 20 倍以上。2016 年，姚宏亮的有机水稻基地全部采用全生物有机降解地膜，解决了有机水稻种植过程中的"白色污染"问题！覆膜有机水稻栽培技术可除草、杀虫，提高积温 200～300 ℃，促早熟 9～11 天，使水稻种植提高一个积温带，实现了在第二积温带种植稻花香等优质晚熟品种，每亩增产 100～200 斤，节水 40％，保肥 30％，技术可复制、上规模，可大面积推广，是有机水稻种植的一个里程碑，是水稻生产技术的又一次革命！2016 年，黑龙江省农委组织专家对覆膜有机水稻栽培技术及全生物降解地膜进行了评鉴。

2. 从传统农业到绿色特色功能农业　2002 年开始，孙福红先后从村委会和村民手中转包土地 200 余亩，实现规模化果树种植。但由于自身经验、理念、技术等制约，他并没有获得理想的经济效益。2006 年 6 月，孙福红参加了关于农业科技创新的"农合论坛"培训，使其对现代农业产业发展有了全新的认识，坚定"品牌、特色（富硒）"两大发展方向。他先后流转土地 2 000 余亩，并进行了土地整治改良，因地制宜地种植了富硒苹果、富硒地瓜、富硒小米、富硒花生、富硒草莓等富硒农产品。各种富硒农产品深受消费者的青睐，公司获得较好的收益。在此基础上，他还采用航天搭载育种等新技术，通过成立农超合作社，带动周围乡镇农户共同种植富硒农作物，实施了"公司（加工销售）＋合作社（管理）＋农户（种植）＋农超、电子商务（销售）"的农业一体化产业模式，并在本地区得到了大力推广。现在，他不仅有自己的家庭农场、农产品加工厂，而且还组织创建了蓬莱市甘恬富硒农产品协会、蓬莱市宏赢农机专业合作社、烟台市爱斯欧迪富硒农产品合作社等。不仅扩大了高质量农产品生产规模与种类，而且还较好地带动了当地农民共同种植绿色特色功能农产品。

　　资料来源：农业部农村社会事业发展中心研究报告——《全国农村创业创新优秀带头人典型案例》。

五、带动了一批农民就业增收

　　大量的案例表明，返乡下乡人员到农村创办领办新型农业经营主体和服务主体，既能施展他们的才干、实现个人价值，同时在带动农民增收致富、以创新促创业、以创业促就业、以就业促增收上取得了突出成效，为全国打赢脱贫攻坚战作出了重要贡献。例如，近年来河南省大力发展外出务工人员返乡下乡创业的"雁归经济"，形成了"返乡创业一人，带动致富一方"的良好局面；2017年上半年，河南省新增外出务工返乡创业人员13.72万人，新增创办企业7.67万个，新增带动就业114.94万人，累计454.47万人。四川省各级农业部门扎实推进农村创业创新工作，2016年全省新增返乡创业人数7.1万人，创办领办各类新型农业经营主体近5万个，实现年营业收入734.25亿元，带动就业人数155.13万人，支付工资总额107.73亿元。陕西省平利县把支持农村创业创新作为助推脱贫攻坚的新引擎，引导外出能人返乡创业。2017年底，平利县返乡创业人员达2 100余人，兴办以社区工厂为主的经济实体1 628家，开发就业岗位2万个，带动6 007名贫困群众精准脱贫，发挥了"创业一人、带动一片、致富一方"的倍增效应。

◆ 专栏 3 - 4

农村创业创新带动农民就业增收的典型案例

1. 六盘山贫困带上的创业致富带头人　2010年，焦建鹏在宁夏固原市西吉县吉强镇龙王坝村流转1 200亩土地成立了西吉县心雨林下产业专业合作社，通过在山地上种植大结杏、在林下放养生态鸡和种植油牡丹，再用鸡粪发展大棚草莓，最后利用生态鸡、油牡丹、草莓采摘发展休闲农业，走一二三产业融合发展的农业六次化产业模式之路。2013年，他又开拓思路，新发展了2 000亩休闲农业基地，栽种牡丹和草莓。2014年，在农民专业合作社的基础上创建"龙王坝生态旅游股份有限公司"。目前，该村在2014—2016年分别确定为中国最美休闲乡村、全国生态文化村、中国最美乡村游模范村、中国乡村旅游创客示范基地、中国第四批宜居乡村、自治区十大特色产业示范村。2017年，龙王坝成为中央电视台农民春晚北部拍摄地，春节期间龙王坝也被凤凰卫视宣传报道，年接待游客达9万人次，收入达890万元（其中电商销售农产品 280 万元），为 208 户建档立卡贫困户解决就业，全村人均纯收入达 11 200 元，带动全村农民走上户均建 1 栋休闲采摘日光温棚、种植 2 亩油牡丹、修建 3 间客房、户均养殖 4 只林下生态鸡的"1234"脱贫致富路，走出了一条"南部山区落后村庄"变"宜居宜游宜商美丽乡村"的农村脱贫致富发展的新路子。

2. 引领村民共同致富的农村"双创"人　李承洪出生于举世闻名的中国榨菜之乡——重庆市涪陵区南沱镇一个农村家庭。李承洪从小就与榨菜结下了不解之缘，小时剥菜、穿菜挣零花钱，高中毕业后外出鲜销青菜头、坛装榨菜，回乡创业后开办榨菜企业，再到现在创新产业，依托三峡竹海倾力打造竹笋产业。李承洪以实际行动践行自己"生在农村、扎根农村、发展农村、美丽农村"的梦想。在企业产业发展的同时，更加注重基地建设，带动农民致富。在榨菜产业发展中，成功探索"公司＋合作社＋基地＋农户"经营机制，在涪陵区南沱镇建立核心基地 3 000 亩，带动发展南沱镇 3 万亩基地建设，2015 年菜农人均增收 645 元；在笋竹产业发展中，进一步创新机制，探索出"土地经营权入股"合作经营模式。公司以现金入股、农民以笋竹基地的土地经营权折价入股，一是在南沱镇治坪村成立竹泰笋业股份合作社，建立"保底分红＋盈利二次分红＋产业务工收入"的经营模式；二是在义和镇成立竹味农业开发公司，探索"产量分红＋盈利二次分红＋产业务工收入"的经营模式，实行"统一种苗、统一技术质量、统一销售"管理，将农民土地、采笋量与分红挂钩，提高农民管护、采收积极性，实现提高产量、保证质量、保证销价的目标，将原来的纯生态林建设为亩均经济价值 3 000 元以上的经济林。2015 年，南沱镇入股竹农获得了保底分红 25 万元、务工收入 66 万元，户均增收 3 600 元；义和镇入股竹农获得了产量分红 14.5 万元、务工收入 30 万元，户均增收 3 400 元。

资料来源：农业农村部官方网站"农村创业创新　农村产业融合"栏目。

第二节　基本经验

从全国各地实践看，农村创业创新总体上取得了较好成效，但是也有许多创业创新失败的案例。推进农村创业创新，既需要创业创新者瞄准方向，也需要政府的有效扶持。

一、从创业创新者看，提升自身素质是基础、选准方向是关键

1. 不断提高自身素质是创业创新的重要基础　成功实现农村创业创新需要创业者自身具备一定的素质。一般而言，创业创新者需要具备 3 个要素：知识、技能、经验的积累，发现市场的眼光，整合资源的能力。近几年，农业农村部连续推介了两批农村创业创新优秀带头人，这些优秀带头人普遍具备上述素质。例如，黑龙江省延寿县的姚宏亮，成功探索出技术可复制、规模可大面积推广的有机水稻种植模式，与他对技术的重视密不可分。在创业创新中，他花费了数年的时间在种植技术上进行了大量的试验与摸索。四川省苍溪县创业创新优秀带头人王贵，成功带动了当地猕猴桃产业发展。这与他高度重视市场营销与产品品牌建设紧密相关。在做优品质的同时，王贵推动"苍溪红心猕猴桃"从经营产品向经营品牌的跨越，成功打造了"壹颗红心"企业品牌，与京东、良食网、本来生活、有赞等 13 家知名线上电商运营展开电子商务销售渠道建设合作。云南省祥云县创业创新优秀带头人单加文，在资源整合上展现出独到的能力。他将分散生产种植的农户组织起来，整体进入市场参与竞争，一边直接向产地收购，一边与外地客商建立销售关系，减少了流通环节，降低了流通费用，腾出了利润空间，将利润空间让给了农户，同时也激发了农户生产的积极性，促进了农业产业化发展步伐，延长了农产品的产业链，形成了"公司＋基地＋农户＋物流"的经营模式，提升了农业产业化发展水平，实现了企业带动农民持续增收"互动双赢"的良好发展格局。

2. 农村创业创新要遵循时代发展规律、把握正确方向　农业农

村商机无限，广阔天地，大有作为。返乡下乡人员要结合自身优势和特长，根据市场需求和当地资源禀赋，利用新理念、新技术和新渠道，开发农业农村资源，发展优势特色产业，在获得效益的同时，也能繁荣农村经济。在选择项目时，要与推进农业现代化的大目标结合起来，围绕推进农业供给侧结构性改革这条主线开展。要坚持以市场需求为导向，结合当地资源和自身优势，做到"三个对接"。一是主动对接新一轮优势农产品区域布局规划和特色农产品优势区建设。积极发展规模种养业、特色农业和设施农业；发展农产品烘干、储藏、保鲜、净化、分等分级、包装、营销等农产品加工流通业，引导开发营养安全、美味健康、方便实惠的加工食品。二是主动对接农业新产业新业态。发展升级版"农家乐"、采摘园和休闲农业聚集村，提升休闲农业和乡村旅游的产品及服务档次，把农业打造成养眼洗肺、健康养生的幸福产业；发展农村电商、文化创意、养生养老、中央厨房、农村绿化美化等生产性生活性服务业和各类新产业新业态新模式。三是主动对接农村一二三产业融合发展。让农业生产接二连三、三次产业互动，形成良好的产业分工和利益分配关系，让农民参与产业发展并分享二三产业增值收益。农业部门对选择什么产业、怎么进行经营，主要是按照产业发展规划并结合当地实际，帮助做好市场分析、政策咨询和项目论证，引导发展既符合市场需求又能发挥优势的特色化、小众化、中高端、高附加值农产品，提高创业创新质量和效益。

◆ **专栏 3 - 5**

农村创业方向

农村创业大致有 5 个方向：跟着现代农业创业；跟着区域特色创业；跟着规模企业创业；跟着专业市场创业；跟着"美丽乡村"创业。这 5 个方向往往针对性较强，效果较好，不容易失误。

1. 跟着现代农业创业　传统农业注重劳动力等传统要素的投入，封闭低效。现代农业则是在开放的区域内投入现代设施、资金、技术、人才管理等现代要素，可以用 4 个成语来概括：脱胎换骨——脱掉传统农业的态，换成现代农业的态；接二连三——一二三产业融合发展；顶天立地——顶高科技、市场、政策的"天"，立"三农"的"地"；三生有幸——实现生产、生活、生态环境的融合。

2. 跟着区域特色创业　通俗地说，就是一个地方搞一种产品的规模化生产：这个地方的农民都制作纽扣，那个地方的农民都生产油漆。依托块状经济、区域特色经济，包括民族民俗特色产业创业成功率较高。这在温州、台州以及中西部许多地方都得到应验，少数民族地区也是如此。

3. 跟着规模企业创业　即依托龙头企业实现创业创新。如天津宝坻地区，当地农民大多从事夏利汽车配套零部件的生产，围绕大企业开展创业创新，基本没有亏钱的。

4. 跟着专业市场创业　专业市场具有可共享的大型交易平台和销售网络，能够大大节约农村创业者的交易费用。

5. 跟着"美丽乡村"创业　"美丽乡村"建设不但改善了农村的生态与景观，还打造出了一批知名的农产品品牌，带动了农村生态旅游的发展。借助农村生态旅游，开办"农家乐"、销售特色农产品，效果较好。成功实现农村创业创新既需要创业者自身具备一定的素质，也需要政府做好服务。

资料来源：陈建光，2015. 农村创业创新现状与对策 [J]. 中国农村科技（8）：37－39.

二、从政府作用看，政府配套服务是重要支撑

农村创业创新离不开政府的扶持，更好地发挥政府对市场的"补位"作用，是推进农村创业创新高质量发展的关键支撑[①]。

---

①　本部分列举的各县案例来自农业农村部官方网站，列举的各县均为全国农村创业创新典型县。

1. 政府搭平台是推进农村创业创新发展的重要法宝　搭建农村创业创新平台是许多地方推进农村"双创"工作的通行做法。创业创新平台扮演着孵化器作用，为农村创业创新提供了载体，尤其是一批产业园、科技园、创业园"三园同建"的平台，做给农民看、带着农民干，发挥了很好的示范效应。例如，全国农村创业创新典型县河北省隆尧县积极创建农村"双创"服务机制和孵化创业平台，将 2 个国家农村创业创新基地（园区）纳入全县融合发展优先方向，积极打造农产品全链条融合发展体系和农村新模式融合发展产业集群，以 2 个省级农业产业化联合体、5 个市级现代农业园区为平台，带动 6 万人参与农村创业创新，构建了以产促创、以创促融的农村"双创"集群发展新格局。

2. 政府提供有效技术培训是促进农村创业创新健康发展的不竭动力　农村创业创新不同于传统的农村产业，其领域较新颖、技术较高端，没有一定的文化水平与技术技能的人员很难胜任。由于我国农民文化教育水平相对还较低，整体上离创业创新要求还存在一定距离。因此，政府提供有效的技术培训必不可少，这是帮助创业群体跨域技术门槛的关键助推力。例如，河北省曲周县加强主体培训，打造创新驱动、科技引领的农村"双创"模式，培训高素质农民、种养大户等创业主体 5 000 余人，带动农户 40 000 余户，创建了农村创业创新园区、国家级农业现代科技园区、省级现代农业园区，中国农业大学在曲周首创科技小院经验，被世界顶级期刊《自然》刊载。

3. 优化要素供给环境是推动农村创业创新的关键力量　农村创业创新离不开人才、资金、土地等要素支撑，我国农村要素市场发育还不成熟，市场化程度不高，需要更好地发挥政府作用，弥补市场功能残缺。内蒙古科尔沁右翼前旗 2018 年前累计投入扶持资金 6 000万元，签约惠农宝、农资贷、政银保等金融产品 5 个，累计发放贷款11 852.6 万元，支持新型农业经营主体 200 余家，为农村创业创新提供金融支持。四川省丹棱县搭建创业就业基地、助农担保公司、土地流转服务公司三大平台保驾护航，农村"双创"主体活跃，2017 年，带动全县农村居民人均可支配收入增长到 16 495 元。江苏省苏州市相城区通过招才引智、筑巢引凤，构筑"双创"高地，累计引进培育"双创"人才 586 名，拥有"双创"带头人 98 名，创办农业企业 258 家，设立"双创"基金 6 000 万元，建成电子商务平台 13 个。

4. 促进主体对接市场是助推创业创新的有效手段　能否满足市场需求、能否盈利，是检验农村创业创新可持续发展的重要基石。许多地区政府通过搭建销售平台、拓展市场渠道，推进了农村创业创新，其经验值得总结与推广。例如，黑龙江省依安县搭建了促进创业创新的 3 个平台，即搭建培训平台培育创业主体、搭建宣传平台营造氛围、搭建销售平台拓展市场，其中销售平台有效促进了农村创业创新。新疆生产建设兵团第一师阿拉尔市十三团围绕红枣产业，在四川、河南、浙江、上海等地组建 27 个营销网点，并在京东、淘宝、天猫等知名网站建立了销售旗舰店，有效带动了各类主体围绕红枣产业创业创新。

5. 强化基础设施建设是推进农村创业创新的重要保障　当前，从事休闲农业与乡村旅游的创业创新项目较多，这些项目对水电路气网等基础设施建设依赖性较高。为促进此类创业创新的发展，不少地区以基础设施建设先行，起到了较好效果。例如，云南省石林彝族自治县通过集中流转土地、完善基础配套，推进农业与旅游、教育、文化、健康养老等产业深度融合，"双创"核心示范区"台创园"建成集农业生产、观光旅游等功能于一体的"美丽田园 CBD"及农村"双创"典型基地，有效带动就业 4.5 万余人。河南省郸城县在土地、资金、基础建设方面制定专门政策，树立了一批创业创新典型，以高新技术开发区、农业科技园区为载体打造创业创新园区。

第四章
农村创业创新面临的主要问题与原因分析

近年来，各级政府积极发挥牵头作用，抓政策、建机制、育主体、树典型、搭平台，推动农村创业创新取得了一定成效。但总体而言，我国农村创业创新仍处于发展阶段，还面临着些许突出问题。

第一节　主要问题

一、要素支撑不足是限制农村创业创新发展的关键因素

农村创业创新涵盖政策、资源、资本、技术、信息、人才等多个方面，要素需求结构具有明显的数量密集型、种类多样性和层次高位性等特征。当前，由于农村要素市场改革滞后，农村要素供给体系难以满足创业创新人员的要素需求，要素支撑力不足成为农村创业创新的最大障碍。

1. 农村创业创新主体普遍面临用地难题　随着农村创业创新领域的逐步拓宽，其用地需求从耕地向设施农用地和经营性建设用地拓展。受制于当前土地制度，返乡下乡人员在农村创业创新过程中，普遍面临设施农用地与建设用地供不足需的难题，直接影响投资和经营活动。从设施农用地看，为严格保护耕地，目前设施农用地主要来自一般农田，一般不能占用基本农田，造成流转基本农田发展设施农业的创业主体根本无法获得设施农用地。从建设用地看，由于全国大部分地区产业发展都面临建设用地紧缺问题，大量创业创新主体缺乏建

设用地指标。笔者调查的 56 家返乡下乡创业企业中，60％以上的企业认为，当前最大难题是缺乏建设用地。例如，山东省郯城县某家庭农场因设施农用地迟迟难获得，休闲农业迟迟得不到较好的发展。农场老板坦言道："像我们这样辛辛苦苦、扎扎实实做农业都拿不到设施用地，那谁还能拿到？现在申请设施用地都这么难，今后我们要搞餐厅拿建设用地更不可能了。"福建省武夷山市一个花卉企业老板也遇到与周老板类似的事情，因没有获得设施农用地指标，企业园区大门与厕所都被强行拆掉了。此事严重挫伤了企业积极性，老板心灰意冷，直接放弃了经营。

◆ **专栏 4 - 1**

农村创业创新主体用地难的典型案例

典型案例 1：全国示范性家庭农场用地难

全国示范性家庭农场用地难，多次被责令拆除"违建"观光道路。山东省郯城县御园家庭农场 1000 亩的生产规模中仅有 1.7 亩的设施农用地，农场主周老板多次拿着当地支持新型农业经营主体农业设用地的政策文件（文件规定，给符合条件的农业园区配套 3％～7％ 的农业设施用地）找国土部门申请指标，但国土部门以农业设施用地指标太紧张为由拒绝了周老板。此外，农场还接到了县国土部门 4 次拆除农场修建的 5 米宽的休闲观光道路的通知。周老板多次因此事独自落泪，周老板坦言道："像我们这样辛辛苦苦、扎扎实实做农业都拿不到设施用地，那谁还能拿到？现在申请设施用地都这么难，今后我们要搞餐厅拿建设用地更不可能了。"

典型案例 2：亿元级别电商也苦于无地可用

传奇园艺公司由返乡大学生熊冬创办，现从事多肉植物销售，近年来销售业绩达到了上亿元规模。但是，传奇园艺公司在发展过程中，长期受可用土地不多或没有可用土地的困扰。熊冬介绍道："场地总是不够。"2014 年，熊冬在自家院子里搭了个简易棚，用于储备货源。但是，随着销量的增加，一会儿场地就不够用了。虽然公司网络销量全国第一，但是市场占比不到5％，拓展空间非常大。由于当前种植多肉植物的群体在扩大，公司销售额突破5个亿的可能性非常大。但是，按照5个亿的销售额，公司员工至少要2000人，使用的车间面积要150亩左右，现在却没有土地可用。另外，公司计划建设农业电商园与观光旅游园，因考虑到员工上班问题，园区还不能离市区太远。但是，市区周边都是工业用地，土地价格非常高，目前公司还无法承受。倘若园区建设在偏远地区，招工人就成为一个大问题，没有好的场地，就请不到好的人才。调查中，熊冬多次谈到土地问题，非常希望政府能帮助公司解决用地问题。

2. "融资难""融资贵"制约农村创业创新发展　部分返乡下乡人员创业创新启动资金不足，且创业创新起步阶段利润微薄、缺乏相关担保贷款、专项扶持资金等。通过民间融资面窄、量小、费用高，企业的流动资金和扩大再生产资金难以解决。通过正规金融渠道贷款，又由于创办的大部分是中小微企业，缺少资质信用担保，得到贷款的可能性极小。虽然不少银行开通了无抵押信用贷款，但是贷款额度太小，无法满足农村创业创新需要。近年来，虽然我国大力推进农村金融发展，进行了诸多制度创新，但是"融资难""融资贵"问题并没有得到根本改观，返乡下乡创业创新人员普遍面临融资方面的问题。笔者调查结果显示，60％的创业创新人员存在融资难题，滚雪球发展、靠其他产业利润补充、靠亲朋好友"接济"是多数返乡下乡创业人员现实困境的真实写照。在不少地区，资金问题成为制约返乡下乡创业的"第一瓶颈"。

◆ **专栏 4-2**

农村创业创新融资贷款难案例

1. 农村信用贷款"杯水车薪"　农村信用贷款额度还较小，金融机构缺乏适合创业创新人员的金融产品。例如，湖北省宜城市全玉果蔬种植专业合作社因收购农产品经常需要数十万元资金周转，但是因没有银行认可的抵押物，不能申请抵押贷款；同时，当地农村个人信用贷款额度仅有 2 万元，并且获得不易。这直接导致合作社因资金短缺，电子商务业务很难发展壮大。湖北省也有地区针对信用贷款额度小的问题，作出了较大改进。但是，贷款额度仍然较小，还是不符合电商主体资金需求特征。例如，湖北省广水市邮政储蓄银行推出了"掌柜贷"的小额经营性贷款，可通过线上交易，额度 10 万元，使用期限 6 个月，不需要抵押担保，年利率 7%，2 日审核通过后即可放贷。相比信用贷款，"掌柜贷"提升了额度、优化了贷款流程，但是额度还是较小，难以满足 30 万～100 万元电商主体规模化资金需求。

2. 农村创业企业融资贷款之盼　山西省太原市阳曲县七峰山养殖有限公司负责人直言道："设施农用地没有确权颁证，不是资产，银行不接受它作抵押物；我们目前最大的困难就是缺资金。"

贵州阳春白雪茶叶有限公司负责人谈道："我们知道在其他地区大棚、茶园等是可以通过确权颁证后获得贷款的，但是我们这里还不行。要是这些也能抵押贷款的话，那我们企业会发展得更好。"

陕西省汉阴永丰渔业负责人谈道："国家搞了承包地的'三权分置'，但是我们企业还没有拿到使用权证，银行也不接受承包地来抵押贷款。"

浙江省杭州晶星农业开发有限公司胡老板坦言道："现在最大的困难就是不好贷款；农业设施都没有确权颁证，也不能抵押贷款。"

内蒙古光亚现代农业发展有限公司介绍道，公司把大量从事煤炭、房地产的利润投入到农业了，总投入达到 4 800 万元。但是，投入的这些设施和房屋都没有产权证，不能抵押贷款。

3. 缺乏专业人才与专业技术培训指导　从全国看，农村创业创新普遍缺乏专业人才。年轻人流失、老龄化严重、专业人才缺失是农村"双创"过程中人力资源面临的主要问题。一方面，农村产业竞争力不强，待遇偏低，条件艰苦，加之农村考学户口转居、择业、拆迁等因素，大批农村优秀青年外流，人才储备力量不足，农村实用人才的发展工作面临着源头不足、质量不高的窘境；另一方面，返乡下乡创业创新人员缺乏系统的经营管理能力，导致大量农村创业创新层次还较低。例如，北京市第一产业青年人从业比例较低，其中年龄35岁及以下的仅占10%；同时，留在村里的人员文化技能不高，从事第一产业农村劳动力学历普遍偏低，初中学历占57.6%，小学及未上过学的占22.6%。黑龙江省的抽样调查显示，初中及以下文化水平的仍有42 303人，占到了返乡创业人员总数的48.1%。返乡创业农民的整体文化素质仍显不足，加之雇用人员整体素质也偏低，不利于经营主体的长期健康可持续性发展[①]。

另外，农村创业创新还缺乏创业指导和专业培训。部分返乡下乡人员有好的想法、思路，却缺乏相关创业指导和专业培训及技能支撑，导致好想法、好思路落地为创业创新项目难，部分有强烈参加培训意愿的创业者缺少培训平台。此外，返乡下乡创业创新人员普遍缺乏经营管理能力、金融财务知识、信息及电子商务运作经验。这些技能的缺失严重影响了创业创新效果。例如，北京密农人家农业科技有限公司的孔博提到，创业过程中面临的多样品种资源、产品资源如何筛选，很希望有导师指导、答疑解惑；北京虫乐农庄的齐春辉提到，现在员工流动性大，人员素质不高，急需加大培训力度。

◆ 专栏 4 - 3

农村创业创新培训存在的问题

互联网技术的应用是农村创业创新的重要内容。下面以此为例，

---

① 资料来源：农业农村部内部资料《我国各省返乡创业发展情况和政策建议汇编》（2019 年 4 月）。

介绍农村创业创新存在的突出问题。

1. 缺乏专业性　据调查，浙江省部分地区有关互联网培训的教材、题库依然是传统的电子商务内容，如有的教材还在讲授二进制。专业化培训服务的缺失，未能从根本上解决互联网应用主体人才缺乏的问题。山东省新泰市长兴农业公司因缺乏专业的电商人才，同时很难获得相关培训，因而常年外包电商服务。同地区的杞农运营商、隆源合作社和山东众客食品公司都反映了内部专业电商人才匮乏与专业化培训服务较少的问题。

2. 缺乏针对性　不区分受众群体的年龄、教育程度、职业特征等因素，采用统一的培训方式是当前大量互联网培训服务的通病。参加过多次培训的农民反映，每次培训内容都差不多，都是一些基本知识内容，参加几次后就不想再参加了。例如，山东省寿光市令欣蔬菜专业合作社就反映出了这样的问题，并提出希望针对合作社业务开展蔬菜种植、销售的情况，按需求提供互联网培训服务。寿光市金百果品专业合作联社也提出了希望针对葡萄物联网种植、互联网销售等方面有针对性地开展互联网应用能力培训。

3. 缺乏效率性　目前，农村地区的技术培训与诊断服务还停留在传统的"面授"阶段，服务效率偏低，应用现代互联网技术提供的远程诊断与培训服务还未大范围推广，已有的远程服务也仅仅零星散落在个别地区。总体看，技术培训服务效率还较低。浙江省遂昌县大部分农户谈到，还不知道有远程诊断服务；如果有，希望政府能多提供这样的技术培训服务，提高培训服务效率。

二、农村基础设施滞后制约农村创业创新

完善的基础设施是吸引人员返乡下乡创业创新的重要条件。近年来，我国农村基础设施建设取得了长足进步，但不少地区农村基础设施还十分薄弱，有些农村地区的交通、物流、用水、用电、通信等基础设施不完善，造成创业人员产品销售渠道不畅、交易周期延长等问

题，一定程度上影响了返乡下乡人员创业创新的积极性。陕西省某县某政府部门负责人介绍道："近年到我们县农村考察的企业较多，但是真正来的却较少。不是我们的农业资源不行，而是我们的基础设施建设还跟不上。"调查发现，为弥补基础设施短板，有相当一部分返乡下乡人员进入农业领域后，前期大量投入集中在农业基础设施建设上，导致企业资金被占用，制约其发展壮大。例如，陕西省某公司2011年进驻汉阴县时，茶园园区道路、灌溉用水、生活用水等基础设施都不健全，企业不得不投资建设基础设施，削弱了企业产业的发展能力。

三、农村创业创新面临政策与市场"双重风险"

1. 政策风险 当前不少地区为吸引农业投资、推进农村创业创新工作，以行政命令或优惠政策发展相关产业，造成许多返乡下乡人员盲目投资跟进，政策一旦变化，企业经营风险很快凸显。例如，贵州省某地政府为发展食用菌产业，招商某菌业科技有限公司生产食用菌棒，采取行政名义要求各乡镇购买公司菌棒，并要求各乡镇以行政命令引导农户种植食用菌。政府的行政干预，给企业带来两方面的风险：一方面是市场波动风险。例如，山西省某县为大力发展肉羊产业，以优惠政策补贴企业与农户养殖肉羊，但受羊肉价格波动影响，许多企业亏损。另一方面是政策变动风险。例如，陕西省某县过去为扶持核桃产业，按照每亩山地补贴300元的优惠政策招引了一家房地产企业，在补贴政策的扶持下，企业维系正常运转；2017年后政府补贴退出，企业当年直接亏损300万元。

2. 市场风险 近年来，我国农业规模化生产水平持续提升，但农业小生产与大市场的矛盾并没有得到根本缓解，农产品价格形成机制不健全，农产品价格周期性宽幅波动时常发生。及时、准确地把握产品市场信息，生产出适应市场需求的产品是返乡下乡人员创业创新成败的关键。然而，笔者调查发现，大量的返乡下乡创业创新人员也很难及时、准确地掌握市场信息，盲目经营问题比较严重。一些个体种植的农作物或是市场价格不高的水稻、小麦、玉米等，或是市场竞争激烈的蘑菇、核桃、畜禽等，企业经营受市场价格波动的影响较大。例如，在辣椒价格较高时，贵阳市某区涌进了大量企业，然而企业无法准确判断未来价格走势，当价格暴跌时，同样也束手无策，出现大量亏损。

四、部分地区政府创新管理服务缺位

农村创业创新需要有具备创业创新意识的政府来管理服务，不断营造农村创业创新的良好发展环境，支撑新产业新业态快速发展。但是，当前政府缺位、政策滞后问题依然严峻，还没有形成全社会共同关注、共同参与的良好氛围。尤其在加快农村产权制度改革，盘活农村闲置资源，推进农村承包土地经营权规范化规模化流转，发展农村土地适度规模经营，实施返乡下乡回乡民营企业投资交易信息对接专项服务，加强信息宣传推介，积极主动提供政策和法律咨询、培训等服务，探索扩大农村产权交易的业务范围，推进政府服务信息化建设等方面，各级政府还缺少上下联动、齐抓共管、建立多层级服务体系的体制机制性保障。

◆ 专栏 4-4

服务互联网化程度低：政府创新管理服务缺位的典型证据

1. 服务意识没有互联网化　当前，许多公共部门还没有形成互联网化意识。例如，湖北省某地区政策性银行认为，没有必要通过互联网提供信贷服务，互联网服务思维尚未形成。再如，湖北省宜城市某电商开展果树众筹因得不到政府证明而流产：众筹平台要求发起人开出一个由政府盖章的众筹介绍信；发起人曾找到镇政府，政府部门说没有接触过，害怕被众筹发起人骗，不给开证明；最后被迫找村委会盖了公章，但村委会影响力太小，可信度相对较低，相关证明没有通过众筹平台的审核，最终导致众筹项目流产。

2. 服务行动没有互联网化　当前，许多地区农业部门在提供具体服务上，依然是传统服务方式，以互联网方式提供的服务很少。浙江省遂昌县某种养专业大户反映，自己获得过几次兽医技术服务，不过政府部门的服务还都没有运用到互联网。浙江省平湖市曹桥供销合作社与农产品展配公司均反映，有关农产品检测检疫报告传递服务还没有通过互联网，仍采取纸质报告形式。平湖市绿岛食品负责人还提出，如能将检测报告做成二维码就好了，这样检测报告就能很方便地植入网络平台和产品包装上，对产品销售会起到很大的帮助。山东省沂源县隆源合作社也反映，合作社在办理 SC 许可证时，公共部门几乎没有通过互联网提供服务，大部分申请材料都是纸质版。甘肃省供销合作社农资检测公司为农资管理部门和执法部门以及农户等提供检测时，农资、测土配方施肥检测报告还没有实现无纸化；更为关键的是，电子报告的法律权威无法保证，许多政府部门对电子检测报告不认可。这不仅妨碍了公共检测报告的互联网传输，而且降低了农业公共服务效率，增加了交易成本。

第二节　原因分析

农村创业创新面临的许多问题的根源并不来自创业创新本身，而是受制于我国农业农村改革的滞后，受制于农业农村发展的不平衡、不充分；不是农村创业创新跟不上农村发展实际，而是农村改革与发展水平落后于创业创新的需要。

一、农村要素领域改革的系统性、协同性、配套性不足是农村"双创"要素支撑不足的根本原因

1. 用地难的制度成因　当前，返乡下乡人员从事的领域已从过去的种养业向一二三产业融合发展业态转变，许多项目的主要盈利点在二三产业上，对设施农用地、建设用地的需求逐渐增加。然

而，设施农用地与建设用地是当前农村非常稀缺的要素，供需矛盾较为突出。事实上，这种供需总量矛盾仅仅是返乡下乡人员受限于土地要素导致经营困难的表层原因，实质上却是土地领域改革系统性不强。

从设施农用地看，由于为严格保护耕地，国家政策规定设施农用地一般不能占用基本农田，主要来自一般农田。这就导致流转基本农田发展设施农业的企业根本无法获得设施农用地。而一般农田可用于设施农用地的指标无法成为产业发展的土地要素，出现了要素供需结构不匹配的问题。

从建设用地看，一方面，几乎所有的返乡下乡人员都面临着难获得建设用地的问题；另一方面，农村一些宅基地和农房长期闲置，却无法成为农村产业发展用地来源。虽然中共中央、国务院2019年4月出台了《关于建立健全城乡融合发展体制机制和政策体系的意见》，明确提出，"允许村集体在农民自愿前提下，依法把有偿收回的闲置宅基地、废弃的集体公益性建设用地转变为集体经营性建设用地入市"，为闲置宅基地、废弃的集体公益性建设用地用作产业发展打通了通道，但是这仅限于有偿收回的闲置宅基地、废弃的集体公益性建设用地，而且类似的探索与实践还很少，仅在少数地区有着零星的探索；而多数农民还不愿意退出宅基地，即现有政策没有完全解决宅基地闲置问题，没有完全打通闲置宅基地用于产业发展的通道。此外，农村集体经营性建设用地可用作返乡下乡人员建设用地来源。但是，由于农村集体经营性建设用地入市改革的试点范围还较小、尚未全面铺开；同时，许多地区集体经营性建设用地还没有确权颁证，抵押贷款的金融功能残缺，导致市场主体积极性不高。福建省武夷山市农业农村局负责人直指问题根源，"农村集体经营性建设用地不能用作农村产业融合是因为不能办权证，企业没有积极性"。

从相关政策执行情况看，针对农村产业用地难问题，近年来，中央政府陆续出台了多个针对性政策文件。国办发〔2015〕93号明确提出，"在各省（自治区、直辖市）年度建设用地指标中单列一定比例，专门用于新型农业经营主体进行农产品加工、仓储物流、产地批发市场等辅助设施建设"。但是，因建设用地指标紧缺，此项政策迟迟不能落地，改革的"最后一公里"没能突破。总体看，问题的关键不是要素总量的供给不足，而是当前农村土地制度改革的系统性不强，无法树立起要素改革一盘棋的思维，无法运用改革的手段将闲置的要素用作产业发展，无法运用改革的办法打通要素流动的通道——如没有打通一般农田的设施农用地指标用作基本农田的通道，没有完全打通闲置宅基地、农房、农村集体经营性建设用地用作产业发展建设用地来源的通道。

2. 用钱难的制度成因　返乡下乡人员携带着大量的资金要素参与农村"双创"，是农村建设主体中资金实力最雄厚、投入量最大的。然而，却有大量的主体因无法维持持久的投入而倒闭在黎明之前。原因是大量的主体很难获得金融支持，大多主体艰难地维持滚雪球式发展。问题的背后暴露了当前我国农村金融改革的问题与弊端，即农村金融创新不足与改革协同性不强。

一是农村产权确权颁证改革滞后，返乡下乡人员的大量投入无法形成可抵押贷款的资产。返乡下乡人员的大量投入凝结在设施农用地、农村土地承包经营权、农村房屋、林权、大棚养殖圈舍等农业生产设施抵押以及活体动物、果园苗木等生物资产上。由于我国大多数地区都未开展农业生产设施抵押与生物资产的确权颁证，导致返乡下乡人员的大量投入无法形成可抵押贷款的资产。

二是缺乏资产处置市场，资产抵押贷款的金融功能无法实现。虽然部分地区推进了确权颁证，但是由于缺乏资产处置市场或农村产权交易市场功能不健全，导致金融机构积极性普遍不高，资产仍然无法实现抵押贷款功能。

三是缺乏风险防范机制，资产抵押贷款功能较难落地。即使存在资产处置市场，由于农业生产设施与生物资产（即活体动物、果园苗木等）不如房产那样流通快、变现快，抵押风险依然较高，这也是大量金融机构惜贷的重要原因。即农业生产设施与生物资产抵押贷款的风险防范机制缺失，金融机构接纳抵押物积极性不高。

这表明，推进农村金融改革、强化对返乡下乡人员的金融支持，既要推进确权颁证，又要完善资产处置市场，还要建立风险防范机制，即要增强改革的协同性，靠单兵突进难以奏效。然而，改革的协同性正是当前我国农村金融创新的薄弱点，也是导致大量返乡下乡人员难以获得金融活水支持的重要制度原因。

3. 难聚集人才与难提供专业培训的制度成因 难聚集人才，反映出了农村对人才吸引力不够的客观事实；而难提供专业培训，本质上是公共服务不优，根本原因仍然是围绕农村技术的培训人才少，体现的仍然是农业农村对人才的吸引力不够。进入 21 世纪以来，随着我国"以工补农、以城带乡"能力增强，"三农"工作被列入重中之重，国家出台了系列扶持农村产业发展的优惠政策。然而，人才的短板问题却依然突出，关键的制度问题是农业科技服务、科技人才培育与引进的政策配套性不够。

当前，我国许多基层地区支撑产业发展的科技能力非常不足。以陕西省某县为例，每个乡镇农林科技人员仅 2～5 人，人员年龄结构呈倒三角形，知识结构老化，跟不上新产业发展需求，在蚕桑、茶叶等主导产业方面的技术人才几乎没有。虽然国家出台了许多支持与鼓励技术人才下乡的政策，但是缺乏有吸引力的实招，喊口号式的政策居多，这导致技术人才很难下乡。某县农林科技局负责人介绍，"我们需要的技术，像西北农林科技大学有这样的技术人才，但是没有吸引力的政策，学生根本不愿意来；2013 年曾经招来了一个学生，但学生报到没几天，没打招呼就走了。"鼓励与引导人才参与农村"双创"、参与乡村振兴并不等于仅仅是引来"金凤凰"，还要做好"筑巢"等配套工作。尤其是围绕产业发展的阶段性特征，提供配套性的支撑政策。然而，改革的这种配套性恰恰是我国推进乡村发展制度建设的薄弱领域。

二、规划编制滞后、投入仍不足等是制约农村基础设施建设的原因

农村基础设施既依靠建设，又依赖管理。当前农村基础设施建设

滞后,反映出了我国农村基础设施还存在建设与管理的双重短板①。

1. 农村规划编制滞后、基础设施建设无序　在全面推进新农村建设的新形势下,部分乡镇主要领导对规划编制认识不到位,对规划管理工作不够重视,村镇规划编制经费得不到落实,村镇规划由县(市)建设局负责组织编制,主体责任不明,导致村镇规划编制和规划管理工作滞后。同时,农村规划建设管理机构不健全,人员不到位,村镇建设管理人员水平普遍较低,村镇规划编制、建设与管理处于无组织状态,村镇建设盲目性、随意性大,编制的村镇规划不能得到有效、严格的实施。村镇规划管理人员执法困难,大部分村镇管理人员均无执法权限,在农村建设中出现违法行为无法及时处理。

2. 投融资渠道狭窄、资金保障不足　地区小城镇建设、农村基础设施建设基本上靠国家补助、地方财政资金,大部分管理权限在上级部门。随着小城镇、农村各项事业的快速发展,农村基础设施建设资金短缺的压力也越来越大。同时,基础设施建设大部分是公益性事业,不产生直接的经济效益,难以得到信贷的支持。国家支持农村基础设施建设的资金非常有限,农民对无国家投入的项目,一般积极性不高,几乎没有社会投入。部分乡镇、村因历史原因负债重,无力筹措农村基础设施建设资金。这些都直接制约了农村市政公用基础设施的快速发展,成为制约农村经济社会发展的瓶颈问题。

三、政策与市场"双重风险"折射出政府作用还存在"越位"与"缺位"

从政策风险看,返乡下乡人员过度投向某个领域是政府过度干预与市场主体投机寻利叠加产生的。支持与鼓励农村创业创新离不开政府政策的支持。水能载舟,亦能覆舟。问题的关键是,采取什么样的政策,以及如何支持返乡下乡人员创业创新。当前,多数地区的产业政策仍然是选择性的,尤其是在市场机制能自我调节的农业产业化领

---

① 本部分的相关内容参考国家信息中心经济预测部内部研究资料《我国农村基础设施建设现状及存在的主要问题》。

域内挑选出拟扶持的冠军产业，在选择性产业政策与市场主体投机行为叠加下，导致许多人员误以为农业有利可图，诱发返乡下乡人员盲目下乡与盲目投资。例如，山西省阳曲县为发展肉羊产业，大量的政策向肉羊产业倾斜，导致许多煤炭企业转型养殖肉羊；陕西省汉阴县为发展猕猴桃产业，将大量项目资金投向特定产业，不少建材企业投身猕猴桃种植。这些市场主体大多不具备农业经营管理能力，也为后期经营不善埋下了风险。这种以市长决策替代市场机制的产业政策，诱导了返乡下乡人员将大量要素投入某个特定产业。大量的事实已经反复证明，当市场出现真正危机时如产品价格大跌，市长很难代替市场。这也是许多返乡下乡人员因政策误导而陷入困境的主要原因。

从市场风险看，政府在市场信息服务上存在"缺位"问题。市场信息服务具有一定的公共物品性质，理应由政府供给。当前，不少创业创新主体盲目经营，投入市场竞争激烈的蘑菇、核桃、畜禽等行业的生产，不了解市场需求信息等。这些均从侧面反映出政府在市场信息中的服务作用不足等问题。

四、部分地区政府创新管理服务缺位源于政府创新动力不足

农村创业创新需要好的环境支撑，其中具备创业创新意识的政府部门必不可少。创新是一个民族进步发展的原动力，政府创新在所有创新中具有示范作用。但是，当前地方政府创新动力不足，主要有以下3个方面的原因：一是当前改革已进入深水区，涉及的事项越重大，各种牵绊也就越多，地方政府面临的改革困难也越多，不易改。二是当前改革强调顶层设计，既然是顶层设计，就需要有一个过程，一些地方政府有观望等待的心理，因而自主创新不足。三是我们当前鼓励改革创新的环境还不优化，要改革、要创新就会有失误。这对我们的政治环境和社会环境能否正确对待与宽容改革的失误是一个考验。

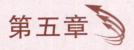

第五章
推进农村创业创新的发展
思路与对策建议

第一节　发展思路

返乡下乡人员创业创新是"大众创业、万众创新"的重要组成部分，是继乡镇企业异军突起之后农村的又一次创业创新浪潮，是推动农业农村经济发展的新动能。政府部门要把这件事作为重大战略任务来抓，突出做好"四个强化"。

1. 强化产业引导　推进农村"双创"，要与推进农业现代化的大目标结合起来，围绕推进农业供给侧结构性改革这个主线开展。要坚持以市场需求为导向，结合当地资源和自身优势，引导返乡下乡人员进入适宜领域，尤其是由于短期内农村市场很难较好满足创业创新人员用地需求，要引导市场主体尽量避开对建设用地和设施农用地需求较大、依赖程度较高的领域。此外，选择什么产业、怎么进行经营，要充分尊重返乡下乡人员的意愿。政府部门的主要任务，是按照产业发展规划并结合当地实际，帮助做好市场分析、政策咨询和项目论证，引导他们发展既符合市场需求又能发挥返乡下乡人员优势的特色化、小众化、中高端、高附加值农产品，提高创业创新质量和效益。

2. 强化主体培育　返乡下乡人员到农村创业创新，要顺应农村经营体制改革创新的大方向，与培育高素质农民、构建新型农业经营体系、推进适度规模经营结合起来。要引导返乡下乡人员通过联合与合作的方式，而不是"唱独角戏""跑单帮"的方式开展创业创新。在组织形式和经营方式上，要鼓励他们领办创办家庭农场、农民合作社等新型农业经营主体，组建股份合作制、合作制和股份制企业等，通过开展网上营销，打造特色品牌等赢得市场、分散风险，形成创业创新的命运共同体。要特别注意引导返乡下乡人员到现代农业产业园等各类园区去创业创新。园区要素集中、产业集聚、经营集约，是返乡下乡人员创业创新的有利平台和载体，要加大对产业园区与创业平台的建设投入，引导返乡下乡人员到现代农业产业园内进行创业创新。要加强对返乡下乡人员的实用技术培训。

3. 强化政策系统改革与落到实处　针对返乡下乡人员面临的要素支撑不足问题，要围绕要素需求结构，增强农村要素市场改革的系统性、协同性与配套性。重点解决土地要素供不应求问题，要尽快打通一般农田的设施农用地指标用作基本农田、闲置宅基地（农房、农村集体经营性建设用地）用作产业发展建设用地来源的"两个通道"；在金融改革领域，要增强农村资产确权颁证、资产处置市场建立健全、贷款风险防范机制建立等关键环节改革的系统性和协同性；在人才培育与服务供给上，要在推进农村产业发展中增强政策的配套性。

4. 强化公共服务　打造一批标准高、服务优、带动作用强的示范园区，推动市县政府设立农村"双创"联合服务窗口，建立健全农村"双创"协调推进机制，开展全国农村"双创"指数分析，建设一支综合素质高、工作经验丰富、敢于开拓创新的干部队伍，通过讲好"双创"故事，宣传好模式、好经验。此外，要持续优化政府服务，在政府市场边界确定上，要鼓励与引导地方政府从选择产业向服务产业转型，建立以功能性产业政策为主的政策模式；要鼓励地方政府创新，营造宽松的政府创新环境。

第二节　对策建议

鼓励引导返乡下乡人员创业创新，需要构建起系统性、常态化的政策体系，加快破除发展障碍，有效防范风险。

一、政策支持体系

围绕引导返乡下乡人员创业创新面临的主要困难与障碍，建议从人、地、钱等关键环节，健全返乡下乡人员创业创新的政策支持体系。

1. 健全用地支持政策　用地需求是返乡下乡人员创业创新关注的重点，由于此问题不仅仅是农村创业创新面临的重大问题，而且是整个农业农村发展面临的共同问题，要运用系统改革的思路，加快推进农村关键制度的整体改革创新。

第一，积极引导农村承包地有序规模流转。健全县、乡、村三级土地流转服务和管理网络，因地制宜建立农村土地流转服务公司、农村产权交易平台、土地流转服务中心等各类农村土地流转中介组织，为流转双方提供信息发布、政策咨询、价格评估、标准合同、资质审查、金融开发等服务。

第二，完善设施农用地政策。进一步细化设施农用地范围，明确生产设施、配套设施、附属设施三类设施农用地的规划安排、选址要求、使用周期，出台农业配套设施和附属设施的建设标准及用地规范，适应环保监管和农村产业融合发展要求，适当扩大农业配套设施和附属设施的上限规模；建议有条件的地区推广浙江省平湖市经验，集中设施农用地指标并向产业融合发展项目倾斜。

第三，扩大涉农项目国有建设用地供给。各级政府在年度建设用地计划中要明确单列一定比例专门用于农村新产业新业态发展。对于落实不力的地方政府，在下一年度建设用地指标计划分配中给予扣减处罚。推广四川省成都市经验，对带农作用突出、社会效益显著的农业种养、农产品加工、农村服务业等项目用地，在取得使用权并投产后，按照土地购置价格给予一定比例的补助。

第四，盘活农村存量建设用地。总结推广农村征地、集体经营性建设用地、宅基地等"农村三块地"改革试点的成功经验，选择条件成熟的村开展农村宅基地有偿使用和有偿退出，支持农村分散零星的集体经营性建设用地调整后集中入市。加快落实中共中央、国务院《关于建立健全城乡融合发展体制机制和政策体系的意见》有关农村存量建设用地改革，尤其是推动"允许村集体在农民自愿前提下，依法把有偿收回的闲置宅基地、废弃的集体公益性建设用地转变为集体经营性建设用地入市"落到实处。鼓励各地探索农村宅基地所有权、资格权、使用权"三权分置"办法，允许村集体经济组织采取统一租赁或者农户股份合作等多种方式整合本村农民闲置房屋资源，也可以由村集体经济组织牵头组建农民住宅专业合作社，与工商企业开展合作发展乡村旅游、农村电商。鼓励有条件的地区编制农村土地利用规划，调整优化村庄用地布局，促进农村零星分散集体建设用地集中高效使用。通过农村闲置宅基地整理、土地整治等新增的耕地和节余的建设用地，优先用于农业农村发展。

2. 深化产权抵押融资与创新信用贷款　首先是系统推进农村产权抵押融资贷款。要加快农村金融系统性、协同性创新，保障返乡下乡人员创业创新融资需求。鼓励地方政府开展以农村资产确权为基础、以农业保险创新为配套、以设立风险补偿金为保障、以建立农村产权交易中心为产权处置保障的农村产权抵押贷款机制。鼓励地方政府加快推进农村产权确权颁证，推广四川省成都市农业设施抵押贷款经验，扩大农村抵押担保物范围，重点开展设施农用地、农村土地承包经营权、农村房屋、林权、大棚养殖圈舍等农业生产设施抵押贷款以及活体动物、果园苗木等生物资产抵押贷款。完善农村产权价值评估体系，以风险基金补偿银行贷款损失，鼓励银行接纳农业生产设施抵押与生物资产抵押。加快建立农村产权交易市场，建议国务院办公厅通过督察奖惩机制，推动地方政府加快建立健全农村产权交易市场。国土部门和农业部门组织武汉农村综合产权交易所、成都农村产权交易所以及相关专家对各地方政府相关部门进行培训，鼓励地方政府考察学习这两大交易所的成熟经验并进行战略合作，按照"互联网＋基础模块标准化＋特色模块地方化"的模式建立各地农村产权交易市场，为今后全国农村产权交易市场互联互通、相互兼容做好准备。条件成熟时，依托各省（自治区、直辖市）的农村产权交易市场，由国土部门和农业部门牵头建立区域性乃至全国性的农村产权交易市场。

其次是创新开展返乡下乡人员信用贷款。开展返乡下乡人员信用体系建设，设立农村信用体系建设专用资金，选择典型地区开展试点，采集主要返乡下乡人员的关键信息，建立返乡下乡人员主体数据库，根据数据信息对返乡下乡人员信用状况评级、打分。探索较高额度信用贷款机制，建议中国农业发展银行出资在农村金融机构设置较高额度信用贷款金融产品，以返乡下乡人员信用体系数据为放贷依据，并根据需求逐步提高额度，对信誉较好的市场主体开展授信工作。

3. 强化返乡下乡人员技能培训　鼓励地方政府围绕当地主要农业产业，针对有影响力的人群开展免费培训。通过示范带动农民学习，为农村创业创新储备人才资源。鼓励农业部门结合需求培训返乡下乡人员的生产技术及经营管理能力，对社会组织开展的此类培训予以奖补。鼓励地方政府开展分级分类培训，针对高级返乡下乡人员需求，委托定点培训机构购买高级培训课件，面向有需求的学员，采取集中观看或远程观看课件等方式，满足初级学员升级需求。鼓励地方政府积极引导代表性返乡下乡人员与农业科研院所建立合作关系。全面建立高等院校、科研院所等事业单位专业技术人员到乡村和企业挂职、兼职和离岗创业创新制度，保障其在职称评定、工资福利、社会保障等方面的权益，积极引导部分农民返乡、农村大学生回乡、科技人员下乡，将其参与乡村建设工作的经历与成绩作为职称评定、职务聘任的加分项。

二、配套服务体系

按照引导好、服务好、保护好返乡下乡人员参与农村创业创新积极性的要求，构建农村创业创新的配套服务体系。

1. 加快补齐农村基础设施短板　持续加大投入力度，加快补齐农村基础设施短板，促进城乡基础设施互联互通。加强农村交通物流设施建设，持续推进农村道路建设，加快构建农村物流基础设施骨干网络，加快完善农村物流基础设施末端网络，推进县级仓储配送中心、农村物流快递公共取送点等建设，打通农村物流"最后一公里"。抓重点、补短板、强弱项、建机制，着力构建大中小微结合、骨干和田间衔接、长期发挥效益的农村水利基础设施网络，鼓励与引导地方政府将产业补贴资金、招商奖励资金重点用于农田水利等基础设施建设。加快推进农村地区宽带网络和第四代移动通信网络覆盖步伐，推进接入能力低的行政村、农业生产基地进行光纤升级改造。鼓励与支持地方政府加大对农村产业园区的基础设施建设投入。

2. 加快推进创新型政府建设　政府部门的创新是示范带动全社会创业创新的关键力量，推进创新型政府建设是优化农村创业创新生态的有效手段。一是要培育浓厚、宽松的政府创新氛围。创新要承担一定的风险，有可能最终失败，有可能得不偿失，有可能效益不大。建议中央政府出台宽容创新者失误、保护创新者积极性的政策文件，营造良好的政府创新环境。二是建立鼓励地方政府创新的激励机制。创新具备风险与效益的双重性，建议中央政府建立鼓励地方政府创新的激励机制。三是总结各级政府改革创新经验并及时将成熟的改革创新政策上升为法规制度。任何政府的改革创新，都必须有一个动力问题。从根本上说，政府创新的动力源自经济发展、政治进步、人民需要和全球化冲击，但其直接动力则是压力、激励和制度。其中，制度是长久性的动力所在，要及时将先行地区好的经验上升为政策法规，做好示范推广工作，以局部创新带动全局创新。

3. 优化农村创业创新营商环境　转变政府职能，以软环境建设作为改革创新的突破口，提高行政效能。完善公共服务供给机制，动态调整各部门的权责清单，改进优化纳税服务，提高商事服务水平，打造高效、便捷、优质的政府服务平台。加强农业农村的规划引导，科学引导返乡下乡人员选择合适的领域，优化农业产业布局，避免盲目投资造成农村资源浪费。深化农业农村领域"放管服"和"最多跑一次"改革，为落地项目提供通水、通电、通气等全方位服务。积极举办本地农产品与乡村服务推介活动，鼓励工商企业参加国内外产品推介会。积极引导返乡下乡人员嵌入社区发展，密切创业创新主体与社区联系度。加强基层干部队伍建设，培养一支带动能力强、群众威望高、办事公道的村干部队伍，协调解决返乡下乡人员和农户间的利益问题。

4. 建立政企长效沟通机制　根据笔者调查统计，大多数返乡下乡人员对当地农业产业政策并不了解，许多企业负责人最初根本不知道自己是否能拿到设施农用地，更不知道能拿到多少。在对 187 家农业企业的政策诉求调查中，近 70% 的企业希望获得政府的相关政策指导服务。中央相关部门应加强对地方指导，建立企业与政府沟通的长效机制，通过定期会议制度及时了解企业政策诉求，出台针对返乡下乡人员创业创新的政策服务指南，为政府了解企业诉求开辟渠道，也为企业了解政策开通窗口，让市场主体形成明确的政策预期。

三、风险防范体系

围绕返乡下乡人员创业创新的主要风险隐患，构建返乡下乡人员创业创新的风险防范体系。

1. 强化对返乡下乡人员市场信息服务　在当前市场日益复杂的情况下，有必要建立健全市场信息服务，防范返乡下乡人员创业创新的市场波动风险。中央政府要建立行业信息发布服务制度，定期、及时、详尽地收集和发布农业农村主要行业市场信息。要引导与鼓励地方政府，围绕本地返乡下乡人员创业创新集中的行业，建立专业化的市场信息服务机制，为工商企业生产决策提供依据。此外，有必要运用互联网新媒体及时发布返乡下乡人员创业创新的典型经验与失败教训，为返乡下乡人员选择适合领域、发展模式、投资规模等提供参考。

2. 推动农业支持政策转型　建议加大培训与督导力度，引导地方政府建立以功能性产业政策为主的政策模式，在自然垄断、信息不完全、外部性、公共物品（基础设施）等存在市场失灵领域，加强功能性产业政策的运用。一方面，要缩小选择性产业政策的范围，从市场化程度较高的农业产业领域退出，改变靠补贴、靠项目、靠批地等方式支持某个特定农业产业的政策支持方式；另一方面，要完善和创新产业政策工具手段，在融资担保、普惠性税收优惠、行政审批等环节加大扶持力度。此外，要强化标准管理在产业政策手段中的突出作用，鼓励地方政府围绕主导农业产业，与农业龙头企业协同制定农业标准体系，强化能耗、环保、质量、安全等标准在产业准入和项目审批的约束力，限制或淘汰不合标准的项目。更为重要的是，中央政府要引导地方政府加强政策机制化、制度化管理，确保政策的连续性和稳定性，引导市场主体形成准确的政策预期。

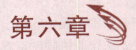

第六章
山东省费县：全方位布局探索农村创业创新路径

近年来，随着国家对农村创业创新的愈加重视，全国各地区也将推动农村创业创新作为自身农村工作的重点，在这期间涌现出无数宝贵的工作经验与丰硕的创新成果。山东省费县作为山东省重点农业产区，依托自身农业产业优势，通过搭建创业平台、培育市场主体、提供要素支持、多渠道打造营商环境等诸多渠道，最终使其农村创业创新工作取得了巨大的进步。

第一节　地区介绍

费县隶属于山东省临沂市，地处山东省中南部，上古为东夷之地，春秋称费邑，战国改称为费国，西汉始为费县，是唐代杰出书法家颜真卿的故里，素称"圣人化行之邦、贤人钟毓之地"。近代为沂蒙革命老区，脍炙人口的沂蒙山小调诞生于此。

良好的区位优势为费县推进农村创业创新发展提供了良好的经济发展环境。费县全县面积为 1 660.11 平方千米，人口总数为 85 万人，辖区包含 1 个街道、9 个镇和 2 个乡，分别为费城街道、上冶镇、薛庄镇、探沂镇、朱田镇、梁邱镇、新庄镇、马庄镇、胡阳镇、石井镇、大田庄乡、南张庄乡。费县区位优越，东临兰山、西接平邑、南依兰陵、北沿蒙山，东距临沂市区西界 10 千米，距连云港、日照港120 千米，距青岛港 200 千米。费县以其优越的地理位置，目前已成为临沂的卫星城、后花园、水源地、能源基地以及科教重地，同时也被规划成为临沂城市规划区的一部分。

丰厚的物产资源与历史文化也是费县的另一大优势。费县不仅被誉为"中国的板栗之乡"，还获得了"中国核桃之乡""中国西瓜之乡""中国金星砚之乡""中国民间文化艺术之乡""全国经济林产业示范县""全国惠农工作先进县""平安山东建设先进县""山东省最佳投资城市""省级园林城市和省级卫生县城""全省小型农田水利重点县""省级文明城市""世界长寿之乡""中国观赏石之乡""中国民间艺术之乡""山东旅游强县"等诸多美誉。得天独厚的农业发展基础条件、良好的投资环境和融洽的文化氛围都为推进县域农村创业创新发展提供了良好的条件。

第二节　主要措施

2017年9月，自农业部关于推进农村创业创新的指导思想落实以来，山东省为贯彻落实国家发展方针，围绕"政府搭建平台、平台集聚资源、资源服务就业创业"的总体要求，相继下发《关于支持返乡下乡人员创业创新　促进农村一二三产业融合发展的实施意见》（鲁政办发〔2017〕72号）等文件，制订"乡村就业创业促进行动"专项方案，并举办"全省农村创业创新项目创意大赛"，致力于整合资源、强化举措，壮大产业、培育主体、搭建平台、推进融合，支持和鼓励更多返乡下乡人员、本乡人员就业创业，2018—2020年，培训农村创业创新人才45 000人。费县在推进农村创业创新过程中，以山东省总体规划为引领，农业发展一直以科技创新为引导，并不断积极调整产业结构，以项目建设、产品创新"双轮驱动"的理念提升重点产业竞争力，培育壮大特色主导产业。自全国推进农村创业创新以来，在山东省总体规划的引导与支持下，费县农村创业创新不断发展，所采取的主要措施如下：

一、搭建创业创新平台

搭建创业创新服务平台不仅有助于加大对返乡人员的创业培训，

也有助于进一步推进创业创新园区建设，将新技术服务贯穿在农村创业创新之中。山东省致力于培育"双创"园区，鼓励引导各地依托现有各类农业产业园区、农业科技园区、农产品加工园区、科技孵化基地以及农业企业、农民合作社、农业规模种养基地等，探索"一区多园"发展模式，创建一批具有区域特色的农村创业创新园区（基地）和农村创业创新人员培训基地，建立开放式服务窗口。加强与各类创业创新基地的交流合作，建立共享共赢机制。此外，进一步加强为返乡下乡人员搭建平台，具体体现在：

1. 返乡下乡人员创业培训的提升 山东省通过建立返乡下乡人员信息库，采用精准培训的方式有针对性地确定培训项目，提升创业能力。为返乡人员从企业家、职业经理人、电商辅导员、科技特派员、返乡创业带头人当中选拔一批创业导师，充实创业指导专家服务团队，为返乡下乡创业人员提供创业辅导。依托农村青年创业致富"领头雁"计划、扶贫工作重点村创业致富带头人培训工程的方式，结合线上学习与线下培训、自主学习与教师传授相结合的方式，开辟返乡创业培训新渠道。此外，山东省还鼓励各类培训机构参与返乡下乡人员培训，支持各类园区、星创天地、农民专业合作社、中高等院校、农业企业等建立创业创新实训基地，强化紧缺急需高技能人才培养。实施"创业齐鲁训练营"项目，每年选拔一批有持续发展和领军潜力的返乡下乡创业创新人员，参加高层次进修学习或交流考察。

2. 创业园区建设的加强 返乡创业要依托园区平台建设，探索"一区多园"发展模式，依托现有各类农民工创业园、农业产业园区、农业科技园区、农产品加工园区、休闲农业园区、工业园区、物流园区、文化产业园区、创意产业园区、科技孵化基地以及农业企业、农民合作社、农业规模种养基地，创建一批具有区域特色的返乡下乡人员创业创新园区（基地），建立开放式服务窗口。支持中高等院校、大型企业采取众创空间、创新工厂等模式，创建一批重点面向处于初创期企业的孵化基地，其中有条件的孵化基地可对返乡下乡人员创业给予房租减免，鼓励和吸引更多返乡下乡人员入园创业。

3. 信息技术服务的强化 鼓励各类电信运营商、电商等企业面向返乡下乡人员开发信息应用软件，提供农业技术培训、农资配送、农机作业等农业社会化服务，组织开展网络营销。支持返乡下乡人员以投资入股的方式参与信息进村入户工程建设和运营，可聘用其作为村级信息员或区域中心管理员。支持返乡下乡人员利用大数据、物联网、云计算、移动互联网等新一代信息技术开展创业创新。支持返乡下乡人员在省定贫困村综合信息服务站中担任信息员，向贫困村、贫困农民开展先进信息技术的宣传、推广、普及活动。

围绕山东省总体战略规划，费县重点打造农业产业园区。重点农业产业园区的打造能够通过"以项目聚集人才"的方式吸引人才从事农村创业创新。费县重点打造北部蒙山前高效农业示范园区、省级现代农业产业园，以现有设施农业为基础，围绕生产、加工、物流全产业链重构和功能升级。费县北部蒙山前高效农业示范园区把项目建设作为园区发展的"生命线"，围绕产业链延伸、集群化发展，创新思路和举措，按照"建设国家级园区、突破重点项目、培育领航企业"的要求，在招商选资、项目建设上花力气、下功夫，发挥自身比较优势，发展特色主导产业，促进一二三产业融合互动发展，保持了项目建设加快推进的良好势头，以鼓励和吸引更多返乡下乡人员入园创业。

◆ **专栏 6－1**

费县北部蒙山前高效农业示范园区

费县北部蒙山前高效农业示范园区，涉及胡阳、薛庄 2 个乡镇 21 个行政村，规划总面积 10.8 万亩，目前建有现代农业示范园、农产品加工流通园，农产品深加工蓬勃发展。南部田园综合体示范园区、乡村风情休闲生态园区，形成康体养生、全域旅游、红色文化、特色小镇、田园小镇综合产业体。

产业园区目前已举办 8 届西红柿节（专栏图 6－1）、2 届西红柿产业发展论坛和 2 届甜瓜擂台赛，建立观光采摘园 110 个、"农家乐" 63 处，年接待游客 50 万人次，年旅游综合收入 3 亿元。

园区内有农业产业化龙头企业 42 家，其中市级以上龙头企业 14 家。农业专业协会和联合社 6 家、农民合作社 345 家、家庭农场 78 家，其中市级以上示范农民合作社、示范家庭农场 20 家。新型农业经营主体投资兴建果蔬集散中心 127 处，带动从业人员 2 万人以上，年销售额 30 余亿元，产品远销北京、上海、广州和俄罗斯等国内外市场。

专栏图 6-1　产业园区西红柿节场景

产业园区以"果蔬生产基地-饲料化利用-畜禽养殖-废弃物综合治理-有机还田"为主线实现种养循环发展。目前已建设 20 个大中型沼气工程，正在建设生物能综合利用项目，年总发电量 1.8 亿千瓦时，年消耗生物质 30 万吨。主导产业水肥一体化技术覆盖率为 95%、化肥利用率达到 38%、农药利用率达到 35%。绿色、低碳、可持续发展的长效机制基本建立，基本实现了农业生产清洁，有效治理了农业环境突出问题。

资料来源：搜狐网。

二、培育多类市场主体

市场主体培育是促进就业创业的源泉。山东省首先明确了培育对象，即规定符合政策支持的对象主要包括掌握现代农业生产技能，并具备一定经营管理能力的从事农业生产、经营或服务的人员。对于有一定资金、技术、管理经验、销售渠道积累的人员予以重点支持，如返乡农民工、大中专院校毕业生、退役士兵以及城镇科技人员等。重点发展领域方面，山东省将对规模种养业、特色农业、设施农业、林下经济等农业生产经营模式予以重点扶持，并对农产品初加工业，以农机作业服务、农资配送、病虫害防治、流通、信息咨询等为代表的农业生产性服务业，休闲农业和乡村旅游业，以传统手工艺、文化创意、养生养老、中央厨房、农村物业管理为代表的生活性服务业以及其他农村新产业予以扶持。未来发展方向，山东省鼓励多元化的创业创新，尤其是鼓励返乡下乡人员充分发挥自身资本、技术、信息等优势，通过多种形式（如承包、租赁、入股、合作等）创办（领办）新型农业经营主体和新型农业服务主体。山东省对返乡下乡人员组建创业创新团队予以重点引导和支持，通过合作股份制等形式，合作组建现代企业、创业创新产业联盟或产业化联合体，有效对接其他经营主体，通过拓展创业空间以增强市场竞争力。此外，山东省也大力支持返乡下乡人员利用各类电商平台，把握"互联网＋"的发展契机，发展农产品电子商务等智慧农业，并响应农村一二三产业融合发展的号召，鼓励返乡下乡人员以农林牧渔循环发展为导向，发展优质高效特色农业，通过实现产加销一体化，延长农业产业链条，并充分挖掘农业多功能性，推进农业与旅游、教育、文化、健康养老、研学、中医药养生等产业深度融合，延伸农业价值链，推动产业链、价值链、供应链"三链重构"，塑造以终端型、体验型、循环型、智慧型为特征的多种类型新产业新业态。引导返乡下乡人员创业创新向乡村旅游集群片区、特色小镇、科技园区、产业园区等集中，培育产业集群和产业融合先导区。引导返乡下乡人员与新型农业经营主体或农户建立稳定的利益联结机制，让农民充分分享二三产业增值收益，培育一批农村一二三产业融合发展示范园和先导区，为乡村就业创业提供更多选择和机会。此外，山东省相继以编制手册、制定明白卡、编发短信等方式培训农村创业创新人才，保障了广泛宣传解读政策措施，将各级、各部门支持农村创业创新的优惠政策介绍给各地农村创业创新人员，使他们及时知晓政策、增长见识。通过合作等方式开展多种多样的创业创新培训，全面提升创业创新人员的生产经营、市场拓展、品牌打造、公司治理等方面的能力。

在此基础上，费县坚持多措并举，充分发挥"人"的能动力，解决乡村振兴中"人才匮乏"的问题；充分发挥乡村人才效能，激发人才创业创新创富活力。费县先后实施乡村本土人才"素质提升"工程、专业技术人才"支农惠农"工程、涉农高层次人才"引育并举"工程和乡村人才"暖心服务"一系列工程，以解决乡村人才资源短缺问题。以乡村本土人才为引领，重点培育高素质农民队伍、基层农技推广和农村经营管理队伍、农村技能人才队伍、农村社会事业人才队伍、农村基层党组织人才队伍，并依托远程教育、集中培训等多种教育培训方式，分类型、分层次对高素质农民进行培育，推动农业领域电子商务线上线下融合发展，引导具有实践经验的电子商务从业者从城镇返乡创业，大力开展乡村电子商务人才培训。费县依托农业广播电视学校（以下简称农广校）、田园综合体培训基地、职业院校、培训机构，为涉农企业、农民专业合作社培养急需紧缺的技能人才。深化细化"乡土人才培育"项目，成立乡村人才项目指导组，编制乡村本土人才"成长路线图"，及时进行人才梯次培养。启动实施"优秀涉农专家培训计划"，组织新型农业经营主体带头人或骨干分批分类赴发达省份和地区学习培训；开设"企业家培训大讲堂"，让优秀企业家、经营能手、技术能手等通过农科大讲堂、"庄户学院"授课。

图 6-1　费县人才振兴举措缩影

资料来源：美篇网。

三、强化关键要素支撑

政策方面，持续加大财政扶持力度，给农村创业创新人员吃下

"定心丸"。费县将符合条件的返乡下乡人员创业创新项目纳入农村一二三产业融合发展、农业生产全程社会化服务、农业产业化、农产品加工、农村信息化建设、高素质农民培育等各类财政支农项目和产业基金扶持范围，采取以奖代补、先建后补、财政贴息、政府购买服务等方式予以支持。对返乡下乡人员开展农业适度规模经营按规定纳入农业信贷担保体系支持范围。如果返乡下乡人员创业招用就业困难人员、毕业年度高校毕业生，按照规定给予社会保险补贴。此外，实施创业补贴政策有助于激发返乡创业人员的热情。这一补贴主要针对返乡下乡人员创业且首次领取小微企业营业执照、正常经营并在创办企业缴纳职工社会保险费满 12 个月的人员，按规定给予不低于 1.2 万元的一次性创业补贴。

用地方面，费县进一步落实用地、用电政策为返乡创业创新解决实际难题。用地政策的限制、用电政策的不完善都是返乡创业创新人员面临的实际难题。城乡建设用地增减挂钩政策腾退出的建设用地指标，以及通过农村闲置宅基地整理新增的耕地和建设用地，重点支持返乡下乡人员创业创新，开展设施农业建设和经营。针对返乡下乡人员在开展乡村旅游中面临的用地难题，基于山东省支持返乡下乡人员依托自有和闲置农房院落发展"农家乐"和民宿等乡村旅游活动，在符合农村宅基地管理规定和相关规划的前提下，允许返乡下乡人员和当地农民合作改建自住房。针对农村中的闲置土地资源，鼓励返乡下乡人员利用"四荒地"（荒山、荒沟、荒丘、荒滩）和厂矿废弃地、砖瓦窑废弃地、道路改线废弃地、闲置校舍、村庄空闲地等开展创业创新，并支持返乡下乡人员与农村集体经济组织共建农业物流仓储等设施。针对返乡人员农业生产中的用电难题，费县基于山东省规定对返乡下乡人员发展农业、林木培育和种植、畜牧业、渔业生产、农业排灌及农产品初加工用电，均执行农业生产电价。

在技术层面，费县依托当地资源优势，发展农产品初加工、精深加工、综合利用加工、主食加工、休闲旅游、电子商务等优势产业。依托当地产业基础及乡村文化，发展特色农业、乡土产业、传统民俗工艺、养生养老、科普教育和生产性服务业等乡村特色产业。鼓励引导创业创新人员创办家庭农场、农民合作社、环境友好型企业等经营主体，发展分享农场、共享农庄、创意农业等优势特色产业，实现乡村多元化就业创业。大力引导农林牧渔业与乡村工艺、文化、教育、科技、康养、旅游等产业深度融合，积极培育农业产业化联合体，推广终端型、体验型、循环型、智慧型新业态，规范坚持"六金一利"利益联结模式；鼓励引导各类园区依托资源、人才、技术等优势，重点发展农业"新六产"，构建利益联结新模式，培育一批农村一二三产业融合发展示范园和先导区，为乡村就业创业提供更多选择和机会。

四、多渠道优化营商环境

山东省先后从优化市场准入制度、创新金融扶持方式、完善社会保障政策等方面为切入点，针对农村创业创新面临的难题予以支持。

1. 市场准入制度的优化是维护创业创新主体合法地位的重要举措 在全面深化企业登记"五证合一、一照一码"的基础上，进一步推进"全程电子化登记""双告知、双随机、一公开"和个体工商户"两证整合"等改革，为返乡创业人员提供有针对性的创业辅导、政策咨询等服务，免收登记类、证照类等行政事业性收费，设立"绿色通道"，对进入创业园区的返乡创业人员，提供集中办理证照等便利化服务。

2. 金融扶持方式的创新能够有效解决创业创新主体缺资金、贷款难的难题 为此，山东省多措并举，不仅鼓励银行业金融机构开发符合返乡下乡人员需求的信贷产品和服务模式，落实财政贴息、融资担保、扩大抵押物范围等综合措施，符合条件的返乡创业人员可申请期限最长不超过 3 年且最高 10 万元的创业担保贷款，利率可在贷款合同签订日贷款基础利率的基础上上浮 1 个百分点，财政部门第一年给予全额贴息，第二年贴息 2/3，第三年贴息 1/3，同时进一步稳妥有序推进农村承包土地的经营权抵押贷款试点，为有效盘活农村资源、资产和资金不断努力。针对返乡创业面临的风险，加大对农业保险产品的开发和推广力度，探索开展价格指数保险、收入保险、信贷保证保险、农产品质量安全保险、畜禽水产活体保险等创新试点，完善风险保障机制。

3. 社会保障政策的完善为返乡下乡人员解决了后顾之忧　山东省要求返乡下乡人员可在创业地按相关规定参加各项社会保险，有条件的地方要将其纳入住房公积金缴存范围，子女也允许纳入居民基本医疗保险参保范围。初始创业失败后生活困难的返乡下乡人员可按规定享受低保等社会救助。允许持有居住证的返乡下乡人员子女可在创业地接受义务教育，依地方相关规定接受普惠性学前教育。

夯实农村创业创新的组织领导是实现农村创业创新发展的保障。费县在山东省的总体规划下，进一步加强组织领导建设，在省、市政府农业农村部门的牵头作用下，建立部门间协调机制，明确任务分工，督促返乡下乡人员创业创新政策落实；此外，持续提升公共服务能力。为返乡下乡人员提供涵盖政策咨询、市场信息、人力资源、知识产权、检验检测等多方面的高效便捷综合服务，针对返乡下乡人员在土地流转、项目选择、科技推广、法律法规咨询等方面提供专业服务。加强返乡下乡人员创业创新动态监测和调查分析。最后，营造良好创业氛围。针对创业创新典型带动人以及其所展现出的创业创新精神，充分利用广播、电视、报刊等新闻媒体，树立先进典型，推介优秀带头人，发挥示范带动作用。通过开展创业创新大赛、创业创新大讲堂等活动，营造良好社会氛围，调动社会各界力量支持返乡下乡人员创业创新。

同时，费县进一步制订乡村振兴战略规划和相关专项工作方案。中共十九大报告提出实施乡村振兴战略后，费县率全市之先，高标准编制全县的乡村振兴战略规划。按照"产业兴旺、生态宜居、乡风文明、治理有效、生活富裕"的总要求，结合自身实际，走出一条符合自身县域发展的乡村振兴之路。费县通过邀请专家学者以及单位负责人进行座谈交流，把脉人口、资源、环境优势，最终编制《费县乡村振兴战略规划（2018—2022 年）》。《费县乡村振兴战略规划（2018—2022 年）》对费县实施乡村振兴战略作出了总体设计和阶段谋划，明确至 2020 年实现全面建成小康社会和到 2022 年的目标任务，细化、实化工作重点、政策措施、推进机制，部署重大工程、重大计划、重大行动，确保乡村振兴战略在费县扎实推进。围绕打造乡村振兴齐鲁样板的"费县模式"，费县从产业、人才、文化、生态、组织 5 个方面出发，结合实际抓好先行先试，加快推进农业农村现代化，打造"三生三美"（生产美产业强、生态美环境优、生活美家园好）融合发展的乡村振兴费县样板。

◆ **专栏 6 - 2**

《费县乡村振兴战略规划（2018—2022 年）》样板缩影

《费县乡村振兴战略规划（2018—2022 年）》的样本缩影是费城街道老君崖村。"村庄美、产业兴、功能强、群众富"，这是老君崖村的总体规划思路。

费城街道老君崖村曾经是一个省定重点贫困村，村里到处都是"脏、乱、差"。通过提升美丽乡村档次，发展旅游产业，融入许家崖风情旅游区大格局，依靠亲情、乡情和感情，引导经济能人带头创业、乡贤回村兴业、社会人士投资产业，同时积极向上级争取第一书记，尊重群众的主体地位和首创精神。现在平坦整洁的水泥道旁，绿树成荫，一排排房屋错落有致；村里有幼儿园、日间照料中心、村卫生室，还有扶贫车间。美丽乡村和"四联八建"贫困村提升工程的开展，实现老君崖村旧貌换新颜，村子美了、村民富了，已成为费县实施乡村振兴战略的一个缩影（专栏图 6 - 2）。

专栏图 6 - 2　费城街道老君崖村

资料来源：国际在线网。

与此同时，费县进一步加强美丽乡村建设，持续改善农村人居环境。为进一步增强乡村对创业人员的吸引力，费县实施"一二三四"工程，加大乡村生态保护与修复力度，推动城乡生态振兴。费县坚持原真性保护、原特色利用、原居式开发、原村庄提升的"四原"理念，大力实施美丽乡村连片治理和标准化建设，突出将美丽乡村建设与新型城镇化、全域旅游、脱贫攻坚、农村社会治理相结合，进一步推进加强美丽乡村建设。

◆ **专栏 6-3**

费县美丽乡村建设中的"一二三四"工程

费县美丽乡村建设遵循"一二三四"工程具体内容如下：

"一"指的是抓好"一个定位"。明确顶层设计目标，即坚持以全域旅游推进美丽乡村建设为抓手，以打造与全国重点镇相匹配的美丽乡村为定位，以费国古都为规划设计总基调，打造平原乡镇美丽乡村建设新样板。

"二"指的是实施"两项规划"。即以"一规、三区、两平台"为总体规划实现高规格规划，以"五化一工程一节点"为落脚点高标准建设。

"三"指的是抓好"三个重点"。即抓好点上突破、面上开花、结合三个重点。以"连片整治"为重点，集中攻坚；以"点上突破"为重点，小处见大；以"搞好结合"为重点，务求实效。

"四"指的是凝聚"四种力量"。即加强顶层设计，强化领导。把美丽乡村工作列入"一把手"工程，成立了由镇党委书记、镇长任组长的美丽乡村建设领导组，分管领导、工作区人员靠上，逢会必安排、开会必调度，在全镇形成了抓美丽乡村建设的强大组织力量。

第三节　实施效果

2017年以来，费县以《关于支持返乡下乡人员创业创新　促进农村一二三产业融合发展的实施意见》和《费县乡村振兴战略规划（2018—2022年）》为引领，坚持以推进农业供给侧结构性改革为目标，以"三品三化"（品种、品质、品牌，规模化、标准化、精细化）建设为重点，以"一规三区两平台"打造为抓手，深入开展现代农业三年攻坚行动，推动农业农村发展的新旧动能转换，保持了农业增效、农民增收、农村发展的良好势头，涌现出一批懂农业、爱农村、爱农民的农业技术推广人员和经营规模大、服务能力强、产品质量优、辐射带动广的新型农业经营主体。这些"费县优秀农业技术推广人员"、"费县优秀新型农业经营主体"和高素质农民通过他们的辛勤努力，成为农村创业创新一道道亮丽风采。其中包含靳更喜、全金龙、陈荣早、徐明举、徐鹏、胡剑锋、刘家彬、孙海涛等若干名"费县优秀农业技术推广人员"；以山东豆黄金食品有限公司、山东雪尖茶业有限公司、沂蒙小调特色食品有限公司、费县林瀚肉鸡养殖场、山东五牛农业科技股份有限公司和费县正宇皮业有限公司等为代表的"费县优秀新型农业经营主体"，以及涌现出的一大批以张玉金、李玉振为代表的高素质农民。

一、典型农业技术推广人员助力农村创业创新

1. 靳更喜　女，本科学历，农经师，1991 年参加工作，现任费县农经局副局长，2017 年当选为费县第十八届人大代表，是助力费县农村创业创新的典型代表（图 6 - 2）。

图 6 - 2　费县优秀农业技术推广人员靳更喜（图中左二）

资料来源：微信公众号"费县发布"。

自参加工作以来，她始终注重自身理论与政治修养，严守政治规矩和政治纪律，积极投身于农业发展及农村集体经济管理工作。她参与制订了《费县农村集体"三资"管理办法》《费县农村集体"三资"管理考核办法》等，严格规范农村财务管理，2014年费县被农业部评为全国农村集体"三资"管理示范县。2016年以来，她积极指导推进费县农村集体产权制度改革试点工作，取得了临沂市第一、山东省领先的优异成绩。积极督导扶贫资金资产规范管理工作，为费县农村创业创新发展作出了巨大贡献。

2. 全金龙　男，本科学历，中共党员，高级工程师，1986年7月参加工作，现任林业局国有场圃站站长，省林学会及省核桃协会会员，临沂市林业专家委员会委员、市百名林业专家、市"第一书记"林果专家服务团成员，也是助力费县农村创业创新的典型代表（图6-3）。

图6-3　费县优秀农业技术推广人员全金龙
资料来源：微信公众号"费县发布"。

全金龙长期在基层从事林果新品种、新技术、新成果推广应用工作，作风扎实、敬业奉献，服务农民满意度高，出色完成各项农业技术推广服务工作任务，在带领群众实现共同富裕、推动农村创业创新，尤其是针对返乡创业人员及时培训指导方面取得显著成效，为费县林业发展、当地农产品增产、农业增效、农村稳定、农民增收和农村公益性社会事业发展作出突出贡献。自参加工作以来，全金龙分别被授予县科技推广先进工作者、县级林业绿化劳动模范，临沂市第二、三批优秀乡镇技术员。连续4年被评为国家林业局全国林业采购经理指数调查先进工作者等荣誉称号。

3. 陈荣早　男，中共党员，本科学历，高级工程师，主要从事林业技术的推广工作。1988年7月参加工作，先后在朱田、探沂和刘庄3个乡镇从事林业技术推广工作。2008年10月调县林业局工作，历任县林业局林业技术推广站副站长、种苗站站长，现任县林业局经济林站站长，也是助力费县农村创业创新的典型代表。自参加工作以来，陈荣早不断加强学习，先后参加省、市、县各级业务培训学习20余次，努力提高思想政治素质和业务水平，重点提升推广林业实用技术。陈荣早首创荒山造林定植穴内盖石板保墒压草技术，提出并推广了中径材杨树丰产林合理造林密度技术，全程参与了费县集体林权制度改革工作，积极参与费县各项林业调查规划、森林病虫害防治工作，严格执法，潜心钻研业务，成绩显著，获得了诸多奖励（图6-4）。

图6-4　费县优秀农业技术推广人员陈荣早

资料来源：微信公众号"费县发布"。

4. 徐明举 男，高级农艺师，1996 年参加工作，现任费县果业管理局果树技术推广站副站长，主要从事果树新技术推广模式的创新。他常年行走基层向果农推广各种果树技术，2017 年度举办培训班 36 期，培训果农达 8 000 人次，推广果树新技术涉及面积 8 万亩。创新培训服务形式，开通果农乐网络视频直播果树讲座，创新果树技术推广模式，截至目前累计讲座 1 200 期，视频累计点击播放 5 000 万次。年接听果树咨询热线 3 000 余个，解决果农问题 1 600 余个，同时还开通微信、微博、博客、QQ 群等传播果树技术。2017 年主持创办费县智慧果业云平台，组建徐明举党代表工作站服务队，做到对果农立体全方位的服务（图 6 - 5）。

图 6 - 5 费县优秀农业技术推广人员徐明举
资料来源：微信公众号"费县发布"。

5. 徐鹏 男，兽医师，2000 年参加工作，现任费县畜牧兽医局畜牧科技科科长。自参加工作以来，认真做好畜牧统计管理工作，为打造示范园区、推进品牌建设、做好产业扶贫工作作出了重要贡献；全年召开不同规格的专题培训会 10 余次，培训人员 1 200 余人次，组织参加山东省家畜繁殖工职业技能比赛，获得了"优秀组织奖"。推动技术创新，打造智慧畜牧业；引导养殖户通过生产"沼气、堆肥、生产商品有机肥、垫料、基质"等方式进行合理化利用，为费县

"河长制"监管工作奠定了坚实的基础。

6. 胡剑锋 男，工程师，1993年参加工作，现任费县农机局推广站站长。在工作中向农民传授农机技术和机具操作知识，主持编写了《便民服务手册》并免费发放；每年组织培训班、观摩学习5次以上，发放资料5000余份。多次组织召开玉米籽粒直收及烘干技术等会，协助建成费县第一座粮食机械烘干中心。承办农机作业现场会10余次，培育山东省技术能手5人，指导农机手能建明、盛卫来分别荣获"五征杯"第四届中国农机手大赛"中国机王"和"山东机王"称号（图6-6）。

图6-6 费县优秀农业技术推广人员胡剑锋（图中右二）

资料来源：微信公众号"费县发布"。

7. 刘家彬 男，大学学历，中共党员，兽医师，现任朱田镇畜牧兽医站站长。自1999年参加工作以来，累计完成指导猪口蹄疫、猪瘟、猪蓝耳病、口蹄疫、羊小反刍兽疫、高致病性禽流感等防疫300余万头（羽、只）次，朱田镇重大动物疫病防疫率达100%，其他常规动物疫病防疫率达95%以上。多年来充分发挥专业特长，通过各种方式向农民推广养殖新技术，累计诊疗大家畜3000余头（匹）次、中小家畜禽200余万头（只）次，特别是推广肉牛的人工配种新技术，改良当地黄牛 3 000 余头，增加农民养殖收入近千万元。刘家彬于 2013 年被评为临沂市优秀乡镇畜牧兽医技术人员，2016 年被评为山东省优秀乡镇畜牧兽医技术人员（图 6－7）。

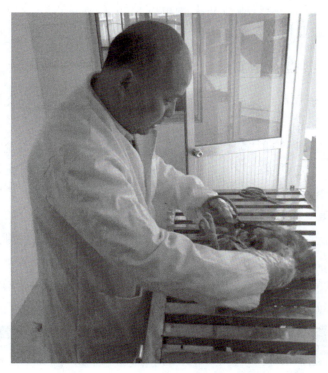

图 6－7　费县优秀农业技术推广人员刘家彬
资料来源：微信公众号"费县发布"。

8. 孙海涛　男，农艺师，1997 年参加工作，现任费县薛庄农业技术推广站站长。多年来，孙海涛始终默默无闻地工作在为农服务一线，用自己的实际行动展现一名农技推广人员的风采，为费县农业和农村工作的发展贡献自己的青春与力量。

孙海涛积极推广普及农业新技术，组织开展试验项目 162 项、示范项目 78 项、推广项目 160 项。自 2001 年以来，组织实施了临沂农牧渔业的丰收计划项目"五位一体"高效农业生态模式研究与开发。建设农业科技示范基地 2 个，筛选推广主导品种 15 个、主推技术 23

项。累计组织技术培训 200 余期（次），共培训 50 000 余人次。当地
科技示范户种植的农产品单位面积产量比前 3 年平均水平增产 6％以
上，节本增收 8％以上，辐射带动农户的单位面积经济效益提高 5％
以上，农技推广公共服务对象满意度超过 70％。曾经被授予临沂市
优秀乡镇农业技术人员等荣誉称号。

二、典型新型农业经营主体助力农村创业创新

1. 山东豆黄金食品有限公司　山东豆黄金食品有限公司法人代
表康德云女士，自 2011 年创办豆黄金食品有限公司以来，不断钻研
和创新，创造了国内 6 个第一：第一家只做零添加的腐竹企业；第一
家可以还原成豆浆的腐竹；第一家获得中国绿色食品认证的腐竹品
牌；第一家在外包装上给消费者郑重承诺（如添加任何有害物质奖励
现金）；第一家成为中国工程院院士工作站的豆制品企业和第一家全
部采用自己基地种植的非转基因大豆的企业，成为国内豆制品领域的
标杆企业。公司目前取得了众多荣誉和科技成果，如连续 4 年荣获中
国绿色食品博览会金奖、第十五至第十七届中国绿色食品博览会金奖
等荣誉。此外，豆黄金品牌还成为山东省著名商标。

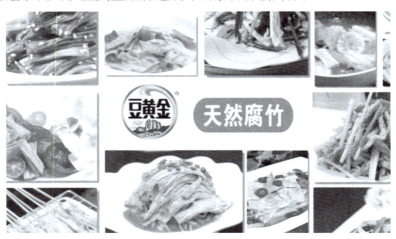

图 6-8　费县山东豆黄金食品有限公司产品

资料来源：微信公众号"费县发布"。

作为一家创新型企业，以"关注人类健康，只做天然腐竹"为理念，公司严格按照世界 500 强企业的品质标准，诠释企业的社会责任。从种子到餐桌全程严密质量管理，构筑起对各种有害、污染物质的严密防线。公司采用蒙山优质山泉水加工，只使用头道原浆，在工艺上大胆突破，独创 8 冲 8 洗无菌管控流程，全车间无缝隙无死角紫外线杀菌以及多道工序，国际一流的全套不锈钢生产设备，实现生产的自动化、无菌化和数字化。

2. 山东雪尖茶业有限公司　山东雪尖茶业有限公司地处沂蒙山区，拥有 3 处有机茶园基地，共计种植有机茶 1 600 余亩。公司成功注册了"沂蒙雪尖"及"雪尖"商标，积极实施品牌战略，茶叶种植和加工进行了全面的有机认证，为临沂市农业产业化重点龙头企业，是一家集有机茶种植、加工销售、科研创新、茶文化推广和生态旅游于一体的现代化企业，成功于青岛蓝海股权交易中心挂牌上市。公司生产的"沂蒙雪尖""雪尖"系列绿茶、红茶、黄茶、金银花茶，是来自沂蒙山区的半野生有机山茶，具有"豌豆鲜、板栗香"的特点，享有"江北茗茶"的美誉，沂蒙雪尖绿茶被授予"山东名牌"称号。公司采用"公司＋合作社＋基地＋农户"的模式，农户负责茶园生产管理，公司提供技术服务，负责提供茶叶种苗、鲜叶收购、茶叶加工与销售，带动周边农民增收致富成效显著。

山东雪尖茶业有限公司与青岛酒店管理职业技术学院工商管理学院开展校企合作项目（图 6 - 9）。依托校企合作项目，为共育技能型人才、创业创新项目共建提供了平台。

3. 沂蒙小调特色食品有限公司　沂蒙小调特色食品有限公司是农业产业化市级重点龙头企业、全国放心粮油示范加工企业。产品涵盖谷物加工、核桃油、核桃食品、传统布艺等 9 大系列上百个品种（图 6 - 10），占地面积 11 300 平方米，建筑面积 6 870 平方米，资产2 300 万元，拥有 2 个标准化实验室、14 个连锁店、1 200 吨核桃深加工、800 吨脱脂核桃系列食品加工生产线各一条，年综合加工能力达 3 400 吨。公司拥有 7 项国家专利、1 项市科技进步奖二等奖，先后获得第三届沂蒙优质农产品十佳品牌、第五届临沂优质农产品交易金奖和第六届北方糖酒副食品交易会金奖等多项奖项。

图6-9　山东雪尖茶业有限公司校企共建

资料来源：微信公众号"费县发布"。

图6-10　沂蒙小调特色食品有限公司产品展

资料来源：微信公众号"费县发布"。

4. 费县林瀚肉鸡养殖场　林瀚，上冶镇大仲口村人，费县林瀚肉鸡养殖场创办人。几年来，他带领村民养鸡，发家致富，成立养殖场，大大提高了村民的生活水平，在和谐社会发展中作出了贡献。他在上冶、田庄、员外、城北、资邱、卞桥一带建立养殖场发展养鸡，实行农民专业合作社养殖模式，如今发展到700多户。合作社本着"民办、民管、民受益"的原则，涉及2县、6个乡镇、上百个行政村，每年向山东六和集团提供600余万只肉食鸡，带领几百户养鸡专业户共同走上了致富路，年创经济效益800余万元。

费县林瀚肉鸡养殖场的成立，解决了单个农户办不了、办不好、管不好的事，合作社对社员实行"统一购销鸡苗、统一供应饲料、统一收购、统一疫病防治、统一建鸡舍、统一提供资金支持"的"六统一"服务。合作社向会员和部分养殖户及时通报市场信息，灵活掌握市场行情，规避市场风险，使广大社员深受其利。合作社实行"无菌化、专业化、规模化"的养殖，新发展社员100户，使肉鸡存栏量达到800万只，打造鲁南地区规模最大的肉鸡养殖基地。

5. 山东五牛农业科技股份有限公司　山东五牛农业科技股份有限公司是一家现代化绿色生态农业龙头企业，公司依托数据管理和科技创新的优势，以蛋鸡育苗和鸡蛋生产为基础，通过养殖一条龙服务和新技术应用培训，利用示范园区带动养殖产业标准化发展，为促进食品安全和项目区农民增收不懈努力。为打造绿色生态养殖产业全产业链，公司着力推出"良丘吉蛋"高品质"溯源"鲜蛋、优质青年鸡、营养保健服务、科学养殖系统的优化服务、蛋鸡保险服务、农业金融服务、农产品电商销售服务七大板块。公司于2015年11月荣获全国特色育成鸡养殖基地，2015年12月5日注册了新四维蛋鸡养殖管理系统专利，2017年4月荣获第五届沂蒙优质农产品交易会"最喜爱的金奖农产品"。2017年9月"蛋鸡养殖保险平台建设及营业研究"荣获临沂市科学技术奖。2018年1月"良丘吉蛋"被评为"临沂市消费者放心品牌"。

6. 费县正宇皮业有限公司　费县正宇皮业有限公司位于费县胡阳镇驻地工业园，是一家集优良獭兔养殖、肉兔收购、屠宰加工、兔肉食品深加工、动物皮毛硝制熟化加工于一体，以"公司＋农户"模式为基础的农业产业化龙头企业。

该公司主营产品为兔肉加工和兔皮、狐皮等动物毛皮加工，总建筑面积1.2万平方米，包含屠宰车间、肉兔分割车间、鞣制车间、整理车间、缝制车间五大车间，可日屠宰肉兔2万只、处理4万张兔皮。公司拥有最先进的污水处理站，日处理污水1 000吨，污水经过处理后可实现重复利用。目前，该公司与养殖农户紧密合作，构建

"养殖基地＋农户＋公司"产供销一条龙的经营模式。公司自成立以来先后被评为临沂市农业产业化重点龙头企业、临沂市居家灵活就业养殖业示范基地、临沂市养殖示范基地、临沂市兔标准化养殖场和省级标准化养殖场。

三、高素质农民助力农村创业创新

1. 张玉金　1982年出生，费县薛庄镇人，费县主山后果蔬种植专业合作社创始人，现任山东御龙山现代农业发展有限公司总经理。2010年，张玉金同志自筹资金开始踏上发展现代生态农业之路，利用水库的天然优势搞起了水产养殖，采用自然放养滤食性鱼类，水库水质得到更好的净化。此外，他还利用水库周边得天独厚的条件经营种植、养殖一体化综合项目，目前山场共种植板栗树1 000余棵、大樱桃树400余棵、葡萄树200余棵等经济林作物，散养草鸡、鸭、鹅等家禽千余只，牛、羊等家畜百余只。此外，张玉金成功掌握大麦虫特种养殖技术，成为费县第一位成功养殖大麦虫的新农人。费县主山后果蔬种植专业合作社现有社员30余户，家畜存栏量百余头，带动周边农户种植高产经济作物1 000余亩，带动农民增收200余万元。张玉金紧紧抓住电子商务的契机，将合作社生产的所有农产品搬上了互联网的平台，销往全国各地，为当地农户增收创造了条件。

2. 李玉振　运输车司机李玉振，发现采摘农业经济效益特别好，在从事了六七年的运输事业后，决定放弃运输事业，回到家乡发展采摘。2017年，李玉振赴山东寿光、浙江温州等采摘前沿地参观学习。2017年底，李玉振将卖掉运输车的钱投入草莓采摘棚的建设中。由于第一次接触采摘，育苗渠道、育苗技术的不成熟，适合传粉的蜜蜂种类不了解，第一批开花的植株因传粉不及时，种出的草莓晚1个月才上市。后来，李玉振通过联系草莓技术专家，改进了蜜蜂传粉方式，提升了草莓的品质。李玉振种植的草莓市场价格达到50多元一斤，草莓采摘期从1月持续到6月，年收入超过10万元。李玉振草莓采摘园见图6-11。

图 6-11　李玉振草莓采摘园
资料来源：琅琊新闻网。

第四节　经验总结

费县农村创业创新取得的巨大成就，不仅离不开中央对农业支持力度的不断加大，更离不开其始终秉承的鼓励创业创新治理理念。可以肯定的是，费县农村创业创新积累了丰富的经验，并具有一定的可复制性。具体总结如下：

一、多元化探索创业创新路径

费县农业产业并非"一花独放"，相反，可谓"百花齐放"。其产业涉及食品业、畜牧业、种植业等各个领域，业务范围涵盖原材料、初加工、深加工、营销一体化。经营主体包含公司、农民专业合作社、农业龙头企业、农业社会化服务组织等。产业链相对完善，并注重不断向上下游延伸。费县依托于农业的休闲观光、生态涵养、文化传承等功能，整合乡村自然资源和人文资源优势，并开始不断探索电商平台，开展网上创业，发展农产品电子商务等智慧农业以进一步贴近市场与消费者需求，大大丰富了农村创业创新路径，促进了乡村产业深度融合。

二、依托县支柱产业发展带动创业创新

费县的创业创新举措不仅体现在创业之初，而且渗透在各个产业生长演化的历史长河之中。费县长期坚持以推进农业供给侧结构性改革为目标，以"三品三化"建设为重点，以"一规三区两平台"打造为抓手，深入开展现代农业三年攻坚行动，持续推动农业新旧动能转换，保持了农业增效、农民增收、农村发展的良好势头。这使得其中涌现出一大批经营规模大、服务能力强、产品质量优、辐射带动广的农业产业和新型农业经营主体。这些经营主体依托于良好的政策环境在各自领域中不断探索创新路径，如黄豆金的食品品质创新、正宇皮业的生产环节创新。这些宝贵的创业创新经验为当地农业更好更快发展提供一定的参考价值。可以说，良好的产业发展势头是创业创新的孵化器，创业创新更是产业发展的助推器。

三、注重农村创业创新人才培养

人才培养是创业创新的基石，费县始终注重农业技术人才培养与其创业创新素养的激发。首先，注重培育乡村本土人才，重点培育高素质农民队伍、基层农业技术推广和农村经营管理队伍、农村技能人才队伍、农村社会事业人才队伍、农村基层党组织人才队伍；其次，注重人才引进，鼓励返乡人员回归；再次，注重人才梯次培养，且其人才培养范围大，包涵乡村之星、名师、名校长、基层名医、乡土艺术人才、高级技师等各个领域；最后，注重对人才的表彰，大大激发了农业人才的工作激情和工作的荣誉感与责任感。

四、推动平台建设与实施政策支持并举

费县农村创业创新取得的巨大成就同样离不开政府所搭建的形式多样的孵化平台。不仅为返乡下乡人员回乡创业提供便利，也为各类农业产业园区、农业科技园区、农产品加工园区、科技孵化基地以及农业企业、农民合作社、农业规模种养基地等的发展提供了保障。不仅如此，政府出台的相关财政、用地用电、优化营商环境诸多保障政

策，激发了越来越多人的回乡创业热情，保障了农村创业创新的生命力。

五、融入国家乡村振兴战略

费县农村创业创新的重大成就很大程度上离不开与国家重大发展战略的结合，尤其是与乡村振兴战略和美丽乡村建设的高度一致。产业振兴、人才振兴不仅是乡村振兴战略的重要组成部分，更是农村创业创新的灵魂。费县编制的乡村振兴战略规划和相关专项工作方案始终强调产业与人才的重要性。与此同时，美丽乡村建设的推进，一方面，凸显了农业产业升级的重要性，带动了产业技术创新；另一方面，增加了农村宜居性，吸引更多人才返乡创业。推动农村创业创新举措与国家乡村振兴战略、美丽乡村建设的结合，大大整合了政府工作的协调一致性，减少了工作阻力。此外，战略引领也为费县农村创业创新打气助力。

第七章

山西省万荣县：规划引领、
多措并举的创业创新实践

　　创业创新，需要充满活力；创业创新，离不开政府支持。中部地区作为实施乡村振兴战略的主战场之一，农业农村的创业创新不仅能够培育乡村经济发展新动能，也是实现乡村振兴战略"二十字"总要求的战略举措。作为以苹果产业为支柱产业的山西省万荣县，以计划为引领、多措并举，营造了良好的创业创新氛围，成功走出了一条因地制宜的农村创业创新之路，为实现农业农村现代化添砖加瓦。

第一节　地区介绍

　　万荣县隶属于山西省运城市，位于汾河与黄河交汇处的黄河东岸，西濒黄河与陕西省韩城市相望，南屏孤峰山与运城市临猗县、盐湖区相连，东崎稷王山与运城市闻喜县相接，北与运城市河津市相邻。万荣县国土面积 1 081.5 平方千米，辖 14 个乡镇 274 个行政村，总人口 45.6 万人，是"全国现代苹果产业十强县""中国果蔬无公害十强县""中国名特优经济林柿之乡""国家级出口食品农产品质量安全示范区""中国建筑防水之乡""中国笑话之乡""中国楹联文化县"。万荣县县情主要有以下 5 个方面的特点：

　　1. 人文富集　万荣县作为中华民族的发祥地之一，先后有 9 位皇帝 24 次来此祭祀。汉武帝一生 6 次来万荣县祭祀，留下了著名辞赋《秋风辞》。纵横捭阖的战国时期张仪、著有《滕王阁序》的初唐四杰之首王勃、明代廉吏薛瑄都出生在万荣县。万荣县共有后土祠、飞云楼、李家大院等 10 处国家级保护文物，有万荣笑话、董永传说等 5 个国家级非物质文化遗产。

2. 环境优美　万荣县境内有稷王山、孤峰山、黄河、汾河"两山两水"。万荣县年均降水量 500 毫米，气候温和，四季分明，森林覆盖率达到 35.6％，全年空气质量二级以上天数平均超过 300 天，环境承载空间大。其中，孤峰山南麓的峨嵋岭台地有丰富的地热资源。

3. 区位优越　万荣县地处晋陕豫黄河金三角中心地带，承东启西、贯通南北，位于华北、西北、中原三大经济板块的结合部，承接环渤海经济圈，是中原经济区的组成部分，在中部崛起、西部大开发和中原经济区建设战略机遇叠加中发展，不久将会成为山西融入"一带一路"的西大门，战略地位非常突出。

4. 交通便利　万荣县距西安 210 千米、距太原 315 千米、距郑州 350 千米，蒙华铁路和闻合、河运两条高速公路穿境而过，距运城机场和高铁站半小时车程，距西安、郑州、太原都是 3 小时车程。

5. 产业多元　果业是农业的主导产业，万荣县共有 50 万亩果树，苹果年产值 10.5 亿元，果业收入占到农民人均纯收入的 60％以上。万荣苹果出口到了美国、澳大利亚等 40 多个国家，正在全力打造出口创汇农业大县。工业上，防水建材、现代医药、农副产品加工、新材料新能源等产业初具规模。依托丰富的自然资源和人文资源，万荣县文化旅游业也得到了蓬勃发展。

万荣县委、县政府正是依托丰富人文资源、优美自然环境、得天独厚区位优势、多元化产业发展，走出了一条因地制宜的乡村振兴发展之路。

第二节　主要措施

山西省万荣县针对农村创业创新，以平台搭建为出发点、以培育创业创新主体为目标、以要素支持为着力点，做好创业创新营商环境的各项配套服务。

一、搭建创业创新平台

万荣县为了实现创业创新，以"龙腾虎跃"计划、"群星灿烂"计划和"凤还巢"服务计划三大计划为重要抓手搭建创业创新平台。

1. 实施"龙腾虎跃"计划 农村创业创新的重要"发动机"是农业企业，那么，如何让农业企业的创业创新充满活力呢？万荣县通过实施"龙腾虎跃"计划旨在通过激励性政策措施推动创业创新的农业企业进入企业发展的"龙虎榜"，实施县领导干部包联帮扶、入企帮扶、入企服务，促进骨干企业迅速做大做强。引导帮助骨干企业提升经营管理能力、建立现代企业制度、加快科技创新和产品研发，开拓国内市场和国际市场。

2. 实施"群星灿烂"计划 建立"五小企业"创业创新计划。规划建设中小企业创业中心，设立运营小金融、小租赁、法律援助、信息技术等微服务平台，扶持企业发展。苹果产业作为万荣农业发展的支柱产业，"群星灿烂"计划的一项重点工作是大力发展苹果产业精细化分工的小微企业。以汇源果汁、华荣果库为龙头，延伸苹果产业链条，按照"一乡一个特色产业、每个乡镇抓好1～3户典型"的发展原则，从苹果"良种繁育、农资供应、技术管理、分级冷藏、果品包装、运输物流、精深加工、产品销售"等环节，选择100家左右中小微企业进行重点帮扶。激发苹果企业的发展活力，提升万荣苹果产业提档升级。对入选"群星灿烂"计划的企业，颁发"群星灿烂重点培育企业"牌匾和证书，将产品有市场竞争力、有较大项目投产的企业纳入"群星灿烂"计划；对产品缺乏市场竞争力、发展后劲不足的企业，调整退出培育计划，实现动态管理。

3. 推进"凤还巢"服务计划 重点是对在外务工人员关心关爱计划。遵循"抓两头、带中间"的工作思路，持续做好促进回乡创业、推动劳务输出和服务在外务工人员工作。建立"凤还巢"县服务中心、乡服务所、村联络站，为外出务工人员提供全方位服务。建设回乡创业孵化园，让"还巢之凤"有发展的平台和空间。筹集设立专项基金，让返乡人员能得到资金扶持，迅速创业立业。

二、培育创业创新主体

为了培育农村创业创新主体，万荣县出台了《万荣县招商引资优惠政策》《万荣县全面推进"大众创业、万众创新"若干措施》《万荣县支持企业做大做强若干措施》等政策，重点从项目落地方面对农村创业创新主体予以扶持。其中，《万荣县招商引资优惠政策》中关于农村创业创新的优惠政策见专栏 7－1。

◆ **专栏 7－1**

《万荣县招商引资优惠政策》中关于农村创业创新的优惠政策

《万荣县招商引资优惠政策》第四条农业项目中明确指出，"针对农副产品加工的项目用地方面，在确定土地出让底价时，按不低于所在地土地等别相应对全国工业用地出让最低标准的70%执行""对生产粮食、蔬菜、肉类、水果等人们基本生活必需品的企业，以及从事花卉、饮料作物和内陆养殖的企业，根据企业对地方经济发展所作的贡献，由市、县财政通过项目支持"。

除了依托农业企业实现农村创业创新以外，万荣县还大力扶持家庭农场、农民专业合作社，培育高素质农民。万荣县委、县政府明确指出，要通过选拔培育将新型农业经营主体的标杆竖起来，将有想法、有能力、有担当的发展带头人选出来，进而通过政策支持、资金撬动、荣誉激励等手段，提升新型农业经营主体竞争力、带动力和影响力，推动万荣农业再上新台阶。针对新型职业农民培育，万荣县以《运城市新型职业农民培育工作方案》为指导方向，结合县产业发展实际，把专业大户、家庭农场主、农民合作社负责人、农机手等作为重点培育对象，加强技能培训，强化政策扶持，发挥示范带动作用。万荣县农广校按照"5＋3＋3"模式，即5天课堂教学、3天外出参观、3天本地实训，对高素质农民进行精心培训，实现了从田间到车间再到市场、覆盖苹果全产业链的培训。

三、注入创业创新优质要素

为了更好地服务农村创业创新，万荣县出台了一系列优惠政策，为农业农村注入了优质要素（人、地、财）以及先进技术、管理理念。

1. 人才培育方面　万荣县出台了《万荣县推广新品种新技术补助标准》《万荣县果业技术人才管理办法》等政策。万荣县对所有新品种包括苹果苗木、玉露香梨等成品苗按照市场标准价格的30％补助，高接换头每株补贴8元，连片栽植新建园50亩以上每亩补助500元基础设施建设费用。通过举办"果业技术大比武"（专栏7-2）活动对选拔出的果业技术人才给予补贴奖励，每人每年补贴3 000～4 000元，每培养一名果业技术人员奖励1 000元。此外，万荣县采取"一人一策""一事一议"的办法，对于引进的人才予以财政补助，对全日制博士、硕士毕业生每年分别给予5万元和2万元的补助。

◆ **专栏7-2**

果业技术大比武

活动目的：举办"果业技术大比武"活动，要坚持"趣味性、参与性、操作简便性"相统一。通过举办此次活动，真正把技术人才选出来，把技术团队建出来，把技术标准吵出来，把技术需求比出来，达到果农素质提升、果品提档升级、果业提质增效的目的。

活动范围：本次活动的参与对象为懂技术、爱果业、爱果农、责任心强、服务意识好、组织能力优的务果能手、种植大户、高素质农民、专业合作社负责人、家庭农场带头人等。

活动程序：宣传发动、乡镇初选、推荐上报、决赛比武和命名建库5个步骤。其中，决赛比武分为两个阶段：第一个阶段为现场讲解和实践操作，两项结束后根据综合排名选出前30名进入第二个阶段；第二个阶段为沙龙论道。通过分组讨论、各自陈述、小组辩论 3 个环节，参赛者对评委所提出题目逐题论道（专栏图 7-1）。

专栏图 7-1　万荣县果业技术大比武现场

资料来源：搜狐网。

2. 农村土地政策方面　针对来万荣县创业的企业，在本轮永久基本农田划定工作中，分别在汉薛镇、皇甫乡等 9 个乡镇调出基本农田 1.3 万亩，供项目办理设施农用地使用。此外，优先考虑土地规划指标，为返乡创业的企业安排土地规划指标，并针对性地解决了一些企业的特殊需求，如万荣县对万荣牧原农牧有限公司土地复垦的支持（专栏 7-3）。

◆　**专栏 7-3**

万荣牧原农牧有限公司土地复垦支持

为支持牧原公司参与乡村振兴，县政府 2017 年 8 月常务会议通过牧原公司复垦费的方式为"承诺＋司法机关公证＋抵押"模式，即万荣牧原农牧有限公司及其母公司的复垦费以牧原食品股份有限公司向县政府并国土资源局作出正式承诺并经司法机关公证，复垦费用（含土地租赁费）由万荣牧原农牧有限公司承担。如果未能在一年内完成土地复垦工作，县政府可处置万荣县境内的养殖场、无害化处理中心、饲料厂等所有资产，从而极大程度减轻了企业的资金负担。

3. 金融服务方面　工商银行万荣支行、农业银行万荣支行、邮政储蓄银行万荣支行和县农村信用合作联社关心关爱"凤还巢"人员，创优服务贴心支持。对外出经商务工人员回乡创业，在结算、开户、授信和利率等方面制定优惠措施，实施温暖工程，营造宽松融资环境，留住人才人心。其中，工商银行万荣支行针对"凤还巢"人员新开户企业，配备专职客户经理，提供开户和结算绿色通道；对提出融资需求且符合转入条件，优先评级授信，贷款利率在执行现行利率基础上下浮10%。

农业银行万荣支行成立"凤还巢"客户服务团队，具体负责日常服务和协调工作。在已推出农民"安家贷"产品基础上，创新贷款品种，开发"果e贷"（专栏7-4）等新产品，满足"凤还巢"客户金融信贷需求。同时，充分利用"E农管家"和"E商管家"，为所有从事电商创业人员量身定制相关金融服务，实现资金循环快捷便利。

邮政储蓄银行万荣支行重点围绕回乡务工人员安居工程，与"恒盛花园""金茂广场""锦绣凤城"3个楼盘合作，对"凤还巢"人员购房执行上级最低利率标准；从企业经营利益出发，积极向上级行申请在二次办理"助保贷"（专栏7-4）业务且信誉良好的企业，利率在执行原贷款利率基础上下降10个百分点。

◆ **专栏7-4**

万荣县农村金融产品介绍

"果e贷"是农业银行万荣支行专门针对苹果、桃等果品种类研发的互联网网络融资产品，具有纯信用、期限长、利率低、自助可循环的特点，是农业银行服务"三农"、服务乡村振兴战略的一号工程。农业银行万荣支行采用"先试点、后推广"的策略，在试点成功的基础上成立了"三农"服务团队分乡包点，深入乡镇，进村入户，讲解金融知识，逐户采集资料，确定名单，简化贷款流程。同时，专门设立了"三农"服务大厅和个贷服务大厅，极大地方便农户办理贷款业务，使农户在短时间内拿到贷款，用于果业生产（专栏图7-2）。

专栏图7-2　万荣"果e贷"

资料来源：《运城新闻联播》。

县农村信用合作联社为回乡务工人员提供一站式金融知识咨询服务。在全辖网点设立服务窗口，方便务工人员返乡资金汇兑；优惠办理"福农卡"，免年费、免手续费；出台"青年创业贷款"新产品，对回乡务工人员实行信贷准入和利率下浮"双优惠政策"；开展电话银行、微信银行贷款受理渠道，实行"五日内办结"限时服务制；利率在其他优惠利率的基础上，再执行下浮10%的优惠利率。

四、做好优化营商环境的"店小二"

万荣县充分认识到"哪里营商环境好，哪里就有发展活力"。为此，针对农村创业创新，万荣县出台了"六代办、七优先、八扶持、十补贴"31项优惠扶持政策，狠抓"互联网＋"的契机，优化农村创业创新的营商环境。

其中，"六代办"指的是代办劳动合同签订（到孵化基地创业企业就业的劳动者，由人社局法律顾问进行劳动合同签订和鉴定、审查，专人全程代办，保障权利）；代办社会保险转接（协助企业和员工办理养老、医疗、工伤、生育、失业保险，安排专人，主动上门对接，现场一条龙办理，让创业者足不出户便可享受社会保障的全方位服务）；代办用工信息发布（凡有用工需求的企业，由人社局公共就业和人才交流中心及时联系，印制招工简章，发布用工信息）；代办各类证照证书（人社局免费办理就业失业登记证、劳动技能等级证、免费审核办理职业培训机构资质证书、人力资源介绍机构资质证书、医保"两定"机构认定等证照证书，工商部门及时办理"五证合一""一照一码"，一次告知，全程跟进，全面服务）；代办劳动人事档案（免费对高校毕业生人事档案、企业职工劳动档案进行代理、管理和整理，根据需求商调、转移、查询，为创业就业者提供全方位便利）；代办劳动维权服务（在企业用工后续服务环节，劳动用工监察和劳动争议仲裁全面跟进，全面办好讨薪维权、协调裁处劳动争议，依法认定工伤案件，确保劳动者合法权益）。

"七优先"指的是优先选择创业设施（根据孵化基地整体布局，对入驻前 10 家小微企业，在选用创业工位和公共设施上享有优先权；入驻半年以上企业，在水、电、暖等物业服务方面提供方便）；优先接入服务平台〔人社部门创办的人力资源市场网、"家在万荣"网站（专栏 7-5）、"家在万荣"微信公众号等，为入驻孵化基地的小微企业提供一站式服务，第一时间接入服务平台〕；优先介绍企业用工（凡入驻孵化基地的企业，人社局公共就业和人才交流中心优先为其设计、组织、发布用工招聘信息，免费进行招工服务）；优先安排培训项目（人社局技能培训中心、县职教中心为入驻孵化基地的小微企业优先提供创业培训、技能培训、岗前培训，并根据企业专业需求，外聘专家进行"定单式"培训，使其安心创业）；优先评聘专业职称（对各类高层次人才、高校毕业生、专业技术人员评定职称的，人社局给予优先安排参评、优先设岗聘任、优先组织考核、优先提升晋级的优惠）；优先考发技能证书（对在小微企业就业的劳动者，在参加各类培训的基础上，免费组织参加各类职业资格考试，及时发放就业所需的劳动技能等级证书）；优先参加创新大赛（入驻孵化基地的企业，人社、经信、职教系统组织的各类创业创新大赛、专业技能竞赛，免除参赛费用，优先组织参赛，并对优胜者给予相应奖补）。

◆ 专栏 7-5

"家在万荣"网站

"家在万荣"网站是由万荣县人社部门创办的网站，旨在落实"凤还巢"计划，针对万荣县创业创新企业和外出经商务工人员提供一个综合信息服务网站，为农村创业创新的发展提供了一个平台。网站内容包括万荣概况、在外组织、劳务协作、求职登记、维权救助、优惠政策、回乡创业和便民服务八大模块。其中，万荣概况对万荣县的基本情况、历史沿革、历史文化进行了介绍；在外组织介绍了万荣县在全国各地创办企业的情况以及在外务工人员乡镇分布情况；劳务协作和求职登记主要是介绍一些公司的招聘情况；维权救助介绍了万荣县维权救助的热线电话以及各乡镇村级联络员的电话；优惠政策公布了万荣县针对创业创新的主要政策文件；回乡创业介绍了回乡创业办理流程、创业故事；便民服务是针对居民日常生活需求提供贴心便利服务。

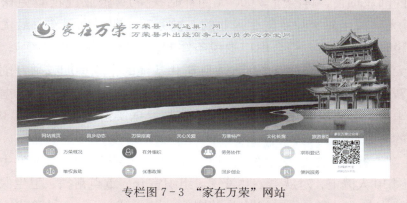

专栏图 7-3 "家在万荣"网站
资料来源："家在万荣"网站截图。

"八扶持"指的是场租管理费扶持（对入驻"双创"孵化基地的创业者，创办经营实体，带动5人以上就业，经人社、财政、经信部门审核确认，可享受每户每年5 000元以内的场地租赁补贴和不超过1 000元的管理服务费用补贴扶持）；人才公寓租赁扶持（为营造良好的招才引智环境，凡入驻孵化基地的创业创新人才和高层次人才，在万荣租赁公寓住房创业居家的，经企业申报，人社、财政、经信部门审核，可享受每年5 000～8 000元的高端人才创业公寓租赁费补贴扶持）；创新研发推广扶持（对引进企业的高端人才、外聘专家开展创新研发并在万荣境内孵化基地推广应用的，经企业或专家申报，人社、财政、经信部门对其贡献和效益进行评估后，报县政府常务会议审核，给予5万～20万元的研发推广扶持）；众创空间经费扶持（创办众创空间等新型孵化机构的，经企业申报，人社、财政、经信部门审核，可对房租、宽带接入费用、创业服务的公共软件及开发工具等方面的费用据实补贴）；创业大厅补贴扶持（创业孵化机构在孵化基地建立创业"一站式"服务大厅的，经机构申报，人社、财政、经信部门审核，可据实享受每年5 000～20 000元的租赁及管理费用扶持）；创业项目入库扶持（对于提供新的创业项目思路，符合省、市、县项目入库要求，进入创业项目库的，经人社、经信部门审核，先给予1 000元的创业项目入库补贴，对推介成功被创业者使用并取得效益的创业项目，再给予3 000元的补贴扶持）；企业税收减免扶持（凡入驻孵化基地回乡创业兴业的，税务部门要提供最新、最优惠的税收减免政策，符合出口退税条件的，积极代办相关手续）；创业大赛经费扶持（对返乡创业入驻孵化基地的企业参加或举办创业创新大赛、表彰、讲座等活动费用，媒体宣传推介费用等，根据企业申报，经人社、财政、经信部门审核，据实给予3 000～20 000元的补贴扶持）。

"十补贴"指的是公益岗位补贴（累计为孵化基地安置大学生公益岗10人以上，对从事公共管理、组织宣介、重点帮扶、卫生保洁领域的人员，每人每月发放公益岗位补贴1 120元，交纳养老、医疗、失业、工伤"四险"，最长不超过2年）；大学生就业补贴（小微企业吸纳毕业 3 年以内的高校毕业生，稳定就业 6 个月以上，且签订 2 年以上劳动合同的，每人每月从就业专项资金中补贴 300 元，最长不超过 2 年）；企业用工补贴（企业新吸纳城乡各类劳动者且稳定就业半年以上的，根据吸纳就业人数按每人不超过 1 000 元的标准给予一次性就业补助）；困难岗位补贴（企业新招用城镇"4050"下岗人员等就业困难人员并签订 1 年以上劳动合同的，按每人每月 300 元的标准给予就业岗位补贴，最长不超过 3 年）；职业介绍补贴（经人社部门认定的职业介绍机构为入驻孵化基地的小微企业介绍用工，稳定就业半年以上，并签订 2 年以上劳动合同的，给予每人每月 300 元的职业介绍补贴，其中用于发放就业路费不少于 120 元）；社会保险补贴（企业招用城镇就业困难人员和毕业 3 年以内的高校毕业生、签订 1 年以上劳动合同并足额缴纳社会保险，给予社会保险补贴，每人每年补贴 4 000～6 000 元）；小额贷款贴息补贴（符合贷款条件的企业，当年新招用符合小额担保贷款申请条件的人员达到企业现有在职职工总数 30％或超过 100 人的企业达到 15％以上的，可根据实际招用人数申请不超过 200 万元的免息或贴息小额担保贷款）；创业培训补贴（小微企业处于孵化期的创业者可参加由人社部门组织的创业培训，每人补贴 2 500 元，其中 1 500 元用于培训期间的食宿、资料、教师和参观交流补贴，1 000 元用于培训后一年内的"一对一"创业指导师后续服务补贴）；技能培训补贴（小微企业根据自身需求，通过有资质的培训机构组织员工或新入职者开展技能培训并取得培训合格证的，根据培训类别给予每人 600～1 200 元的职业技能培训补贴）；就业见习补贴（企业吸纳 2 年内未就业高校毕业生参加就业见习的，给予每人每月 1 000 元的就业见习补贴，最长不超过 6 个月）。

在电子商务方面，万荣县高度重视"互联网＋"带来的新契机，出台了《万荣县电商产业集群资金奖励办法》《万荣县电子商务产品宣传推介扶持补助暂行办法》《万荣县微分销人员培训补贴暂行办法》等政策，促进县域农村电子商务综合服务体系的建设，积极打通"工业品下乡、农产品进城"的双向流通体系。万荣县电商"双创"孵化相关优惠政策见专栏 7-6。

◆ 专栏 7-6

万荣县电商"双创"孵化相关优惠政策

一、电商"双创"孵化优惠政策

一是公共服务，包括以下 5 个方面：①享受基础服务减免扶持。入驻企业和创业个人房租免费，办公期间产生的水、电、暖、网络、物业费等日常办公经营费用由孵化中心承担。②享用免费公共设施。入驻企业和创业个人免费使用商务洽谈室、培训教室、会议室、图书室、阅览室等孵化中心配套公共服务设施。③享受免费政务服务。入驻企业和创业个人享受免费高效便捷的创业政务服务。④享受免费培训服务。同等条件下，入驻企业和创业个人优先参加政府组织的免费培训。⑤享受优先政策扶持。同等条件下，入驻企业和创业个人优先获得申报各级产业政策扶持资格。

二是第三方运营服务，包括以下 3 个方面：①享受免费咨询服务。入驻企业和创业个人享受第三方运营公司提供的免费创业心态辅导、传统企业转型专业咨询服务。②享受免费孵化支持。符合条件的企业和个人可申请入驻孵化中心创业孵化区，享受业务指导、实战训练、电商营销解决方案等免费孵化支持。③享受免费推介对接。入驻企业和创业个人享受第三方运营公司引荐的相关机构、企业、人才的对接、交流、洽谈、合作等服务。

三是第三方市场化服务。入驻企业和创业个人享受第三方运营公司低于市场价格的拍摄、美工、客服、推广、运营、售后、数据分析等服务。

二、电子商务产品品牌和包装设计扶持政策

第一，对自行进行产品品牌和包装设计且未注册的，根据实际情况给予 500~2 000 元的补助；第二，对与国内知名机构合作进行产品品牌和包装设计未注册的，给予不超过开支费用 40% 的

补助；第三，对与国内知名机构合作或自行进行产品品牌和包装设计，所开发产品年度线上销售 20 万～50 万元（含 50 万元）、50 万～100 万元（含 100 万元）、100 万元以上的，分别一次性给予 5 000 元、10 000 元、20 000 元补助；第四，对使用统一品牌形象包装的电商从业人员给予适当补助；第五，对获得外观设计专利的，每件一次性给予 5 000 元奖励；第六，对获得"中国驰名商标""山西省著名商标"的，每件一次性给予 10 000 元、5 000 元奖励；第七，每件产品原则上不重复扶持补助或奖励，实行"就高不就低"。

三、电子商务产品宣传推介扶持政策

第一条　鼓励支持电子商务企业（专业合作社及个人）通过举办或参加展会、博览会、洽谈会、论坛等方式，开展电子商务及农特产品等的宣传推介。

第二条　电子商务企业（专业合作社及个人）举办或外出参加展会、博览会、洽谈会、论坛，应经县电商办审核批准并备案。

第三条　对经县电商办审核批准并备案，在县域内开展电子商务领域专业会议、展会和论坛等的，给予承办机构或电子商务企业（专业合作社及个人）每次最高不超过 1 万元的扶持补助。

第四条　对经县电商办审核批准并备案，参加国内重点电子商务展会、博览会、洽谈会、论坛的，每次给予交通、食宿、展位等费用补助。交通、食宿费用补助参照党政机关人员出差办法执行。展位费用按实际费用的 30％给予补助。每次补助费用总额最高不超过 3 000 元。

第五条　对利用机场、车站、商场等场所和电视、报纸、微信公众号等媒体开展万荣农特产品等宣传推介的，给予不超过实际费用总额 50％的补助。

第六条　扶持补助资金的支持对象以电子商务企业（专业合作社及个人）为主，兼及从事电子商务的传统企业。企业应为在万荣县依法注册、依法经营、具有独立法人资格且经营正常的电子商务运营、应用及专业配套服务等相关企业。个体网店应为经营万荣农特产品等，或在万荣统一发货，且线上年销售额不低于 3 万元的个人或个体经营户网店、微店等。

第三节 实施效果

万荣县通过实施"龙腾虎跃"计划、"群星灿烂"计划和"凤还巢"服务计划，搭建了创业创新平台，并培育出一大批农村创业创新主体。此外，万荣县一系列配套政策的出台，为农业农村注入优质要素、营造良好营商环境作出了重要贡献，实现了农村创业创新如火如茶地开展。

一、创业创新主体不断成长

万荣县大力支持非农领域的资金投入农业产业化发展，撬动民间资本投入示范园建设。万荣县引进了山西投资集团、河南牧原、广东温氏等大型涉农企业在示范园内建基地、建分点，实现产业联合；吸引社会资本建设了苹果冷库 25 个，总储藏量达到 8 万吨。目前，园区共有果品加工、畜禽养殖、食品加工等 86 个农业产业化企业，其中省级农业产业化龙头企业 6 个、市级龙头企业 15 个，带动发展农民专业合作社 1 361 个，吸收了近 2 万农户加入农民专业合作社，覆盖耕地面积 20 余万亩。

随着乡村振兴战略的不断深入，诸多在外创业人员的万荣人心系家乡，搭乘"凤还巢"计划，争先为万荣县农业农村发展添砖加瓦。目前，共有 8 万多名万荣人回到家乡，他们还巢就业当干部、促教育、办企业，助力乡村振兴。

1. 还巢就业当干部——孙稳忠 在广东省惠州市兴办企业的万荣人孙稳忠，回到万荣县担任荣河镇临河村党支部书记，先后获得省、市、县党委及政府授予的"优秀共产党员""模范村干部""新农村建设带头人"等荣誉称号（图 7-1）。荣河镇是万荣县人口最多、经济最发达的乡镇，位于万荣县城西南 30 千米处，镇域面积 111 平方千米，耕地面积 76 682 亩，辖 37 个行政村，交通便利。临河村，早在 10 年前已经成为名副其实的"轿车村"，几乎家家都有轿车，干净笔直的水泥马路，整齐划一的红顶二层小洋楼，正是得益于"领头雁"的带领，临河村成为远近闻名的"亿元村"。

图 7-1 临河村党支部书记孙稳忠
资料来源：搜狐网。

村党支部书记孙稳忠自己在 1999 年率先到广东开办了中外合资惠州兆基建材有限公司。在他的带动下，临河村人先后在北京、天津、重庆、广州等 21 个大中城市办起化工建材、防水材料、宾馆饭店等企业，吸收本村从业人员 400 多人，占到全村总劳动力的 85％以上。但临河村的基础设施、文化活动场所还较为简陋。为了使临河村面貌得到改变，村民的幸福指数得到提升，孙稳忠先后捐资引资近千万元建设新农村，改善村庄基础设施、办学条件、文化环境，不断为村民办实事。

孙稳忠带领村干部首先投资数十万元实施饮水解困工程和村通油路工程，不仅使家家吃上了安全清洁的自来水，而且也使临河村人告别了"晴天出门一身土、雨天回家两脚泥"的历史。在改善村庄基础设施方面，投资数十万元修通了一条通滩路，用沙石硬化了一条田间路。在改善村庄办学条件方面，孙稳忠带领村干部投资 27 万元建起一座建筑面积 600 平方米的教学大楼，大大改善了村里的办学条件。此外，为丰富村民精神文化需求，孙稳忠带领村干部投资数万元对村舞台进行了翻修。村"两委"一班人研究决定，临河村文化体育中心工程的启动不向村民摊派一分钱，所需资金全部由在外企业家自愿捐助，孙稳忠慷慨捐资 10 万元。在他的带动下，该村 14 名在外企业家共捐款 140 万元。

2. 还巢就业促教育——王涛 王涛为万荣中学捐赠了价值 15 万元的办公桌椅和计算机等，改善了学校的教学条件。2017 年 12 月 31 日上午，万荣县光华乡王胡村鞭炮齐鸣、鼓乐喧天。"情系教育 大爱无疆"的牌匾在乐队及群众的簇拥中，从村委会广场一路抬到王涛的家中（图 7-2）。

图 7-2 山西金盾苑建材有限公司董事长王涛（右图左一）
资料来源：搜狐网。

王涛，万荣县光华乡王胡村人，山西金盾苑建材有限公司董事长，担任王胡村村委会主任，是一名返乡助力农村教育事业的企业家。王涛在北京、四川等地开办建材企业，依托山西商人诚实守信、经营有方的特点，生意红红火火。2005 年，王涛被王胡村群众推选为村委会主任。他返回家乡看到王胡村校舍破旧，优秀教师和学生都流落到外村上学，整个学校的学生只剩下几十名，师资力量极度匮乏。于是，他个人出资 12 万元，后又筹集了 70 多万元，首先从基础设施做起，建设了带有餐厅的一座两层现代化标准教学楼。之后从师资力量出发，公开招聘优秀教师并邀请王胡村内德高望重的人成立了督学会，专门监督教学质量。王胡村小学在王涛及各方努力下，教学成绩屡次在万荣县统考中名列前茅，除了本村学生外，外村学生也闻名而来。作为村委会主任，王涛从 2004 年开始，每年给万荣中学优秀教师和学生发放数目不等的奖学金，始终把中华民族乐善好施的光荣传统放在第一位，帮助贫困大学生、为村民解决卖果难问题、给村里老人发福利等，累计捐款总价值近千万元。

3. 还巢就业办企业——黄新建　万荣县华荣果业有限公司是一家集果品收购、储藏、销售、包装初加工、出口、基地服务于一体的山西省苹果出口龙头企业。该公司成立于 2002 年，建筑面积 3 590 平方米，拥有 3 000 吨气调库及 AMD－2 现代化电子色相选果生产线，现有设备可以对苹果进行清洗、打蜡、自动分色、计重，气调库可以使苹果保鲜一整年（图 7－3）。

图 7－3　万荣县华荣果业有限公司
资料来源：搜狐网。

董事长黄新建，原先在国有企业从事纺织工作。国有企业倒闭后，得益于运城市的地理和气候条件，黄新建便返回家乡从事苹果产业，投资注册 1 000 万元成立了万荣县华荣果业有限公司。公司实行"公司＋基地＋农户"经营模式，成功运行了全国首创的华荣果业合作商社。其中，商社正式社员 1 669 户，预备社员 5 000 户，并带动 3 万户果农生产优质高档水果，推动万荣果业向优质化方向发展。华荣果业有限公司的基地成功获得山西出入境检验检疫局的果园注册备案和中国质量认证中心良好农业操作规范基地认证。由于具备产品质量资格认证，华荣果业有限公司的产品质量和包装也处于国内领先地位。华荣红富士、VC 金苹果先后被国家有关部门评为名牌产品，多次荣获中国农业博览会金奖。华荣果业有限公司连年荣获山西省、运城市、万荣县"果品销售功臣""销售先进单位""重合同守信用单位""诚信单位"等荣誉称号。此外，华荣果业有限公司拥有进出口经营权，与美国、澳大利亚、加拿大等国外客户建立了贸易关系，并同时获得了墨西哥、秘鲁、智利、阿根廷、毛里求斯等国的产品认证，是国内为数不多的获得南美四国认证的出口公司。

二、促进产业链条延伸与领域拓展

万荣县创业创新的深入发展，拓宽了产业领域，实现了产业链的延伸，拉长了价值链。产业领域拓展的典型代表是万荣县打造的国家农村产业融合发展示范园，不仅在原先的苹果产业中实现突破，也通过"接二连三"实现了农村产业融合的发展。

2017 年 12 月 30 日，国家发展和改革委员会、农业部、工业和信息化部、财政部等 7 部委联合公布了《关于印发首批国家农村产业融合发展示范园创建名单的通知》（发改农经〔2017〕2301 号），万荣县获批创建农村产业融合发展示范园。农村产业融合发展示范园位于县境内西部，地处峨嵋岭苹果产业的核心区域，以贾村乡张李冯村、杨郭村和高村乡薛店村"二乡三村"为基地，辐射周边王亚、闫景、五福、北薛、东思雅、西思雅 6 个村，总面积 50 000 余亩，规划建设融汇现代与传统、科学与艺术、文化与传承、园艺与农耕、休闲与观光、产加销、农旅居一体化融合发展的高端产业园区。

万荣县国家农村产业融合发展示范园建设内容主要包括 7 个方面：一是园区果品生产基地建设。打造以优质富硒苹果、油桃（毛桃）基地为主的高端苹果、油桃功能区，发展优质苹果 15 000 亩和油桃（毛桃）4 000 亩。二是园区加工业建设。培育 3～5 个苹果深加工企业，建设 2～3 个畜禽养殖企业，扶持 2～3 个香菇生产企业。三是园区果品保鲜与交易市场建设。新建 20 个果品服务中心，包括农产品冷藏保鲜、电子商务、农产品批发交易、农产品检验结算中心和综合服务等内容。四是园区基础设施建设。拓宽硬化田间路、硬化支路、采摘园步道等；建设引黄灌溉、井灌、消力池、阀门井、微灌等工程，并改造输配电、铺设电缆。五是园区绿道与景观系统建设。主要建设园区大门、园区文化墙、观景台、葡萄长廊、果树重生园等景观节点，绿道系统栽植防护林，重点建设园区东西景观带和南北金色大道。六是产城联动建设美丽乡村。绿化、亮化、美化园区村庄，建设标准卫生公厕，建立垃圾集中存放点和填埋场，与园区发展形成良好互动。七是创新融合发展机制。探索产业链与产业集群发展模式，构建水果、仓储、养殖、食用菌产业融合产业链与产业集群，引导促进市场营销与品牌建设。产业链条从种植向加工、服务环节转变，产业之间的集聚，农业多功能性的挖掘，实现了产业链纵向延伸，以促进全链条融合发展、全产业分享增值收益等方式助力万荣国家农村产业融合发展示范园建设。

通过上述 7 项建设内容，万荣县国家农村产业融合发展示范园实现了产业领域从单一的苹果种植业，转向了集苹果、油桃、葡萄为主的水果产业和以香菇生产业、畜牧业为辅的多元化产业领域。产业形式也由原先以种植业为主的转变为集生产、加工、销售、服务于一体的全产业链发展模式。此外，万荣县在建立健全基础设施的基础上，强化农业技术应用转化，还大力挖掘农业的多功能性，大力发展美丽乡村建设，充分发挥万荣县农业主导产业的生态、社会和文化等多方面的功能。

具体来说，从产业形式上看，万荣县国家农村产业融合发展示范园围绕果品加工产业链、粮经作物加工产业链、畜禽加工产业链、中药材加工产业链，突出优势资源，策划包装项目，开发水果罐头、香菇干等休闲食品，水果酵素等高端保健品，冷鲜肉及制品、有机饲料和肥料等产品，进一步丰富产品种类，促进农业资源转化为产业效益；围绕农旅结合，打造了"皇甫袁家庄村杏花-汉薛南景桃花-孤峰山梨花-高村卓立油菜花-高村杨庄葵花"生态旅游线路；组织了桃花节、杏花节、苹果采摘节等以观赏、游乐、采摘、节庆为主题的文化节；建成了晋汉子农庄、笑城生态农业园、桥上农耕民俗文化体验园等一批乡村旅游精品点，形成了"苹果＋果汁＋饲料＋有机肥""果枝＋食用菌＋有机肥""生态农业＋乡村旅游＋'农家乐'服务"等循环功能农业产业链条，推进了农业景观化、景观生态化和生态效益化。

从农业技术应用转化上看，万荣县国家农村产业融合发展示范园积极推广应用新技术、新品种、新装备，加快"汗水型"农业向"科技型"农业转变。通过与中国农业科学院、山西农业大学、山西省农业科学院、山西省食用菌研究所等高校和科研院所的交流合作，为农业可持续发展提供战略性、基础性、预期性知识储备和技术支撑，形成以万荣农业为研究核心的技术团队。县政府已与山西省农业科学院签订农业科技战略合作协议，主要提供开展科技决策与咨询活动、新品种新技术试验示范、农业科技推广服务和人才培养与培训 4 个方面的支持，逐步成为农业科技应用的集聚区。万荣县国家农村产业融合发展示范园出台了《关于加快构建农业社会化服务体系的通知》，各乡镇按照各自的主导产业培育 10 个以上社会化专业服务队，果业重点围绕整形修剪、病虫害防治、疏花疏果、套袋、采摘等生产环节成立社会化专业服务队；食用菌、中药材、蔬菜等根据作物的生产环节，成立了相应的社会化专业服务队，精准提供覆盖产前、产中、产后全过程的社会化服务，推动果业产业集约化、专业化、标准化发展，进一步解放农业劳动力，提升综合生产效益，逐步成为农业社会化服务的引领区。

从农业多功能性上看，以苹果创意园为核心，突出产业优势，带动张李冯村、杨郭村、薛店村、王亚村等进一步完善提升水、电、路、垃圾处理等基础设施，改善农村居住环境，建立清洁、舒适、优美、安静、生态环境良性循环的宜居型生态家园；突出李家大院景区优势，辐射带动闫景村、东思雅村、西思雅村、五福村、北薛村等走农旅结合道路，推进农村产业融合发展与新型城镇化、美丽乡村建设相结合，不断释放农村发展活力。

最后，为了保障农村产业融合发展示范园的健康发展，在资金投入方面，万荣县财政累计投入农村产业融合发展示范园建设资金 748 万元，中央、省、市支持示范园建设资金 3 700 万元；同时，县财政自 2017 年起预算安排农业产业发展资金 1 000 万元，支持农业产业发展和特色农业发展。

万荣县国家农村产业融合发展示范园的创建，产生了良好的示范效应，示范园的农业总产值从 2017 年底的 14.4 亿元，增加至目前的 15.8 亿元，初步建成峨嵋岭经济带乡村振兴的农业样板和农业典型，不仅成为农业全面升级的标杆区，而且还成为农业科技应用的集聚区和农业社会化服务的引领区。万荣县国家农村产业融合发展示范园的苹果、香菇、畜禽养殖等特色产业，由原先的"增产导向"向现如今的"提质导向"转变，涉及的 2 个乡镇 3 个行政村及周边村连线成片，通过大力实施农业品牌提升工程，引导农民合作社、家庭农场等制定生产标准、管理标准、品质标准，加强企业营销品牌打造和"三品一标"认证，提高绿色优质中高端果品供给能力，打造国家级示范样板，实现总量和质量"双提升"，目前已成为农业全面升级的标杆区。

三、促进现代技术示范应用

1. 在基础设施建设方面　实施园区 2.04 万亩高标准农田建设工程，铺装田间道路 24 千米，果园过路桥 400 座，新建改建提水泵站 7 座，修复机井 15 眼，建成园区管理房 12 座，铺设引黄管道 35 千米。

2. 在农业科技投入方面　园区已建成瑞雪新品种示范园 38 亩；实施节水灌溉工程，建成高空微喷果园 1 500 亩、滴灌果园 200 亩、规范化果园机库棚 1 座。果园内部安装监控、小型气象监测设施，建成可视化示范果园，发展现代智慧农业，将现代物联网技术运用在苹果生产中。通过在果树上安装物联智能监测探头和认领标识牌，实现认领者足不出户，通过手机实时查看认领果树生长光照、湿度、风力等情况，让消费者在苹果质量可追溯的同时，享受苹果认领带来的乐趣。

3. 在苹果种植生产过程方面　苹果主题公园在内部全面推广测土配方施肥，发展种养结合模式，推广畜禽粪污还田，实施化肥农药使用减量、有机肥替代化肥行动，逐步建立起了绿色、生态、循环农业产业体系。苹果主题公园通过打造标准机械化作业样板园，建成规范化机车棚1个，基本实现苹果主题公园"种地不用人、劳作不出力"，积极创建农业机械化示范园区（图7-4）。

图7-4　万荣县苹果主题公园
资料来源：搜狐网。

4. 在苹果品牌创建方面　园区已经注册"晋魁""五福""张李冯""通爱红"等商标品牌。其中，红艳果蔬专业合作社的"晋魁"牌苹果是山西省著名商标，先后获得中国国际农产品交易会、中国绿色食品博览会金奖等多项荣誉。品牌的创建实现了苹果产业附加值的提升。

第四节　经验总结

在"大众创业、万众创新"和乡村振兴战略的大背景下，地处中部地区的万荣县成功走出了一条因地制宜的农村创业创新之路。其成功经验主要可以归纳为以下4点：

一、搭建创业创新平台是基础

好的创业创新平台意味着好的创业创新发展机会，更加能够吸引创业创新主体回到乡村。万荣县充分意识到创业创新平台的意义，从制度层面出台"龙腾虎跃"计划、"群星灿烂"计划和"凤还巢"服务计划，并以入选首批国家农村产业融合发展示范园为发展契机，在产业形式的多元化、延长产业链条、农业技术应用的转化和挖掘农业多功能性等方面抢抓机遇，完善创业创新平台的搭建，让回到万荣进行创业创新的主体吃了一颗大大的"定心丸"。

二、优化营商环境是保障

做好优化营商环境的"店小二""哪里营商环境好，哪里就有发展活力"。万荣县以打造良好营商环境为重要内容，针对农村创业创新，制定了一系列优惠政策。万荣县颁布出台的"六代办、七优先、八扶持、十补贴"共31项优惠扶持政策吸引了一大批万荣人回乡创业。在农业农村发展缺乏优质要素的大背景下，万荣县针对农村创业中人才匮乏、土地限制和金融贷款难的三大"硬骨头"采取措施逐步完善，实现了优质的要素（如人才、资金、先进管理经验）向农村流动。

三、规划引领是前提

万荣县农村创业创新的发展是以规划为引领，依据自身风土人情、自然环境在发展中一步一个脚印，谋定而动，以项目带动苹果产业、以苹果产业推动农业农村创新发展。例如，万荣县国家农村产业融合发展示范园按照"一轴六区"的现代农业产业规划布局，以209国道万荣段为产业带动轴和现代苹果生产示范区、现代苹果电商集聚区、现代苹果产业拓展区、现代苹果链条延伸区、现代苹果农旅融合区、现代苹果加工集散区，从挖掘苹果产业价值链的基础上实现园区的协调发展。万荣苹果主题公园按照"一期道路先行、勾勒框架，二期园区配套、初具规模，三期元素植入、基本建成"的总体规划，苹果主题公园的发展已成为运城市实施农业提档升级行动的示范样板园。

四、夯实产业是抓手

苹果产业是万荣县农业的支柱产业,实现农村创业创新就需要夯实农业的支柱产业。万荣县以高质量发展为主题,以农业供给侧结构性改革为主线,多措并举,通过完善生产设施装备条件、引入农业生产新技术,结合绿色发展理念,开拓营销渠道,采用现代科学技术充分挖掘苹果产业的多功能性,推动苹果生产从传统的模式逐步向智慧苹果生产模式转变,为实现"提品质、创品牌、增效益"的现代农业发展目标不断努力,实现了产业形式的多样化,产业链得到延伸、价值链得到拓展。

第八章

四川省金堂县：加强创业创新，助力乡村振兴

金堂县位于成都平原东北部，是"全国农村创业创新典型示范县"。在农村创业创新工作中，金堂秉承四川省统一的工作思路，按照政府指引、市场参与的发展模式，积极开展引导外出农民工、大学生和复员转业退役军人等人员返乡下乡创业工作；借力"六个一模式"搭建"双创"平台，以"七大行动计划"培育市场主体；在税收优惠、农村金融、科技支持等方面提供配套政策；开辟了一条具有金堂特色、四川典型的农村"双创"之路。

第一节　地区介绍

金堂县隶属于四川省成都市，地处成都平原东北部，成都六环路以外。县城东邻德阳市中江县、南靠简阳市和资阳市（乐至县）、北接广汉市和德阳市（中江县）、西连青白江区和龙泉驿区。金堂县总人口约 86 万人，国土面积约为 1 156 平方千米，下辖 10 个镇、6 个街道。

金堂县是"国家园林县城""国家级生态示范县""中国书法之乡""中国龙舟之乡""国家新型工业化产业示范基地""国家农产品质量安全县""国家级出口食品农产品质量安全示范区""全国十佳生态文明城市""全国投资潜力十强县""全国综合竞争力百强县"。

2018 年，金堂县地区生产总值达到 424.1 亿元，同比增长 10.5%。固定资产投资 291.3 亿元，同口径增长 13.3%。一般公共预算收入 34.3 亿元，增长 11.3%。社会消费品零售总额 88.4 亿元，增长 11%。城乡居民人均可支配收入分别达到 35 579 元、19 368 元，各增长 8.7%、9.3%，荣获 2018 年度四川省"三农"工作先进县称号。金堂县县情具有以下特点：

1. 自然环境优美　金堂县地处天府之国腹心地带，中河、毗河、北河穿城而过，享有"天府花园水城"之美誉。著名景点有云顶石城、三溪橙乡、瑞光宝塔、沱江小三峡、五凤古镇、三学寺等。金堂县还是中国西部独特的水上城市，水资源十分丰富，形成了山河错落、湖岛相依、人水共生、景城交融的天府水城风貌，是成都市自然生态环境最好的地区之一。

2. 区位优势突出　金堂县地处成都东北门户、成德绵经济带和成渝经济区交汇处。未来，金堂县将依托不断完善的对外交通条件，进一步促进区域间要素流动和板块间的互动效应，加快实现区域协同合作、联动发展。进入新时代，金堂县将搭乘成渝城市群、成都城市群的高速发展列车，孕育创新一批新的经济增长极（带）。

3. 资源种类多样　首先，金堂县地处川西平原与川中丘陵交换地带，土地资源充足，有平坝、浅丘、深丘、低山区等不同土地类型，为不同企业的引进提供了可供选择的丰富土地资源。其次，金堂县河流分属沱江、峨江水系，全县大、小共计 13 条江河，多年平均径流总量为 83.41 亿立方米，地下水资源储量 0.73 亿立方米，水能资源理论蕴藏量为 5.91 万千瓦。最后，农产品种类繁多，拥有脐橙、食用菌、黑山羊、无公害蔬菜四大特色品牌，蚕茧、药材、生猪、肉牛等种养业初具规模。其中，金堂脐橙被评为"国优"产品，食用菌年栽种规模位居全国前列。

4. 产业特色鲜明　金堂是"成都平原经济圈"内的重点发展县和成都市"特色产业发展区"，是成都市确定的扩展型发展区、龙泉山生态旅游综合功能区。其中，工业率先发力，初步形成通用航空、智能制造、节能环保等 6 个重点产业生态圈。另外，金堂是成都市的农业大县，是国家多种经营生产基地和高效农业生产基地。近年来农业稳步发展，全新构建起以食用菌、油橄榄、柑橘、金堂黑山羊为重点的"4＋N"现代特色农业产业体系。

第二节　主要措施

在"大众创业、万众创新"和乡村振兴战略的大背景下，地处西部地区的金堂县按照政府指引、市场参与的发展模式，借力"六个一模式"搭建"双创"平台，以"七大行动计划"培育市场主体，在税收优惠、农村金融、科技支持等方面提供配套政策，开辟了一条具有金堂特色的农村创业创新之路。主要措施如下：

一、做好政策引领

在推动农村创业创新工作上，金堂县委、县政府出台形成了以《金堂县推进"大众创业、万众创新"的实施方案》为引领，《金堂县关于进一步做好新形势下农民工等人员返乡创业就业工作的实施意见》和《金堂县农业科技人员创业创新试点工作方案》为抓手的政策支持体系。在用地、税收、审批、奖补、做优等方面明确政策优惠举措，开通了农民工创业绿色通道，强化人才引进、载体建设、成果转化扶持，吸引大批返乡下乡人员参与农村创业创新。

金堂县按照国务院办公厅《关于发展众创空间推进大众创业创新的指导意见》（国办发〔2015〕9号）、省政府《关于全面推进"大众创业、万众创新"的意见》（川府发〔2015〕27号）和《成都"创业天府"行动计划（2015—2025年）》的意见要求，在结合实际的基础上，出台了《金堂县推进"大众创业、万众创新"的实施方案》（专栏8-1）。

◆ **专栏8-1**

《金堂县推进"大众创业、万众创新"的实施方案》

本方案以深入实施创新驱动发展战略、充分发挥市场对创业创新资源配置的决定性作用和政府引导性作用、强化企业创业主体地位、突出青年创业者主力军作用、准确把握全球科技经济一体化趋势、顺应互联网跨界融合创新潮流、大力发展众创空间、着力营造良好创业创新生态环境为总体思路。

到 2020 年，金堂县创业创新载体数量达 10 家，载体面积 30 万平方米以上；创业服务机构达 15 家，创业导师达 60 人；科技企业达 600 家，高新技术企业达 50 家，高新技术产业总产值达 100 亿元，"新三板"挂牌企业达 5 家，年度发明专利申请量达 1 200 件等创业创新发展目标。

二、搭建农村创业创新"六个一模式"平台

金堂地形复杂，山地、丘陵、平坝纵横交错。县委、县政府根据不同区域地形特征因地制宜地引进了技术、资本、人才等要素，以市场为主导、"双创"人员为主体，特色化、差异化搭建了不同类型的农村"双创"平台。即，一座座山（龚家山油橄榄产业＋休闲农业）、一道道沟（长林葡萄沟＋大园区多业主）、一个个村（羊肚菌种植村＋菌种生产龙头企业）、一条条走廊（现代农业走廊＋大园区多业主）、一个个园区（农产品精深加工园区＋"我出地你建厂改革成果共分享"）、一条条街（返乡农民工创业街）的农村创业创新"六个一模式"。具体内容如下：

1. "一座座山模式" 该模式以具有一定经济实力的外来业主与山区群众为创业创新主体，通过企民共建、村企合作、利益共享等方式，开展林业生态经济、林旅融合、专有林产品供给等方面的创业创新。政府通过建立每亩 1 000 元的经济林发展鼓励机制、每亩 3 000 元的生态林补偿机制予以帮助扶持。

2. "一道道沟模式" 该模式以具有一定经济实力、向往乡村生活、拥有小资情调的外来业主和当地能人为创业创新主体，政府通过给予基础配套、建立专项扶持政策等方式，引导"双创者"把金堂优质的自然本底、多样的农特产品、丰富的乡村生活与市民对乡村情怀、田园生活、农旅文创的需求结合起来，大力开展农旅融合方面的

创业创新，为市民提供个性化、特色化、专业化的乡村生活服务。

3. "一个个村模式"　该模式以返乡能人和当地村民为创业创新主体，主要通过农户掌握的农业专有技术或传统手工艺开展一村一品的创业创新。政府通过集成各部门、各行业的政策、资金和项目支持特色产业村发展壮大。"双创者"在挖掘当地资源禀赋、传统优势和种植特色的基础上，通过村集体经济组织、农民专业合作社、"大户＋小户"等方式，建立起村内部合作和上下游利益联结机制，抱团式发展羊肚菌、清脆李、黑山羊、脐橙等专一特色种养产业以及灯笼、竹编等传统手工业。

4. "一条条走廊模式"　该模式以科技人员、大学生、退伍军人等为主体，开展高端农业、现代产业等方面的创业创新。政府通过院县合作、人才培育、技术支撑、基础配套等方式给予大力支持。该模式以主要交通干道为廊道，在其沿线两翼大力开展农业关键技术研究推广和新品种、新技术、新模式示范。现已建成华果柑橘创新转化暨育繁推一体化基地、石斛康养产业园、伏季水果母本园、清脆李标准园、久久花缘花卉基地、花熳天下赏花基地、港澳蔬菜直供基地等科技型创业创新园区，培育了一批产学研用协同创新团队，形成金中快速通道、金堂大道、五福大道等高端农业创业创新走廊。

5. "一个个园区模式"　该模式以国家、省、市龙头企业为主体，主要开展农产品加工方面的创业创新。政府通过建立专业化的农产品精深加工园区，成立专业化的园区管理委员会，按照发展工业的理念以及要素配套完善用地、能源、服务等方面的功能，引导"双创者"大力发展"加工厂＋农户""加工厂＋基地"等现代农产品加工业。同时，积极探索企业与农民联合建厂的新模式，鼓励农户通过自主实施土地综合整治，并将结余的集体建设用地指标折价入股企业的加工厂，创新了"我出地你建厂改革成果共分享"的模式。

6. "一条条街模式"　该模式以高知人群、IT 人才以及具有技术资金实力的返乡农民工为主体，主要开展农村电商和承接产业转移等方面的创业创新。政府对房租、水、电、产业配套给予补助支持。发展农村电商的"双创"主体通过培育一批淘宝网店家、微商、电商企业，优质高价销售金堂县农产品，建成了以三溪电商一条街为代表的电商创业街 4 条，并积极做好其余"五个一"模式的线上销售服务和全国行情行业信息反馈。承接东部沿海地区产业转移的"双创"主体通过大力发展制鞋、制衣等来料加工劳动密集型产业，推进农村劳动力转移就业，形成了以竹篙返乡农民工创业街为代表的转移就业街 14 条，促进了金堂农业"双创"与先进发达地区的产业连接。

三、实施"七大行动计划"主体培育

在培育创业创新主体方面，金堂县一方面因人而异，针对大学生、返乡务工人员、企事业单位人员、高层次人才等不同群体推出不同类型的政策支持方式（专栏 8-2）；另一方面，实施了促进返乡创业就业的"七大行动计划"。

1. 差异化培育创业创新主体　金堂县在政策上区别化支持大学生、返乡务工人员、企事业单位人员、高层次人才等不同群体的"双创"活动。除了统一咨询服务以外，根据不同群体的特征定制化建立培育机制。一是强调对大学生群体的引导与帮助，重点打造能够让大学生共创共享、共同交流的平台；二是打造返乡农民工一站式服务中心，着重解决返乡农民工的社保和就业问题，打通农村金融服务体系，为返乡创业解决融资困扰；三是发挥企事业单位工作人员所长，以其实践经验为基础直接推动其创业发展；四是借力高层次人才的科技优势，通过加速科研成果的转化助力创业活动。

◆ **专栏 8-2**

金堂县培育创业创新主体相关政策

1. 大学生创业方面　建立大学生创业指导服务中心，为大学生创业提供政策咨询、工商注册、信息对接等一站式服务。常年举办大学生创业培训班，采取"专家＋项目"和"专家＋基地"等服务方式，引导和帮助大学生创业创新。成立金堂县大学生创业协会，定期开展创业交流活动，为大学生提供一个共创共享、共同交流的平台。建立金堂县大学生创业基金，每年安排100万元，通过创业补贴、贷款贴息、表扬奖励等形式对大学生创业给予支持，为大学生创业提供各类金融支持。

2. 外出务工人员回乡创业方面　出台促进返乡农民工再就业政策，鼓励金堂县外出务工人员回乡创业。建立集创业培训、创业指导、小额担保贷款、后续服务于一体的创业促进中心，简化工商注册等行政审批流程，并在税收、水电等方面给予创业优惠。通过置换住房、流转集体建设用地等方式，盘活原乡镇政府办公楼、乡镇企业用房、中小学校、集体产权门面等闲置资产，对租用闲置场地创办企业的给予房租补贴，解决回乡创业企业用地问题。在淮口镇、竹篙镇分别建立人力资源市场，乡镇及社区建立就业和社会保障服务中心（站），并接入成都市人力资源市场信息系统，实现市-县-乡（镇）-村（社区）四级联网；在外出务工人员集中地区成立就业社保服务工作站等服务机构，解决回乡创业企业用工问题。建立银、政、企三方联席机制，搭建以县邮政储蓄银行、县农商银行、金堂汇金村镇银行为重点，市、县中小担保公司和县现代农业投资有限公司为支撑的融资服务平台，为回乡创业者提供小额担保贷款，解决回乡创业者融资问题。

3. 企事业人员创业创新方面　鼓励企事业人员发挥技术、管理特长，依托赵镇、官仓、清江、栖贤等乡镇的旅游资源优势和三溪脐橙、土桥蓝莓、赵家食用菌等产业优势连续创业，促进三次产业复合发展。

4. 高层次人才创业创新方面　以院县合作、校地合作为载体，借力四川千人计划、成都人才计划面向重点区域和领域开展招才引智，支持各类高校院所科技人才带技术、带项目在金堂县兴办企业，促进科技成果转化，支持高校院所在编在岗科技人才兼职从事创业创新活动。

2. 返乡创业就业"七大行动计划" 针对农村创业创新，金堂县实施了促进返乡创业就业"七大行动计划"。该行动计划在成都市促进返乡创业就业五大行动计划的基础上增加了第六、第七项行动计划。具体内容如下：

一是"互联网＋"创业就业培训行动计划。运用公共就业创业服务平台开展网上培训，通过移动互联网、手机APP等载体开展"创业＋职业技能"组合培训，拓宽培训渠道。加大农民工中高级职业技能培训力度。

二是返乡创业与"双创"深度融合行动计划。鼓励社会资本特别是重点龙头企业加大投入，建设市场化、专业化的众创空间，吸引返乡农民工和农民企业家创业创新。推行科技特派员制度，组织实施一批"星创天地"，为返乡创业人员提供科技服务。鼓励大型科研院所、高等院校建立开放式创业创新服务平台，促进返乡创业农民工和农民企业家运用其创新成果创业。依托"双创"小镇建设返乡农民工创业孵化中心，发挥政策先导作用和政府引导作用，积极开展对上争取，集成和落实创业补贴、创业贷款、场地租赁等扶持政策，引入服务机构，通过市场化运作模式，联合开展项目引进和人才培养，不断优化服务吸引返乡创业农民工和农民企业家入驻，实现返乡创业与"双创"的深度融合、联动发展。

三是支持农民企业家返乡创业行动计划。通过宣传回乡创业优惠政策、强化商会纽带作用，积极引导金堂县在外农民企业家返乡创业。在广东、福建、浙江、上海等在外务工和创业人员集中的省市建立就业社保服务站（增挂商会牌子），为金堂籍在外创业就业者提供就业、社保、维权等服务；同时，宣传回乡创业优惠政策，强化商会纽带作用，搭建回乡创业的桥梁，积极引导在外农民企业家组团回归、返乡创业。优化创业环境、搭建回乡创业服务平台，在资金、税收、能源、建设、土地、用工等方面，在现行政策允许情况下给予优惠和扶持。

四是农民集中居住区创业就业行动计划。开展农民集中居住区创业就业行动计划。通过税费减免、创业担保贷款、一次性创业补贴、举办创业项目推介会等政策举措，加大农民集中居住区创业扶持力度。强化就业实名制动态管理，根据集中居住区群众就业、培训需求等相关信息，有针对性地开展公共就业服务。

五是开展就业援助行动计划。加强对就业困难人员的实名制管理和分类帮扶，定期到农村开展就业援助活动，依托就业援助"962110"服务平台帮助有就业意愿的农村困难群众在不挑不选情况下，两个工作日内实现就业。

六是对在外农民工和农民企业家的关怀行动计划。在中秋、春节等节日期间，县级相关部门到在外务工和创业人员集中地对金堂籍创业就业人员进行关心慰问，宣传回引。驻外就业社保服务站对当地创业就业人员建立动态数据库，适时更新数据和跟踪了解他们的回乡创业意愿，为鼓励在创业就业人员回到家乡创业提供数据参考，切实做到精准回引。

七是树立奖励农民工回乡创业示范带动典型计划。定期开展"十佳回乡创业明星"等评比表彰活动，大力宣传农民工等人员返乡创业典型事迹，分享创业经验，展示创业项目，交流创业信息，充分调动社会各方面的支持，提高农民工等人员返乡创业的积极性、主动性，实现返乡创业与万众创新有序对接、联动发展，营造创业、兴业、乐业的良好环境。

四、优化配套服务

金堂县在配套服务方面，重点从财政优惠、融资服务、科技助力方面提供要素支持，优化创业创新环境。

1. 加大财政补贴与税收减免力度　一方面，金堂县加强对农村创业的财政补贴，包括：针对用工的社保补贴、岗位补贴，针对创业培训的培训服务补贴，针对农民工、个体工商户的创业补贴；另一方面，金堂县按照《国务院关于税收等优惠政策相关事项的通知》对返乡创业群体提供相应的税收减免优惠政策（专栏8-3）。

◆ 专栏8-3

金堂县农业创业就业财政支持相关优惠政策

农民工和农民企业家返乡创办的企业，享受招商引资优惠政策；

招用就业困难人员、毕业年度高校毕业生的，按规定给予社保补贴和岗位补贴。经工商登记注册的网络商户从业人员，享受各项创业就业扶持政策；未经工商登记注册的网络商户从业人员，认定为灵活就业人员的，享受灵活就业人员扶持政策。经认定的创业培训机构开展返乡创业培训，按培训结业人数给予900元/人补贴；经认定的模拟创业实岗训练机构开展训练，按模拟创业实岗训练人数给予800元/人补贴；经认定的创业后续服务机构开展服务，根据服务人数、项目、质量给予补贴。返乡农民工自主创业的，在其办理工商营业执照（从事法律规定必须经过许可的行业应同时取得所经营行业的许可证），并正常经营3个月后，给予5000元的一次性创业补贴。个体工商户转化为公司制企业可按注册资本金的5%给予一次性奖励。对于骗取创业补贴和注册奖励金的，由区（市）县人社部门依法追回并列入有关信用"黑名单"。

按照《国务院关于税收等优惠政策相关事项的通知》（国发〔2015〕25号）要求，落实返乡创业税收优惠政策。持就业创业证或就业失业登记证的农民工和农民企业家创办个体工商户、个人独资企业的，可依法享受税收减免政策。农民工和农民企业家返乡创业，符合政策规定的，可免征教育费附加、水利建设基金等政府性基金，免收管理类、登记类、证照类行政事业性收费。

2. 金融支持小微农企发展　金堂县鼓励金融机构向创业群体提供小额、低利率、短期限的创业贷款，同时县财政部门给予相应的贴息支持（专栏8-4）。

◆ **专栏 8-4**

金堂县金融服务优惠政策

积极探索将集体建设用地使用权、土地经营权、农村房屋所有权、林权等农村产权纳入融资担保抵押范围。鼓励金融机构向符合条件的返乡创业农民工和农民企业家发放额度不超过 10 万元（含 10 万元）、期限为 2 年的创业担保贷款，财政部门按规定贴息；贷款期满可展期 1 年，展期不贴息。对返乡创业农民工和农民企业家领办的劳动密集型小企业，可按规定给予最高额度不超过 200 万元的创业担保贷款，财政按基准利率 50％给予贴息。

3. 人才创业带动农业科技创新　金堂县根据《四川省农业和农村体制改革专项小组办公室关于印发〈关于进一步扩大农业科技体制改革试点激励科技人员创业创新的实施方案〉的通知》（川农改组办〔2016〕8 号）和《成都市委市政府办公厅〈关于加强农业科技改革试点激励科技人员创新创业工作的通知〉》（〔2016 - 49〕）等文件精神，出台了《金堂县农业科技人员创新创业试点工作方案》（专栏 8 - 5）。

◆ **专栏 8 - 5**

金堂县农业科技人员创新创业试点工作方案

本方案以充分释放农业科技人员创业创新潜能、完善建立创业创新激励机制和管理体制、促进科技与经济深度融合为指导思想。秉承坚持制度创新为前提、坚持科技兴农为主线、坚持农业增效为目的、坚持综合配套为保障的原则。紧紧围绕推动农村创业创新和加快现代农业科技园区、产业园区建设，结合金堂县经济社会发展实际，勇于创新，突出金堂县"4＋N"现代特色农业产业，加快现代农业发展和新农村建设。通过进一步深化农业科技人员创业创新激励机制、进一步拓宽创业创新项目申报领域、鼓励和引导农业科技人员进入农村开展创业创新的工作路径，鼓励农业科技人员创业创新，促进农民增收，催生经济社会发展新动力。

第三节　实施效果

金堂县自实施农村"双创"以来，通过相关政策机制、"七大行动计划"和"六个一模式"的扶持带动，农村创业创新效果斐然、成绩明显。

一、创业主体增加、促农增收明显

截至 2017 年底，金堂县建有农业"双创"基地 1 453 个、一村一品创业创新村 66 个，创办各类农业实体近 8 000 家，拉动 GDP 增长 1.3 个百分点。转移就业总规模保持在年平均 30 万人左右，每年新增转移就业 8 000 余人，占县内转移就业总数的 50%。

2017 年，金堂县获评全国农村创业创新典型县，金堂县赵家镇平水桥村双堰家庭农场段开迅先生以"创新经营模式、探索产业兴旺"的新路径被评为全国农村创业创新第二批优秀带头人。

段开迅，男，出生于 1969 年 1 月 20 日，大专文化，金堂县赵家镇平水桥村党支部书记。目前，他是绵阳台沃农业科技有限公司金堂地区乡镇销售负责人、成都水晶龙珠生态农业有限公司法人、金堂县赵家镇平水桥村双堰家庭农场负责人、成都市中级农业职业经理人。曾参加全国实用人才技术班培训，成绩优异。连续数年被评为乡镇优秀共产党员、金堂县创先争优优秀共产党员等荣誉称号，2018 年被评为全国农村创业创新优秀带头人。

1988 年 7 月，段开迅高中毕业，同年进入简阳川光电子培训班学习。1992 年 3 月，段开迅放弃了家用电器销售服务的工作回到家乡，开始从事农资销售工作。1993 年 3 月，段开迅开始进入本村村委会工作。2001 年 1 月，段开迅就任本村党支部书记。多年的农业生产资料销售，段开迅接触了大批从事农业生产的各类人物，为今后走进农业发展积累了丰富的经验，同时也深深地爱上了这个祖祖辈辈都赖以生存的农业行业。平水桥村是一个拥有 5 平方千米、农业人口 4 670 人、耕地面积约 341 公顷的丘区农业村。2012 年平水桥村人均可支配收入仅 6 600 元，是成都地区典型的相对贫困村，基础设施不健全，产业发展落后。

2012年，段开迅动员本村回乡创业伙伴4人一同流转了本村交通相对落后的土地开始种植葡萄，拉开了本村产业结构调整的序幕。2013年，围绕高标准农田建设，段开迅又身先士卒，流转本组土地成立了家庭农场。他试着在种植的红心蜜柚下间种蔬菜，开始发展农业适度规模经营的探索之路。然而，家庭农场经营受市场价格的影响并不是一帆风顺，一年多下来，农场净亏10多万元，家人也怨声四起。段开迅仔细总结，分析了种植与销售之间的脱节问题是亏损的主要原因，再好的产品如果未卖出去，那也是白费劲。于是，段开迅邀约了本村及外乡镇的销售能人，开始了订单式农业种植、互惠互利的探索，终于在第二年农场的销售有了大的起色。

在确立了种植与销售环节后，段开迅开始大胆探索积极发展推广生态农业、休闲观光旅游农业，探索种养结合产业路子，积极推广平衡施肥技术以及测土配方的科学原理，发展科学种植养殖，通过"猪-沼-果""菌-稻-菜"模式的试验示范，农业综合效益得到显著提升，整个平水桥村的人均可支配收入较2012年增加近4倍，先后有多人效仿流转土地，发展适度规模经营，创业热潮不断增强，仅平水桥村高标准农田建设区，规模经营业主已达32家，双堰家庭农场先后被评为成都市市级示范农场及省级示范农场。与此同时，段开迅坚持不断学习，用3年时间，完成了农村牧渔类、农村管理类、农业经济管理专业课程，以优异的成绩毕业。在亏损的第二年，家庭农场很快扭亏为盈，净利润达40万元。

附近农户到段开迅的家庭农场帮工，既挣得一份收益又学到了种养技术，同时还照顾了家人。很多农户跟着家庭农场一起种植蔬菜，农场还适量免费发放一些优新蔬菜品种给有兴趣种植的农户，并优先提供销售信息，使越来越多的农户投入种植业当中去。由于种植技术过硬，生产出来的产品深受市内外客户的喜爱。

段开迅还敢于尝鲜，带领大家开拓现代农业新路子。农业效益是发展农业的根本，段开迅一直坚信：新品种、新模式是根本，顺应市场、错位发展是路子。为此，段开迅先后到山东、湖北等地学习新经营模式，同时积极向村民推广培训新技术、新理念。目前，羊肚菌的人工种植也成为平水桥村致富增收的一条好路子，示范种养循环、"菌-稻-菜"的模式，引入韩国高山娃娃菜、上海乌塌菜、芥蓝、羊肚菌等特色产品。以产业兴旺为核心，段开迅不断引导大家将农业园区景观化、农业景区景点化，打造产业融合的路子。2017年平水桥村已接待观光旅游上万人次以及体验观光团数百次，国家、省、市领导也到村上视察指导工作，围绕产业兴旺、生态宜居不断创新产业发展思路，完善基础设施配套。整个平水桥村呈现出欣欣向荣的发展局面，先后荣获成都市文明村、四川省四好村、成都市优秀基层党组织、成都丘区特色农业示范基地、四川省百强名村等荣誉称号。

在未来规划方面，构建起现代农业生态圈，大力发展新型农业经营主体，打造农业主题公园村，发展乡村旅游，让农业持续增效、农户持续增收。平水桥村在段开迅的带动下，一幅社会主义新农村的美丽画卷已徐徐展开。随着农业、水利、道路、交通、文化阵地等基础设施的增强，产业发展、生态宜居、环境优美、共同富裕的理念正逐步得以实施。面对取得的一些成绩，段开迅说，他准备成立一个土地流转业主协会，以联合有农业种养兴趣的返乡创业等农村人才回乡创业，带动大家一起共同走向富裕之路，向回乡创业人员及农户免费提供种养经验技术及销售服务等工作。一个人富了不算富，大家共同富裕才是富，这是段开迅回报社会的一个心愿。

说起创业心得，段开迅深有感触。总结如下：农业就是一个比韧性、比耐力的行业，充满诱惑和艰辛。如果一开始就被困难吓倒，就可能从此颓废下去。只要你认真总结，科学合理安排，坚持下去，终究会有回报的。用段开迅自己的话说就是："农村就是一个大花园，当冬天来临，也会有满目萧条沧桑的感觉；当大地慢慢复苏、春天来临的时候，美丽的花园就会开出鲜艳的花朵；历经盛夏金秋，就会让你的心儿陶醉荡漾在收获的喜悦里。"

二、创新形式多样、创业类型丰富

从2014年至今，金堂县打造了多个独具特色的"双创"基地。

这些基地不仅在形式上创新多变，而且在产业类型上丰富多样。例如，京东农场示范基地引入现代化农业生产追溯体系、大数据服务、农业物联网等基础设施，计划打造现代化、数字化、智能化的农场创新形式。而由四川晗晟现代农业发展有限公司打造的"千亩智慧柑橘园"，则以京东农场示范基地为基础、以柑橘产业为中心，发展了集生产、加工、观光、采摘于一体的现代柑橘产业园区。

1. 京东农场示范基地 2019年新年的第一周，金堂县与京东集团举行了京东农场示范基地合作签约仪式。作为全国首批按照全程可视化溯源标准和体系打造的设施农业方向的"京东农场"即将开建。本次签订协议的3个京东农场示范基地分别是赵家镇平水桥村羊肚菌示范基地、莲墩村柑橘示范基地、淮口镇龚家村油橄榄示范基地（图8-1）。

图8-1 金堂县京东农场示范基地签约仪式

资料来源：微信公众号"金堂农林"。

金堂县"京东农场"采取京东集团主办、金堂县协办的方式进行。京东确定生产标准并提供现代化农业生产追溯体系、大数据服务、农业物联网等基础设施，县委、县政府帮助甄选"农场"并提供优惠政策支持。具体内容包括：

第一，由金堂县协助京东集团，筛选县内农业企业、家庭农场等新型农业经营主体作为"京东农场"合作主体，并出台支持政策，村集体以资金入股农场。

第二，由京东集团向农场提出种植和管理标准，建立不可更改的追溯体系，提供优质安全评价的农资产品和大数据服务。

第三，农场根据京东集团的标准和要求，建设或改造提升农业物联网等数字农业基础设施，进行种植和管理，授权合作的基地可使用"京东农场"品牌，在京东商城设立的"京东农场"板块进行线上线下销售和宣传推广，每年农场给予村集体不少于投资额8%的返利。

金堂县与京东集团共建现代化、数字化、智能化京东农场示范基地，构建全程可视化的溯源和管控体系，建立"从田间到餐桌"的高品质农产品上行通道，提高农产品溢价，促进优质优价，有效推进农产品产销对接，不断提升"金"字农产品知名度和美誉度。下一步，"京东农场"依托京东供应链、物流、大数据、营销、金融和技术能力，以及金堂的产业优势，双方将全面对接，在产业发展、品牌提升、营销推广和电商人才培育等各方面开展深度互动合作，共同推动现代化"京东农场"建设。

2. 千亩智慧柑橘园 四川晗晟现代农业发展有限公司位于金堂县赵家镇、淮州新城北侧。公司于2014年注册成立，以柑橘种植为核心业务。5年来，公司坚持现代化的农业生产模式，强调科技支撑，依托滴灌管网、实时监控、气象监控等智能设施打造了可追溯的安全管理体系，实现智慧化生产管理，在赵家镇建设了"千亩智慧柑橘园"（图8-2）。2019年，公司与京东签署了合作协议，计划借助京东互联网平台，扩大销售范围、提升规模，发展集生产、加工、观光、采摘于一体的现代农业，为成都"东进"助力。

图8-2 四川晗晟现代农业发展有限公司"千亩智慧柑橘园"
资料来源：微信公众号"金堂农林"。

这座现代化农业生产基地的创始人叫张自强，2014年他与合作伙伴来到金堂开始了在这里的事业。张自强出生于20世纪70年代，是四川资阳人。几十年来，他一直在资阳从事着柑橘种植工作，在这一领域早已成为专家。2014年，他在四川各地考察时，发现金堂的环境、气候、土壤非常适合柑橘生长，"在四川范围内来说，金堂冬季温度不会低于0℃，土壤又是微酸性，这是孕育好品质柑橘最好的环境"，张自强说。由于当地从事农业人口较多、劳动力充足、政府政策扶持力度大，他和合作伙伴商议后便决定来到金堂发展柑橘产业。

2014年，张自强和朋友在赵家镇流转土地40公顷，进行柑橘种植。到2016年，张自强的柑橘种植面积已达到80公顷，而他也成为金堂县柑橘协会的副会长，经常与金堂各地区的种植户交流柑橘种植经验。

2018年，在当地政府的政策支持下，晗晟农业的果园里装上了滴灌管网、实时监控、气象监控等智慧农业设施，利用智能化种植手段就能轻松进行种植管理，同时也建立起了"从田间到地头"可追溯的安全管理体系。张自强只需动动手指，拿出手机，登入智慧种植平台，查看近期的降水情况和土壤的实时温度与湿度，打开程序设定，果园的滴灌控制阀门便在计算机的操控下开启了。同时，在他办公室里的墙壁上，智慧平台里80公顷果园的实时画面也将各个片区的灌溉情况即时传回。

智能化种植除了现代化设备的提升，更是种植理念的转变。在智能化体系下，整个果园也是高效运转的有机体，构建形成智慧农场，为市场出产更加优质的产品。虽然果园面积超过了80公顷，但园区内负责果树修剪、灌溉、防治病害等工作的果农却不足80人。果农们各司其职、井然有序地在园区内劳作。该生产体系通过提升果园的智能化程度带来增收，预计能够实现增产超过30%，实现柑橘收获突破750吨。

签约京东农场，提升产品附加值。2019年2月，四川晗晟现代农业发展有限公司与京东农场签约，成为"京东农场"认证产区。晗晟农业与京东达成协议，将按照"京东农场"标准进行智能化升级，打造"京东农场"示范项目，输出高品质柑橘类产品，利用京东的各大平台进行销售。

第一，合力打造"京东农场"。农场将充分利用京东的平台能力、营销能力、技术能力、数据能力、金融能力、供应链等能力，推动现代化、数字化和智能化"京东农场"建设，构建全程可视化的溯源和管控体系，建立"从田间到餐桌"的高品质农产品上行通道。

第二，"京东农场"化管理。农场将在"京东农场"统一的专用标准下，负责"京东农场"的生产运营管理、执行溯源数据采集。利用数字化管理平台、区块链追溯体系建设，发展智慧农业。

第三，年均效益将提升 20％以上。农场将利用"京东商城"互联网平台，打开更广阔的产品销售渠道，提升产品附加值。而随着淮州新城的发展、未来城市人口的增加，这里将会形成一个较大体量的消费群体。四川晗晟现代农业发展有限公司将依靠临近淮州新城的区位优势，发展集生产、加工、观光、采摘于一体的现代农业，为成都"东进"助力。

三、产业融合发展、多业共兴发展

在"双创"工作的推动下，金堂地区许多创业项目不断拉伸产业链条，产业结构由过去的单一产业向着综合产业布局的方向发展，呈现出了农村一二三产业融合、综合发展的态势。其中，福兴镇铁皮石斛"双创"产业园就是一个典型。福兴镇甘御兰铁皮石斛"双创"产业园位于金堂县福兴镇，是县"六个一模式"下的农村创业创新成果。园区借助自身区位优势，以政策支持吸引投资创业，在三合碑社区和圆觉寺村打造了现代农业创业创新产业园。

福兴镇铁皮石斛"双创"产业园由四川省峰上生物科技有限公司投资打造，占地面积近千余亩。近年来，经过不断探索发展，依托铁皮石斛等名贵中药材的稀缺资源，创新出集组培研究、种植示范、科普教育、休闲游乐、农业观光、中药养生一体化发展的农业产业化模式（图 8 - 3）。

图 8-3 金堂县福兴镇铁皮石斛"双创"产业园

资料来源：微信公众号"金堂农林"。

目前已累计投资 8 600 余万元，占地近 67 公顷，已建成 3 000 平方米的组培中心、2 000 平方米石斛盆景展示区、约 13 公顷标准化种植区、20 公顷仿野生栽培区及 13 公顷康养休闲区；带动农户围绕以石斛为主的养生食材，发展以鸭、鸡、四季时蔬为主的生态种植、养殖，订购农户两年以上的老鸭；帮助 12 名回乡创业人员按照"先包返租"模式，发展石斛种植 29 公顷，创收 1 200 万元，同时动员周边农户参与石斛枫斗加工、石斛生产基地管理，促进返乡就业 100 余人。2018 年 7 月，园区内的甘御兰铁皮石斛养生旅游基地成功入选成都市首批"新旅游·潮成都"康养度假主题旅游目的地。

铁皮石斛属于附生植物，在自然条件下主要生长于一些高大乔木阴湿的树干或石灰岩上，人工培育难度较大。园区地处龙泉山脉中段，属亚热带季风区，气候温和，四季分明，雨量充沛，湿度大，云雾多，乏日照，风速小，大陆性季风气候显著，具有春来较早、夏长、秋冬短的特点。另外，产业园背靠东风水库，水量充沛，水源优质，良好的自然环境使得这里成为铁皮石斛的理想种植区。

在生产管理方面，生产上的安全性和科学性是园区高度强调的两个方面。一方面，秉承"坚守匠心，服务社会，传递健康"的发展宗旨，从药材的育种、栽培、采收到铁皮石斛产品的生产、销售再到售后的服务，在每一个环节上都进行严苛的质量管理，确保每一件产品的安全性和健康性。另一方面，组建博士团队，从中国科学院成都生物研究所引进石斛领域专家蒋伟博士后出任公司技术总监，由其开展铁皮石斛优良品种培育、种苗高效繁育技术开发、深加工产品研发等工作。并自建高标准、高洁净的铁皮石斛苗组培中心和恒温驯化中心3 000多平方米（图8-4），苗种繁育能力达50万瓶/年，驯化种植存活率达到95%，处于行业领先水平。金堂县在四川省率先实现了铁皮石斛的规模化、标准化仿野生种植。

在产业建设方面，园区采取"龙头企业＋基地＋农户"的方式建设，形成了集石斛种苗培育、种植、生产、加工、销售及康养于一体的三产融合休闲农业园区。园区依托石斛产业培育乡村振兴新动能，通过石斛产业大力发展相关的乡村业态，为乡村提供经济增长动力和质量更高的收入来源，成为乡村振兴的有效载体。

图8-4　金堂县福兴镇铁皮石斛"双创"产业园育种车间
资料来源：微信公众号"金堂农林"。

第一，自建品牌，多渠道直营。园区创立了铁皮石斛品牌"甘御兰"，开发了铁皮石斛"有机鲜条、金丝枫斗、清养颗粒、滋颜花茶"等系列产品，通过线下、线上双重方式进行直营。线下在成都核心区域开设有直营专卖店，已完成150多家渠道合作销售网点建设，入驻药店近千家；线上自建京东品牌旗舰店。

第二，文化旅游，助推三产。2018年5月，园区承办了四川省第九届乡村文化旅游节（夏季）分会场暨甘御兰第二届石斛康养文化节（图8-5），西南首家石斛文化博物馆正式对外开放，并在旅游节期间组织开展中国（四川）石斛发展峰会，提升社会各界对石斛产业的关注度，还挖掘四川石斛文化资源，以传承石斛等中医药文化，活动当天接待游客达 600 余人次。2018 年，全年累计接待参观人数在 12 万~15 万人次。

图 8-5　甘御兰第二届石斛康养文化节

资料来源：微信公众号"金堂农林"。

第三，产业带动，共同致富。园区通过拓展和分解石斛产业链，构建企业与乡村"利益共同体"。园区以土地、劳动力、资金、技术和市场的资源整合为纽带，为乡村和企业构建新的利益联结机制，形成利益共享、风险共担的紧密合作关系，保障农民和企业共同参与石斛产业发展。铁皮石斛成为企业和当地村民增收致富的大产业。在他的带动下，周边农户也积极投入铁皮石斛种植产业中，抱团发展，共同致富。

在未来规划方面，由于园区正好位于成都市披露的《龙泉山城市森林公园总体概念规划》的范围内，园区认同农旅结合的未来发展趋势。这一规划为发展一三产业互动的现代特色农业、实现农旅结合带来了良好契机。园区计划加大投资力度，将甘御兰铁皮石斛产业园按照 AAAA 级标准升级改建，为大力发展一二三产业互动提供条件，从而提升经济效益，带动当地经济发展。

第四节　经验总结

在农村创业创新工作中，金堂县发挥地区优势、政策优势，在政府引导提前谋划、因地制宜搭建平台、因材施教培育主体、政策护航服务配套等主要措施的作用下，开创了独具特色的农村"双创"发展道路。经验总结如下：

一、政府引导、提前谋划

金堂县素有劳动力输出大县之称，考虑到未来该部分劳动力将完成部分资本积累、技术积累、社会资本积累后落叶归根，而该群体恰是推动农村创业创新发展的重要力量。于是，县委、县政府提前谋划，制订引导金堂县外出人员返乡创业的工作方案，成立专职机构、明确任务、专人负责。

二、因地制宜、搭建平台

优秀的平台是农村创业创新潜能尽情发挥的空间保障，只有率先完成农村"双创"的基建构筑才能令其能量彻底释放。金堂县沿着因地制宜、政府搭台、百姓唱戏的工作思路，优先布局农村创业创新平台。一是多样化平台搭建。根据不同区域地形特征，针对"双创"主体的个体差异，搭建了不同类型的农村"双创"平台。二是重视发展平台的创业孵化功能。以创业孵化、总部研发、法律法务等服务为核心工作，建成了创业创新服务中心、孵化园区等孵化共享平台，架起了创业者与政府、服务机构、金融机构三者之间的沟通桥梁。三是营造资源市场平台。在县城及部分乡镇建成县人力资源市场，在全县各乡镇（街道）和全部村（社区）建立就业和社会保障服务中心、服务站，实现四级联网，做到了"双创"服务零距离、全覆盖。四是做优融资服务平台。建立银、政、企三方联席机制，搭建县、镇、村三级"农贷通"金融服务体系。

三、因材施教、培育主体

金堂县一方面政策上差异化对待不同的"双创"主体，不搞政策"一刀切"。针对大学生、返乡务工人员、企事业单位人员、高层次人才等不同群体，因材施教推出了不同类型的支持方式。另一方面，借助"七大行动计划"将政策落到实处，不仅针对不同类型主体实施不同的行动，还在行动计划的具体内容中融入了互联网应用、创业激励机制以及创业社会保障等方面的内容，全面解决返乡"双创"主体的后顾之忧。

四、政策护航、服务配套

金堂县出台了包括《金堂县推进"大众创业、万众创新"的实施方案》《金堂县关于进一步做好新形势下农民工等人员返乡创业就业工作的实施意见》《金堂县农业科技人员创业创新试点工作方案》在内的多项支持推动农村"双创"建设的政策条例，在用地、税收、审批、奖补、做优等多个方面"投资本、开通道、树典型"。另外，在农村"双创"最重要的创业税收优惠、农村金融服务、农业科技支撑3个方面加大支持力度，通过优化"双创"环境、强化服务配套，吸引在外人员返乡创业，为农村创业创新保驾护航。

第九章

山东省昌乐县：打造农村创业创新高地

近年来，随着"大众创业、万众创新"战略的深入推进，全国各地掀起了农村创业创新的热潮。山东省昌乐县着力落实优惠政策，丰富创业载体，畅通创业渠道，助力农民工和大学生等群体返乡创业，让他们变身成为乡村振兴的主力军，开拓出了一条"归雁经济"的发展路径。2017年，昌乐县被确定为全国支持返乡农民工创业试点县，此次试点在潍坊市仅有昌乐县获批。2018年，昌乐县被确定为省级创业型城市。农村创业创新的队伍正不断壮大，为昌乐县农村经济的持续发展注入了新动能新活力。

第一节　地区介绍

昌乐县地处山东半岛腹地，是潍坊市的近郊县，全县区域面积1 101平方千米，辖4个街道（宝城、宝都、朱刘、五图）和4个镇（乔官、营丘、红河、鄌郚），另有昌乐县经济开发区、首阳山旅游度假区和高崖水库库区，全县共计有370个行政村896个自然村。

近年来，昌乐先后荣获全国文明县城、全国科技进步先进县、全国科普示范县、全国食品工业强县、全国农业标准化示范县、全国群众体育先进县、山东省绿化模范县、山东省园林城市、省级卫生县城、乡村文明行动省级示范县等荣誉称号。

一、昌乐历史悠久、文化深厚

存有大汶口文化、龙山文化、岳石文化和商周文化遗址 200 余处。据历史记载，周初，姜子牙封于齐，建都昌乐营丘，齐文化从这里发源。如今，现代教育则成为昌乐的一张名片，每年吸引 1 万多名县外学生前来求学，每年前来考察学习的教育专家、师生达 6 万多人次。昌乐二中探索推行的"271"教育模式，得到教育部的充分肯定。

二、昌乐交通条件便利

昌乐位于山东半岛蓝色经济区内，东距潍坊 25 千米，距济南机场、青岛机场和青岛海港各 1.5 小时的车程，是进出山东半岛的枢纽。胶济铁路、胶济高铁客运专线、青银高速、309 国道穿城而过，省道大沂路、胶王路纵贯南北，形成了外快内畅的综合交通体系。

三、昌乐农业产业优势明显

作为农业大县，改革开放以来，昌乐县充分利用资源优势和区位优势，调整种植结构，发展蔬菜、水果生产，初步建立了区域化、规模化、专业化、特色化的果蔬生产基地，蔬菜、水果优势特色产业快速发展。同时，蔬菜、水果产业专业合作组织也得到了发展壮大，培育了一批农业龙头企业、合作社、营销人员。昌乐县拥有市级以上重点农业龙头企业 52 家，成立农民专业合作社 1 936 个。现代农业形成规模，走上了规模化经营、标准化生产、企业化管理、社会化服务的路子。

第二节　主要措施

一、优化创业环境

返乡、下乡的创业创新群体在创业时会面临一些现实难题，如资金、场地、技术和税收等。只有解决了创业、经营中的问题，他们才能真正在农村生存并发展好，才能起到良好的示范带动作用。在支持农村创业创新的过程中，昌乐县注重在优化、细化、实化政策上下功夫，努力全方位地做好基础保障工作，让农村创业者尽快实现创业梦想。

1. 优化商事服务环境 昌乐县出台了《关于进一步鼓励支持返乡农民工创业的意见》等推动返乡创业的 6 个文件，从政策保障入手建立长效机制，加强部门联动，优化服务流程，为返乡创业项目实行保姆式服务，实现零跑腿和最多只跑一次腿，优化返乡创业生态。

2. 优化政策扶持环境 昌乐县积极出台与落实相关财政支持和金融担保政策，具体见专栏 9 - 1。对省、市创业示范基地，在上级奖补的基础上，昌乐县一次性配套奖补 10 万～20 万元；县级创业示范基地（园区）已落实奖补资金 1 510.5 万元。为 1 200 多名返乡创业者发放创业补贴、创业岗位开发补贴及社保补贴 280 余万元。为 537 名返乡创业人员发放创业贷款 1.26 亿元，贴息 418 万元。

3. 优化创业指导服务环境 昌乐县投资 230 万元，在潍坊市首批建设了潍坊创业大学昌乐学院，依托成立昌乐学院，选聘创业咨询师和创业导师 36 名；在创业园区建立起 6 个创业大学实践基地，形成了集创业教育、创业实训、实演孵化和拓展交流于一体的创业创新人才培养载体，已招收培训创业人员 1 200 名。同时，依托人力资源和社会保障所，在每个镇（街、区）建立了返乡创业服务站，构建起了以"县创业指导中心＋镇创业服务站＋园区创业基地"为主体的三级创业服务模式。

◆ **专栏 9 - 1**

财政支持和金融担保政策

财政支持方面，昌乐县认真落实国家及省市创业创新各项补贴，坚持阳光补贴，对符合条件的小微企业和个体工商户应保尽保，一次性创业补贴、一次性创业岗位开发补贴、个人自主创业税收优惠政策等资金扶持。2018 年共发放各类就业创业资金 1 746.72 万元。

其中，发放社会保险补贴 639.92 万元，岗位补贴 122.63 万元，一次性创业补贴 55.3 万元，一次性岗位开发补贴 33.25 万元，培训补贴 433.64 万元，鉴定补贴 51.02 万元，稳岗补贴 313 万元，创业担保贷款贴息 97.96 万元。如此大规模的资金补贴有效解决了农村创业者的一大心事。

金融担保方面，昌乐县为返乡农民工等农村创业群体畅通创业融资渠道，开展"创业担保贷款进社区"活动，简化申请程序，为创业人员提供"一站式"服务。以往到农村创业最大的痛点之一就是融资，银行不愿意为其发放贷款，最重要的原因是没有抵押物。现在，昌乐县加大创业担保贷款发放力度。成立"创业贷款担保中心"，实施"快易贷"工程，建立了自主创业人员创业担保贷款绿色通道。符合条件的各类创业人员创业担保贷款最高贴息贷款额度为 10 万元，符合条件的小微企业创业担保贷款最高贴息贷款额度为 300 万元。2018 年为 574 名自主创业人员发放创业担保贷款 4 118.5 万元，激发了社会各界的创业热情，提升了创业活力。

资料来源：昌乐传媒网。

二、搭建"双创"平台

扶持政策有了，如何使农村创业创新人员的项目尽快落地见效，又是一个亟须解决的问题。昌乐县把工作着力点放在了孵化平台的建设和提升上，全县创业平台建设的力度和数量走在了潍坊市前列，先后建成创业孵化基地（园区）17 家，培育扶持企业 1 760 家，带动就业 25 362 人，全面激发了创业创新活力，成功争创为山东省创业型城市，夯实了深入打造"昌乐创业品牌"的基础。另外，昌乐县紧紧抓住被确定为"全国结合新型城镇化开展支持农民工等人员返乡创业试点县"这一契机，高点定位，精心打造"一中心三基地"返乡农民工大型综合性创业创新基地（图 9-1），助推返乡农民工创业创新。

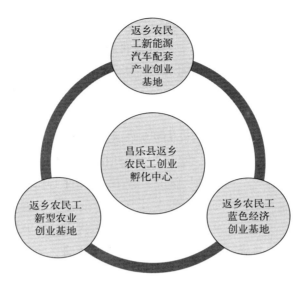

图 9-1　一中心三基地

　　"一中心"是指昌乐县返乡农民工创业孵化中心。2018 年，昌乐县完成了创业综合服务平台和创业实训孵化平台建设、孵化区扩建、基地办公大楼装修和农民工创业服务中心扩建。该中心依托昌乐县高素质农民创业孵化基地建设，立足为返乡农民工提供全方位多功能创业服务实体，承担创业实训、实体孵化、综合服务、创业联营四大功能，重点打造"创业综合服务平台""创业实训孵化平台""创业联合运营平台"三大平台，共孵化了 195 家企业，其中在孵企业 162 家，孵化企业 33 家，企业存活率达到了 97％。

　　"三大基地"分别是昌乐县返乡农民工新能源汽车配套产业创业基地、返乡农民工蓝色经济创业基地和返乡农民工新型农业创业基地。返乡农民工新能源汽车配套产业创业基地主要是针对返乡农民工培养一批创新能力强、综合素质高、有专业技能的新能源创业创新人才，聚集一批新能源配套创业实体，着力推动新能源产业的健康可持续发展。如今，标准车间完成建设并投入使用。2018 年，该基地被评为省级创业示范平台。返乡农民工蓝色经济创业基地是定位吸纳返乡农民工从事新材料、新科技、新装备行业的经济基地。2018 年，该基地建成高标准车间，已入驻企业 51 家。返乡农民工新型农业创业基地的定位是为返乡农民工从事新型现代农业创业服务的基地，建成了一个为农创业服务大厅和相关配套设施，建成了 1 000 亩标准化现代农业种植示范基地。

◆　**专栏 9 - 2**

平台晋升，凝结助推返乡创业的裂变效应

一是扩容增量，提升平台承载力。重点规划建设以"一中心三园区"为内容的潍坊市返乡农民工创业创新基地，被列入全市"10·30·100"重点项目，在 2017 年全国首届"双创"活动周中，荣获优秀项目奖和最具人气奖。目前，高素质农民创业孵化中心已基本建成，被评为省级创业示范基地；朱刘返乡农民工新能源汽车配套产业创业园正在建设，被评为市级创业示范园区；返乡农民工蓝色经济创业园业已建成，入驻项目 46 家；新型农业实体创业园已完成 5 000 平方米的服务中心办公楼建设。昌乐县还建设了珠宝产业创业园、大学生创业创新孵化基地。目前，昌乐县孵化基地（园区）达到 17 个，总面积 300 万平方米，入驻企业 1 913 家，带动就业 25 362 人，实现了"一镇一园区""一品一基地"。

二是提质增速，提升平台的孵化力。通过对 3 处省级创业示范基地、9 处市级创业示范平台实施"六个对接"，全面改造提升，高素质农民创业孵化基地、庵上湖田园综合体创业示范基地发挥了良好的示范带动效应。朱刘淘宝电商小镇、方山蓝宝小镇等 7 个省市级创业型社区，鄌郚伟圣农业等 23 处特色产业创业示范园区，规模能力和孵化水平也不断提升。

三是互联互通，提升平台的活跃度。依托潍坊创业大学昌乐学院和"创客空间"，成立了创业学员俱乐部和 10 处镇（街、区）

俱乐部分部，发展会员 1 900 多人。通过"创业项目周末分享交流会"、创业沙龙等平台，拓展交流空间，带动 570 多人创业。

资料来源：《昌乐日报》。

三、做好产业对接

昌乐县于 2017 年确立了智能制造、现代教育、健康养老、文化旅游、现代物流、总部经济六大新兴产业，按照"一镇一品"规划，建设鄌郚乐器、红河食品、乔官板材、营丘机械制造等特色产业集群。在推动农村创业创新的大背景下，昌乐县积极引导创业项目与县域产业布局、品牌建设融合发展，依托产业招商引进项目，建立起了 1 000 多个项目的创业项目库，已为 2 100 余人推介创业项目 330 多个，有 658 人实现成功创业。

1. 实施产业承接　依托产业优势，推进产创一体化。重点围绕产业链条延伸和"补链强链"展开项目推介，实施创业孵化。充分利用好产业集群的政策、资金和服务优势，吸纳 235 名返乡人员入园创业。

2. 实施品牌引领　依托昌乐县优质品牌建设，运用"互联网＋品牌"建立了电商创业网店 2 200 多家。麻雀粮仓、松鼠小屋、都昌菩提文玩等品牌电商在成功创业的同时，还带动了周边创业就业。

3. 实施"三产"融合引领　以"六大农业聚集区"为载体，引导返乡人员在循环农业、创意农业等新产业新业态领域创业创新，一大批"农创客""农创体"脱颖而出，新上创业项目 1 070 多个。围绕打造"新六产"、塑造"四型"农业，培育返乡农民合作社 500 多家，扶持引领返乡农民创办农业规模经营主体 1 867 个，带动 3 980 人就业。

◆ **专栏 9-3**

庵上湖田园综合体

昌乐县五图镇庵上湖村通过"党支部＋合作社＋企业"的模式，探索出了一条在传统作物种植基础上，发展农产品包装加工、农业休闲旅游、农产品电子商务销售等的一二三产业融合发展之路。现在又通过建设田园综合体，真正实现产业融合发展，形成新产业、新业态，新模式，实现创业和创新。

1. 党支部领办合作社，让以安全为口碑的第一产业奠定产业融合基础　在农业发展上，该村党支部充分发挥引领作用，实行"党支部＋合作社"的发展模式。村民将承包的土地经营权交由华安瓜菜专业合作社统一管理运营，由散户村民变为社员。社员再从合作社获得统一分配的土地进行瓜菜生产，瓜菜全部交合作社用"庵上湖"和"华品"的品牌统一销售。为解决资金不足制约问题，该村创新实行了社员资金互助。2016 年 10 月，在县金融工作办公室的指导下，引入了资金互助合作机制，成立了资金互助合作社，昌乐农村商业银行作为托管银行，借款社员直接向合作社信用互助业务部提出贷款申请，方便快捷，加快了农户扩产步伐。为确保食品安全，合作社全部零差价供应农业生产物资，确保产品质量可靠。建立了严格的农产品用药源头检测和村干部、社员奖惩机制，一旦检出不合格产品，社员退股、包靠的村干部处分，形成了食品安全大家共担、品牌利益大家共享的良好氛围，奠定了庵上湖扎实的食品安全基础。

2. 实行"党支部＋合作社＋企业"模式，借助第二产业激活第一产业发展潜力　党支部与合作社牵头，通过企业家和种植户入股的方式，筹资 600 万元成立了庵上湖农业科技发展有限公司，形成"党支部＋合作社＋企业"模式。该公司投资 40 万元建设了包装加工车间，依靠充足的企业资金、先进的管理经验和销售团队，通过对农产品原样包装加工，引导庵上湖瓜菜走向了中高端经营之路。此外，投资 200 余万元建设了 2 个占地 12 亩的高标准智能温室育苗棚，棚内全部采用智慧农业管理系统，每年可育苗500 多万株，可以满足全部 230 户的用苗需求。

3. 发展电子商务、采摘旅游，建设田园综合体，形成一二三产业融合发展格局　华安瓜菜合作社联合庵上湖农业科技发展有限公司联手推出"庵上湖·优厨房"网上生鲜购物平台，以庵上湖华安合作社瓜菜为主打，逐步整合全国各地的优质有机蔬菜水果生产基地、养殖牧场、原生态种植区的优质食材，由庵上湖农业科技发展有限公司进行统一初加工、包装贴牌后，采用"B2C＋O2O"的电商平台销售，供消费者在网上挑选食材，下单之后通过专车配送到家。庵上湖村投资建设"田园综合体"项目，总投资约 2 600 万元，建设内容分为四部分：一是打造特色景观带；二是打造一处农事培训体验室；三是打造休闲聚集区；四是完善产城一体的公共配套网络。项目建成后，庵上湖将成为一个集现代农业、观光采摘、休闲旅游、民俗文化等元素于一体的新型农村田园综合体，聚合农业生产、产品加工、观光旅游、金融商务、教育医疗等多种产业形态，形成村庄发展新模式。

　　　　资料来源：潍坊新闻网。

四、强化服务工作

　　从创业政策的推出到创业平台的建设，做实做强服务工作对农村"双创"的进一步开展往往发挥着关键作用。昌乐县积极推行一站式服务，通过多个部门、多种途径搭建多层次的服务平台，实施针对性服务、大力做好宣传，营造了农村创业创新健康发展的大环境，提高了创业的成功率。

　　第一，通过充分发挥大众创业指导服务中心的作用，建立"一站式"创业综合服务机制，免费提供创业场所、创业培训、项目推介等各项创业服务，搭建政策落地平台，为各类创业者和初创企业解决资金、场所及人力资源支持等问题，全面提升昌乐县创业活跃度。第二，针对入驻创业团队、创业项目、资金状况的不同情况，实施有区别的个性化、针对性服务。针对申请入驻的企业，提供开业手续、企业注册登记及变更、公司财税、股权设计、小额担保贷款等服务；针对初创期的企业，提供经营场地、政策指导、技术咨询、项目顾问、人才培训等服务；针对进入加速器的企业，通过投资财税咨询、投资推介等形式，提供创业融资和投资服务。第三，充分发挥教育培训平台的引领作用，加强创业培训。昌乐县投资 230 万元建成了潍坊创业大学昌乐学院，这是潍坊市范围内的第一个县级创业学院。在创业园区建立起 6 个创业大学教学实践基地，形成了集创业教育、创业实训、实演孵化和拓展交流于一体的创业创新人才培养载体，招收培训创业人员 1 200 名，常年聘请大中专院校的专业教师不定期进行培训，同时经常组织创业成功人士通过现身说法进行创业示范引导。依托人力资源和社会保障所，在每个镇（街、区）建立了返乡创业服务站，构建起了以"县创业指导中心＋镇创业服务站＋创业孵化基地"为主体的三级创业服务体系。

◆ 专栏 9 - 4

2018 年昌乐县关于农民培训和创业服务工作的落实情况

工作任务：发挥高素质农民创业孵化基地等各类培训平台作用，加强农民培训和创业服务，力争培训高素质农民 8 000 人次以上。

年度工作目标：充分利用县高素质农民讲习所和创业孵化基地平台，加大培训力度和范围，通过集中办班、分散教学、现场讲授等方式，大力推行 APP 专线服务，及时推送最新的农业技术动态、病虫害防治、创业服务等信息，争取年内培训8 000 人次。

季度推进计划：一季度通过专职和外聘教师，采用集中培训、现场指导等方式，开展设施瓜菜等方面培训 27 场，培训 1 500 人次。二季度重点对瓜菜、生姜等农作物种植进行集中培训，加大在线培训力度，开展培训 31 场，培训 2 500 人次。三季度聘请专职教师，对农产品电商进行现场指导培训，开展培训 31 场，培训2 500 人次。四季度加大对设施瓜菜、农产品电商、品牌农业等方面的培训，开展培训 27 场，培训 1 500 人次。

评估结果：利用县高素质农民讲习所和创业孵化基地平台，进行职业道德、消防安全、西甜瓜品种选育与繁种、测土配方等20余门课程培训，年内共开展培训195场，培训8000人次。

资料来源：昌乐县人民政府网站。

五、培育示范典型

近年来，越来越多的有志人士有感于家乡发展环境日新月异，因而选择回乡创业。昌乐县积极把握这一趋势，打造创业创新新优势，在发挥示范引领、营造创业氛围、打好"乡情牌"上同时发力，吸引了不少返乡农民工、大学生群体的回归。同时，注重发挥典型带动的倍增效应，培养和宣传创业典型，着力营造鼓励返乡创业的社会氛围。

1. 培育"领头雁"，发挥示范引领作用 在昌乐县选树潍坊十佳新型农民创业者李邦峰等优秀返乡创业带头人，通过电视网络、现场创业报告会等形式广泛宣传。先后表彰创业典型56人，举办典型报告会12场、创业成果展2场。

2. 吹响"集结号"，营造舆论氛围 以"荣归故里、创业圆梦"为主题，每年举办返乡农民工"创业之星"评选和创业大赛，开展"返乡创业宣传月"活动。在《昌乐日报》开辟返乡创业专栏，利用微信公众号等自媒体定期发布返乡创业信息等。

3. 打好乡情牌，念好"引才经" 利用传统节假日，主动与"乡贤能人"建立情感联系，引导他们关心关注家乡发展，推进智力回归、人才回乡、资本回流。红河镇通过举办"乡贤能人"联谊会，有12名在外"乡贤能人"返乡创业。通过典型带动，昌乐县形成了以返乡农民工、返乡大学生和"乡贤能人"为主体的"雁群式"返乡创业新趋势。

◆ **专栏 9-5 潍坊市积极开展各类创业创新培育活动**

在探索推进返乡下乡人员创业过程中，潍坊市积极开展各类创业创新培育活动，营造良好的创业范围，吸引大学生、农民工等群体敢于返乡下乡、愿意返乡下乡、追寻创业创新梦想，推动农村一二三产业融合发展。

着力培育创业创新领军人才。积极发挥基层创业人才培养服务职能，在政策、资本、技术、现代化经营理念和产业化运作上提供支撑，培养大批"创业创新型"人才在基层农村发光发热。如王世亮创办的诸城青鸟果蔬专业合作社，特色蔬菜和水果等产品已通过15个品种的无公害认证。刘浩创办的昌乐宜仙堂芦荟专业合作社，注重对芦荟系列产品的研发，与济南、青岛及潍坊等多地多家美容院达成合作协议，带动周边100多家农户合作，形成具有广阔发展前景的农业合作社。

积极举办创业创新竞技比拼大赛。为在农村营造"你追我赶"的创业竞技氛围，一系列以"农村创业"为主题的创业创新大赛相继举办，不仅为返乡下乡创业者提供展示的舞台，同时也为比赛成绩优秀者提供资金、技术和政策等方面的扶持，成为推动大学生、农民工和企业家等群体返乡下乡创业新动力。如寿光市举办的"宏安杯"大学生农村创业大赛，以"农村创业实现梦想"为主题，选手们充分展示自己的项目创意，得到嘉宾评委和观众的好评，评出的一二三等奖和优秀奖项目涉及农业新技术、特色农业产品、农村电商等各类农业前沿项目。这些大学生创业者不仅可获得最高1万元奖金，同时还将获得创业资金扶持。以"创青春，成梦想"为主题的坊子区新型农民创业大赛，也吸引众多农村创业人员积极报名参加，各类参赛项目围绕农村创业主题，充分展现农村创业新成果。

资料来源：齐鲁网。

第三节　实施效果

昌乐县大力实施创新驱动发展战略，认真落实国家及省市农村创业创新各项补贴，创业平台建设的力度和数量走在了潍坊市前列，先后建成创业孵化基地（园区）17 家，培育扶持企业 1 760 家，带动就业 25 362 人，全面激发了创业创新活力，成功争创为山东省创业型城市，夯实了深入打造"昌乐创业品牌"的基础。在昌乐县，随着农村创业创新的政策活力、载体活力、人才活力和资本活力得到释放，"双创"工作持续向纵深发展，涌现出了许多家农村创业创新的典范，成功打造了昌乐创业品牌，为产业转型升级贡献了力量。

一、都昌菩提淘宝村：菩提文玩做成大产业

昌乐县朱刘街道都昌村有着悠久的发展历史，早在《晏子春秋》中就有记载："齐景公封晏子都昌，辞不受。" 2 000 多年过去了，这个古老的村落搭上了互联网的快车，已经成为全国闻名的"菩提村"（图 9 - 2）。从 2013 年开始，都昌村的年轻人在接触和把玩金刚菩提中觅得商机，利用淘宝、阿里巴巴、微信等电子商务平台创业，如今已经成为行业领头，都昌村仅金刚菩提销售就占据淘宝、阿里巴巴同类产品一半以上的市场。

图 9 - 2 都昌村
资料来源：齐鲁网。

为引导都昌菩提电商继续做大做强，朱刘街道把电商产业确立为街道的支柱产业之一。街道借助"都昌古国"的文化效应和社区建设

的有利时机，规划建设了菩提文玩产业聚集区。为营造氛围，全力打造电商基地，都昌村内的街道两旁墙上挂着"都昌古国新气象、淘宝产业谱新章""淘宝经营幸福生活、电商成就幸福人生"等振奋人心的标语。当地政府还精心设计并制作悬挂了42块线杆广告牌，进一步提升都昌菩提电商基地知名度。

　　一进入都昌村，不时会有经销金刚菩提等广告牌映入眼帘。随便走进一家店铺内，金刚菩提、凤眼菩提等各类文玩应有尽有，网上接单、分拣货物、包装发货，一片繁忙，图9-3展示了村民包装发货时的场景。都昌村有4个自然村，共计900多户人家，其中有400多户都在做菩提生意，成规模的有60家。目前，都昌村不光经营金刚、凤眼、龙眼、星月等十几种菩提，还有各类配饰上百种，村里每年累计进口的金刚菩提就达150多吨。因此，在村里建立起了从原产地采购到细分加工再到营销等相对完善的购销网络，村子里有专业的文玩加工厂。政府还组织新建了菩提电商展厅、星月菩提加工厂等，在带动线下销售的同时注重展示企业实力与品牌形象，并反哺促进了线上销量的增长。"菩提村"的名号，都昌村算得上是名副其实。

图9-3　村民正在包装发货

资料来源：搜狐网。

在当地政府的引导下，菩提电商们成立了产业联盟，壮大优势，实现错位发展、抱团发展、共赢发展。还确定了6家重点扶持的电商发展业户，以点带面、以强带弱，鼓励业户改造升级经营加工场所、规范优化工厂店铺管理。李欣是都昌村被重点扶持的电商发展业户之一，2012年她从南昌师范大学，毕业后选择了回村自主创业，与丈夫一起在淘宝上做起了菩提生意。然而，菩提生意做起来并没有想象中的那么顺利，寻找货源是李欣要面对的第一个问题。菩提生长在热带、亚热带地区，高质量的菩提更要到深山寻找。开始做菩提后3个月，她就独自前往尼泊尔、缅甸、老挝、印度尼西亚等地寻找一手货源，翻遍几个山头才能找到一点货物。经过慢慢地摸索，现在李欣有了清晰的货源途径，每年她和丈夫都要去尼泊尔3次，批发一手货源。

虽然有多年的网购经验，但真正自己开起网店来，李欣还是碰到了很多难题。刚开始做菩提电商的那段时间，产品出现了滞销的情况，加上当时销售途径有限，主要依托线下和单一的淘宝店铺销售，销售非常缓慢。她意识到单一线下和淘宝网店的局限性，于是开始更广泛地拓展销售路线，先后开了阿里巴巴、京东店铺，建立了微商团队，从而扩大了销售面。图9-4为李欣正在为网店拍摄菩提产品照片以吸引顾客。

图9-4　李欣正在为网店拍摄菩提产品照片

资料来源：搜狐网。

　　客户多起来后，怎么跟客户交流沟通、遇到矛盾怎样解决，又成为棘手的问题。此时，政府组织的一次培训解了李欣的燃眉之急。为鼓励更多务工青年、返乡大学生参与"大众创业、万众创新"的实践，朱刘街道开始着手组织专业的培训与指导，在村子里建立了菩提电商培训基地（图9-5），引导都昌菩提电商业户跳出家庭经营的定式思维，增强街道电商产业的发展后劲。街道邀请了潍坊淘宝商会会长来都昌村为村民授课，并召开了促进"大众创业、万众创新"工作暨昌乐县"淘宝村"电商培训会。

图9-5　菩提电商培训基地
资料来源：齐鲁网。

　　李欣在经营网店的空闲时间里，多次参加电商培训。在培训课上，她学会了怎么与客户交流、怎么挖掘潜在的客户。随着经验的积累和一步步经营，李欣的网店有了信誉，越来越多的订单也让她对自己的金刚菩提生意信心倍增。这个90后的女孩，用菩提成功铺就了一条致富的道路。

二、李和·百姓菜园：开创昌乐"互联网+农业"新时代

　　昌乐县素有山东省"瓜果之乡"的美誉，这里生产的瓜果和蔬菜品质优良，远销全国各地。在此背景下，昌乐县朱刘街道北庄村在

2015年成立了一家农民专业合作社，即昌乐县球网土地股份合作社。合作社组织成员进行瓜果蔬菜的种植和销售，主要以生产优质的番茄、甜瓜而闻名。但在合作社成立之初，销售环节就遇到了问题，由于销售信息的不对称，农民的收益随市场行情忽高忽低，十分不稳定。

2016年，合作社引入"互联网＋"，联合多家企业成立了"李和·百姓菜园"(图9-6)，对昌乐县的特色优势农业资源进行整合，将农产品销售搬到了网上，将农民彻底从销售的压力中解放出来，回归种植的本源。这个项目的主导者和投资者是返乡创业的北庄村村民李洪光。这个在华为工作6年，后来在深圳拥有3家科技公司的年轻人，敏锐而又执着地发现了智慧农业在昌乐的前景，毅然放弃在深圳的事业，一头扎进了父辈世代耕耘的农业领域中。

图9-6　李和·百姓菜园外景

资料来源：齐鲁网。

北庄村的大学生"村官"褚方文与李洪光志同道合，谈到品牌农业发展前景，两个年轻人一拍即合，准备大干一场。李洪光投资了1 000万元打造了"李和·百姓菜园"，这一项目以街道北庄村李氏先祖"李和"的名字命名，依托该村球网土地股份专业合作社的绿色蔬菜种植优势，引入深圳岳洋科技的成熟技术和先进理念，利用微信平台打造了包含基地种植、果蔬加工、线上预订、冷链配送等多个环节的农业O2O项目，使无公害果蔬直达千家万户的餐桌。李和·百姓菜园拥有多个种植基地（图9-7）。其中，球网合作社主要种植北部蔬果类，如比较高档的甜瓜、番茄、小番茄等；红河基地主要负责种植韭菜、茼蒿、油菜、菠菜等；郎郜基地则主要负责种植西瓜等水果。

图9-7　种植基地航拍

资料来源：齐鲁网。

　　为进一步扩大销售渠道，李和·百姓菜园还正式上线运行了微信公众号。市民只需要关注公众号，动动手指就能在家吃到最新鲜的时令果蔬。从微信商城的建设到基地的建设，李洪光与褚方文日夜商讨。一个负责软件技术支持；一个负责整理产品目录，拍照片、写文字、写微信推广软文。褚方文一方面利用自己的圈子帮着推送商城，扩大宣传范围；另一方面，亲自兼起了配送服务，有时中午12点都会耐着37℃高温亲自上门配送。

　　对农产品来说，质量安全永远是第一位的。李和·百姓菜园坚持从源头上把控，与多个种植基地的每一户农民都签订了严格的用药协议。对不符合农药检测标准的农产品将拒收，同时健全完善了实时在线监控系统，保证了所有产品均可溯源。从种植到采摘的过程严格控制禁用药物，到配送中心以后还要检测，合格以后再通过杀菌机用水冲洗、精心包装，最后降温配送到各小区的运营中心（图9-8）。同时，在配送过程中，所有产品从采摘到加工到运输都是通过专业车辆全程冷链配送到各家各户。项目已建有昌明花园小区、昌盛小区、濠景海岸小区3处配送中心，配有恒温运输配送车8辆。消费者通过

"李和·百姓菜园"微信服务号和"李和商城"选定的所需蔬菜,由恒温保鲜车精准配送,让无公害果蔬半天内直达餐桌。

图 9-8 员工在清洗蔬菜

资料来源:齐鲁网。

在拥有先进的种植技术和优质的农副产品的基础之上,如何才能获得最大的效益呢?昌乐县球网土地股份专业合作社无疑给我们探索了一条新路子,那就是扩大整合有效资源,让专业的人干最专业的事。具体来看,项目按照"线上树口碑、线下走销量"的营销路径,坚持高质量、低利润,出库果蔬全鲜;高标准、慢节奏,稳步扩大规模。待运行成熟后,自建种植基地、扩建分装中心、增设配送中心,依托深圳岳洋科技的技术支持,逐步完善光照、灌溉、施肥等作物生长历程和采摘、分装、配送等销售过程有监控、可溯源的智慧农业产业链。

现在,通过搭建互联网平台,合作社实现了农产品种植、销售、配送的工厂化运作模式,在单纯规模化种养、订单发展的基础上又前进了一大步。街道则通过重点宣传推介、搭建融资桥梁、提供政策信息等方式,在尊重企业既定发展思路的基础上,全力推进"李和·百姓菜园"项目更大程度惠农利民,助力昌乐农业供给侧改革向纵深推进。

三、石家河黄烟专业合作社：创新经营方式、深挖增收新动能

石家河黄烟专业合作社成立于 2009 年 3 月，是昌乐县唯一一家综合服务型烟农专业合作社。2015 年，该合作社被评为"山东省农民合作社省级示范社"。2018 年，合作社又荣获了全国第四届"农合之星"优秀合作社的荣誉称号，全国仅有 30 家优秀合作社获此殊荣。石家河黄烟专业合作社之所以能够取得这些荣誉都归因于该合作社深挖增收新动能，在促进烟农增收致富上闯出了一条新路子。

对于种烟的农民来说，4 月往往是农闲季节，靠着"种植在户、服务在社"的运行模式，育苗、农资采购、机械起垄等备耕环节都交给了合作社。然而，如今石家河黄烟专业合作社的农忙时节却大幅提前：原先闲置的育苗棚、烤房等设施，有的种上了蔬菜，有的养起了芦花鸡；原先随大流种点儿花生、甘薯的轮作烟田扣上了农膜，种上了早熟的西瓜、芋头等，还有的引进了无土栽培新技术，种上了设施蔬菜。合作社的理事长们则聚在一起紧张地召开会议，商讨订单销售问题。这些改变都是该合作社为挖掘烟农增收新动能而进行的实践，主要分为 3 个方向：一是开展闲置育苗棚、烤房、农机等设施设备的综合利用；二是依靠科技挖潜，增加轮作烟田的种植效益；三是通过社社联合，延伸产业链条，开拓销售渠道。

1. 从无到有，开展闲置设施的综合利用　近年来，山东省的烟叶种植面积逐年压缩，导致一大批育苗大棚和烤房出现了闲置现象。与此同时，农机的作业效率也大幅降低。石家河黄烟专业合作社也面临这一问题，为有效避免闲置设施的浪费现象，该合作社在前期摸索的基础上，开始有组织、有计划地推进闲置设施综合利用。例如，在育苗大棚里种植与当地主导产业相符的高效经济作物，在烤房里种植食用菌或发展特色养殖，组织农机手对外承接业务，为大农业服务等。以合作社在鄌郚镇东山上的一处育苗工场为例，其中有 7 个育苗棚在培育烟苗，另外 4 个种着西瓜，3 个种着生姜，还有 1 个种了大

葱，所有的育苗棚都没有发生闲置问题。由此，闲置育苗大棚的利用率达到了 100％，闲置烤房利用率也大幅提升，烟民收入也明显增加。图 9－9 为合作社的社员正在埠南头育苗工场的大棚里采摘菊花。

图 9－9　合作社的社员正在育苗工场的大棚里采摘菊花
资料来源：昌乐传媒网。

2. 从优到精，提高轮作烟田的种植水平　2015 年，石家河黄烟合作社在育苗棚里引进水培种植技术，发展漂浮育苗，由此触发了合作社社员王江堂在山岭地上建大棚的灵感。王江堂在红河镇南部的埠南头村的山岭薄地上建起了蔬菜大棚，用水培方式种植芹菜和生菜，用基质栽培方式种植番茄和黄瓜，大棚内生产的蔬菜都达到了绿色食品标准。红河镇大宅科村西岭的大棚里种的则是芋头，有的大棚是两膜覆盖，有的是三膜覆盖，站在高处看，仿佛是一片白色的海洋。种植芋头的亩均纯收益基本可确保达到 2 000 元以上，而以前这些轮作烟田以前主要用来种花生和甘薯，亩均纯收益很难达到 1 000 元。该合作社以前只注重为种烟农田搞服务，对轮作烟田不太重视。后来，合作社一是对昌乐县轮作烟田进行了统一规划，针对性地发展西瓜、芋头等效益更高的作物；二是重视科技挖潜，通过统一提供优质种苗、推广保护地栽培技术等措施，提高甘薯、花生等作物的种植水平，在"从优到精"上挖掘新动能。

3. 从种到卖，向加工营销等环节要效益　合作社并不仅仅满足于实现"种得好"这一目标，与此同时还积极打通农产品销售环节，争取"卖得俏"。为确保合作社社员轮作烟田的种植收入，合作社还统一注册了"乐烟"商标。一方面，联系甘薯、花生、芋头等主要种植作物的加工企业，发展订单种植。例如，合作社与潍坊四季风有限公司达成了合作意向，开展芋头等作物的深加工。另一方面，开展社社联合，整合多类优质农产品资源，发展联合销售，将流通和销售环节的效益留下来。例如，合作社与凤凰岭果蔬合作社、湖畔芋头合作社、春晖养鹅合作社等开展"社社联合"，整合多类优质农产品资源，发展农产品产地初加工，开展"农超对接"、"互联网＋"销售和"会员制"销售等。每天清晨一大早，合作社的配送车辆就会装满蔬菜、食用菌、芦花鸡、鹅蛋等绿色农产品，踏上为订单会员的"送菜上门"之路。

第四节　经验总结

昌乐县作为全国支持返乡农民工创业试点县和省级创业型城市，走出了一条符合当地实际情况的农村创业创新之路，取得了非凡的成就。其成功经验主要可以总结为以下 5 点：

一、对接创业需求、优化落实政策

昌乐县支持农村创业创新的实践表明，农村创业创新需要政府积极推动、科学引导、政策支持和持续关注。不论是农民工、大学生，还是其他身份的返乡创业者，他们返乡创业，一个重要的原因就是看好家乡的机遇和政府的执行力。昌乐县政府相关部门着力于通过出台相关文件优化商事服务环境、通过发放资金补贴优化政策扶持环境、通过创办培训学院和实践基地优化创业指导服务环境，取得了良好的效果。在相关政策的引导下，昌乐县形成了创业发展的拉力。健全以政府职能部门为引导、社会各界广泛参与的管理服务和组织领导体系，建立了政策扶持、技能培训、创业服务"三位一体"的创业新机制，形成全社会崇尚创业、支持创业、竞相创业的良好局面。另外，配套政策也相应跟进，形成创业发展的推力。昌乐县紧密结合实际，分步有序实施，对接创业群体的需求，提供针对性的创业计划与指导，循序渐进地提供全方位、各环节的创业支持，将创业政策精准落地。

二、搭建创业平台、加速项目孵化

筑好兴业巢，才能引来金凤凰。昌乐县把创业平台建设作为推动农村创业创新的突破口，立足本地资源和产业优势，将返乡创业与发展县域经济相结合，广泛征集优秀返乡创业项目，并通过举办创业成果展示暨项目推介活动，为返乡创业者搭建了一个能提供有效的信息指导和项目对接的平台。另外，昌乐县把工作着力点放在了孵化平台的建设和提升上，全县创业平台建设的力度和数量走在了潍坊市前列，全面激发了创业创新活力。昌乐县立足本地优势，创新工作思路，精心打造了"一中心三基地"，即返乡农民工大型综合性创业创新基地，助推返乡农民工创业创新。"一中心"是指昌乐县返乡农民工创业孵化中心，"三大基地"分别是昌乐县返乡农民工新能源汽车配套产业创业基地、蓝色经济创业基地和新型农业创业基地。这一批平台的建设为农村创业创新搭建起了大舞台。

三、聚集各方资源、强化公共服务

昌乐县把加强服务作为优化创业环境、推动创业的基础工程来抓，积极转变政府职能，不断改进服务水平，充分尊重返乡创业者的创业主体地位和创业意愿，努力为创业者提供优质、高效的服务。政府相关部门对返乡创业者设立了专门贷款，并进行贴息、对创业场地租赁进行补贴，落实税收减免政策，不断消除创业工作推进中的各种障碍，创业环境得到持续优化。同时，昌乐县加大对典型示范的宣传力度，在全县范围内选出十佳新型农民创业者李邦峰等优秀返乡创业带头人，通过电视网络、现场创业报告会等形式广泛宣传，为返乡创业营造良好的媒体舆论氛围，整合政府与社会力量，充分发挥创业服务平台的桥梁作用，对接金融、劳务、培训、科技、人才、管理等需求，建立创业者联系制度，切实解决发展中遇到的各种问题，支持创业企业发展，推动"创业经济"走上快车道。

四、立足本地优势、发展特色产业

昌乐县返乡人员在创业时坚持立足本地优势，以当地特色产业为切入点，以就业增收为落脚点，走出了一条切合实际、行之有效的发展路子。一是积极开发农村特色产业资源。依托农村特色资源禀赋参与创业，打造特色产业品牌，形成独特的竞争力，从而实现高附加值，促进区域经济发展。以李和·百姓菜园的创办为例，该项目依托当地蔬菜、水果特色产业优势和球网土地股份合作社的组织优势，项目起步难度低，便于提供特色产品和服务。二是深入挖掘农村存量资源。以农民返乡创业为抓手，统筹利用农村现有荒山荒坡、废弃厂房、闲置劳力、自有房屋等存量资源，将废物变宝物、资源变资产、民俗变文化、闲人变工人，提升农村资源资产的价值，为农村资源开发、环境保护、农民增收开辟新的路子。例如，石家河黄烟专业合作社通过有组织、有计划地推进闲置设施综合利用，深挖增收新动能，有力地促进了烟农增收致富。

五、集聚创业优势、积极引领带动

农民工、大学生等群体回到家乡创业创新，对培育新型农业经营主体、带动农民就业增收具有积极作用，他们是建设家乡、发展家乡的宝贵财富。另外，返乡创业者可以有效承接并延伸发达地区的产业链，强化就近城镇化建设的产业支撑能力，优化当地产业结构，推动产业融合发展。以都昌村为例，在昌乐县政府的引导下，菩提电商们成立了产业联盟，从而壮大优势，村里建立起了从原产地采购到细分加工再到营销等相对完善的购销网络，还确定了6家重点扶持的电商发展业户，以点带面、以强带弱，鼓励业户改造升级经营加工场所、规范优化工厂店铺管理。昌乐县通过集聚创业优势，充分发挥创业者的引领带动作用，实现了抱团发展、共赢发展。

第十章

广东省珠海市斗门区：以园区为抓手，助推农村创业创新

近年来，全国各地在农村"双创"工作上气势高涨，取得了一系列新进展。其中，珠海市斗门区在广东省农村"双创"工作推进方面所取得的成绩尤为耀眼。那么，斗门区在推进农村"双创"方面具备哪些基本条件、推进哪些主要举措、取得哪些实施效果、主要经验包括哪些呢？基于此，本章将尝试逐层剖析，分析这一系列问题背后的"奥秘"所在。

第一节　地区介绍

一、斗门区基本概况

斗门区隶属于珠海市，地处珠三角地区的西南角，两边是中山市与江门市，与香港、澳门特别行政区邻近。在不同历史阶段，斗门区的行政划分有多次变更。在1983年，斗门成为珠海市的一个区县；直到2001年，斗门实行撤县建区，由斗门县改名为斗门区。如今，斗门管辖面积为674.8平方公里，所管辖镇（街道）包括斗门、乾务、井岸、白蕉、莲洲5个镇以及白藤街道，有101个行政村、28个社区居委会，户籍人口36万多人。此外，斗门区还是国内著名的侨乡聚居所在地，共有海外侨胞、港澳台同胞16.6万人。

斗门区经济发展具有高国际化水平特征，产业聚集效应显著。这一经济特征便与斗门的地理位置有着密切的联系。由于斗门邻近港澳，与澳门陆地相接，与香港海路相通，并且靠近港口、机场，多条高速公路贯穿而过。在这些先天优越的地理条件下，斗门区产业聚集效应明显，形成了一批工业产业园区、农业产业园以及高科技产业园区等，主要包括"三大园区"（珠海农业科技园区在内）以及"四大园中园"。在"三大园区"和"四大园中园"的共同作用下，斗门区的产业发展形成了"五大产业集群"，除了装备制造业、电子信息产业、智能家电产业以及新兴产业外，还包括特色生态农业。可见，斗门区对于农业产业的重视程度，丝毫不逊色于发达的高技术型产业。

在产业集群的作用下，斗门区农业现代化也得以加速推进。目前，斗门区已在农业产业化、农业现代化方面取得了卓越成就，已经获得国家农业产业化示范基地、全国都市型现代农业示范区以及中国海鲈之乡等荣誉称号。结合斗门区自身的自然特色与优势条件，特色农产品和自然风景得到了有效地改造与利用。其中，珠海国家农业科技园区高度重视国家食品安全斗门创新工程的实施，并通过建立电子交易平台（包括专业型水产品电子交易平台"珠海渔都"以及综合型电子交易平台阿里巴巴农村淘宝项目），加速推动农业现代化、标准化和农产品品牌化、特色化的现代农业进程。另外，斗门区农村区域内山、田、河、海相拥的水乡风光怡人，使得众多知名自然景点都已经成为深受欢迎的生态旅游好去处，极大地拓宽了斗门区农业发展的多功能性，推动农业现代化进程中农业资源价值增值的实现。

由于经济社会发展成效显著，斗门区获得了众多的头衔与荣誉，包括国家食品安全示范区、全国科技进步先进区、全国义务教育发展基本均衡区、全国法治县（市、区）创建活动先进单位、"六五"普法"全国法治宣传教育先进区"、中国曲艺之乡、广东省推进教育现代化先进区、"南粤锦绣工程"文化先进区等称号。当前，斗门区坚持城乡协调发展的道路，以创新为驱动力带动经济持续增长，以开放合作、民主优先的战略指导，着力于斗门区长期可持续的绿色发展模式。为此，斗门区尤其重视人居环境的整治，即注重当地传统文化思想以及山水生态环境的保护，并且这能从斗门区的城市徽标中有所体现。左侧即为 3 条不同颜色的"斗门线"，右侧给出了分别对应的含义，自上而下分别为斗门古村落、斗门山、斗门水（图 10 - 1）。

图 10 - 1　斗门区城市徽标及其对应含义

资料来源：斗门区政府网站。

二、推进农村创业创新的实践基础

扎实推进农村创业创新并非所有区域都适合，也并非所有区域都能做到。因此，在开展农村创业创新工作之前，应确保地区具备充分的实践基础，包括经济发展基础、农业发展基础以及其他区域优势基础。

1. 经济发展基础方面，斗门区目前具备较为雄厚的经济实力

2016 年，斗门区 GDP 达到 308. 32 亿元，同比增长 7.5%，并且一二三产业仍保持上升趋势。其中，第一产业同比增长 1.7%，第二产业同比增长 3.9%，第三产业同比增长 14.3%。而在人均指标方面，人均 GDP 达到 7.1 万元，同比增长 5.6%；城乡居民人均可支配收入继续保持迅速增长态势，其中城镇居民同比增长 4.9%，农村居民同比增长 11.7%。可见，斗门区城乡发展差距事实上正在逐步缩小。以上数据表明，斗门区的产业结构不断优化，且高技术产业的重要性逐渐凸起，而技术的进步正是创业创新的重要"推动器"。此外，斗门区人均生产总值与城乡居民人均可支配收入的持续上升，都说明斗门区仍然具备经济增长以及提升消费能力的潜力。这也推动着斗门区城乡居民消费意愿的转变，呼唤着农村"双创"工作的兴起。

2. 农业发展基础方面，斗门区农业产业结构健全　2016 年，全区农业 GDP 达到 71.28 亿元，同比增长 2.4％。全区农业经济增长的良好态势体现在农业产业结构的合理布局上，全区以水产养殖、水稻种植、畜禽养殖为农业主产业，同时还种植高效益的经济作物，包括蔬果类产业和花卉苗木产业。

基于长期的考虑，为了便于农业产业的科学规划与有效管理，珠三角面积最大的生态农业园区——珠海市斗门生态农业园区于 2011 年成立。农业园区覆盖斗门区绝大部分的农业用地，占到了珠海市陆地面积的 1/6，总占地面积 312.7 平方千米，覆盖了斗门区 57 个行政村、2 个农场以及鹤州北垦区。斗门农业生态园区由于农业科技方面的贡献，在 2017 年通过了科学技术部验收，获评"国家农业科技园区"称号。通过把全区分散的农业经营地域聚集起来，斗门区的农业产业空间布局得到了优化，为农业生产要素的流动提供了诸多便利。生态农业园区内部的农业企业实力雄厚，包括多家国家级和省级农业龙头企业以及农业示范基地，使得农产品生产与销售有了更为广阔的增值空间，农村创业创新的渠道也更为宽阔。同时，生态农业园区内还保存了一系列沙田水系生态圈、花木林果生态圈、农家休闲生态圈、民俗文化生态圈和农业旅游生态圈等极富特色的珍贵生态资源。目前，斗门生态农业园已经荣获"广东省第六批博士后创新实践基地"称号；岭南大地生态度假区、逸丰铁皮石斛养生园、珠海竹洲水乡水利风景区、国家食品安全斗门创新工程被列为市重点项目。逸丰生态实业有限公司、长丰水产种苗科技有限公司、海龙生物科技有限公司、之山水产发展有限公司被新增为国家高新科学技术企业。

3. 斗门区目前正处于农村产业发展的战略机遇期　一方面，珠海市当前正实施"三高一特"（即高端制造业、高端服务业、高新技术产业、特色海洋和农业经济）产业发展战略。斗门区作为珠海市最为重要的农业产业区，全市必将支持斗门区特色农业向产业融合、推动增长的视角进行转型升级，大力发展"第六产业"，众多农村新产业、新业态必将在创业创新的浪潮中不断涌现。另一方面，斗门并没有贪图经济发展进入"短期快车道"，并未出现过度重视制造业发展的现象，而是守好绿水青山深耕特色农业，做精"一镇一业""一村一品"，以农业产业园区带动，做优粤港澳大湾区的"菜篮子"，推动农业产业的深度融合。并且，港珠澳大桥的开通与《粤港澳大湾区发展规划纲要》的发布，为斗门农产品"走出去"和农业整体提质升级创造了历史性机遇。

第二节　主要措施

当今，斗门区紧紧抓住历史战略机遇期，大力推进农村创业创新工作的开展，而在城乡要素流动体制机制逐步放宽的背景下，农村"双创"工作在广袤的农村大地上是大有可为的。在创新驱动战略下，珠海城区已经形成了一批具有代表性的高新技术制造业，为城区营造出良好的创业创新氛围。随着"资本下乡""返乡创业"浪潮的深入，农村创业创新的氛围也逐渐浓厚起来，推进农村创业创新实际上也是"顺势而为"。但是，推进农村创业创新所需采取的措施没有亘古不变的"模板"，必须结合当地的实际资源禀赋情况以及外部环境来制定所采取的措施。斗门区基于自身实际情况，主要从以下4方面展开工作。

一、深化农村产业融合、构建农业生态园区载体

1. 吸引先进要素进入，探索产业融合平台搭建　现代农业的发展，亟须先进要素的进入，破解"人、地、钱"要素流动不足阻碍农业现代化推进的难题。那么，如果产业融合是农村创业创新的基础方式，该"在何处经营"呢？近期，"谁来种地"问题在学术界、政策界、媒体界都引起了广泛的讨论，很大程度上都肯定了新型农业经营主体的重要作用。进一步讲，那这类主体又该"在何处经营"呢？对于这一问题，斗门区的实践给出的答案是：斗门区生态农业园区（图10-2）和农业科技园区，二者实质上是合为一体的。那么，园区又是怎么搭建起来的呢？换句话说，这一平台的搭建经历了什么环节？

图 10-2　斗门区生态农业园区
资料来源：搜狐网。

总体而言，园区平台的搭建分为"三步走"：第一，发挥政府宏观整合资源的功能。众所皆知，用地难是农业规模化经营最大的"拦路虎"，而当地政府通过多次科学的考察，合理划分片区，既保障了用地方面的总量供应问题，也解决了土地使用功能上制约的困扰。也就是说，在政府的推动下，农业园区既能够打破自然资源、生产要素零碎化、分散化的约束，有利于现代农业的规模化发展，还能确保更好地与政府政策体系衔接起来，保障建设用地、配套用地的合法使用。第二，引入周边知名龙头企业，为园区注入"生命力"。园区这些年来取得的卓越成绩，很大部分是带动能力强的龙头企业发挥了重要作用。为了充分引入知名企业的进入，政府出台了诸多产业扶持性政策。目前，仍有企业申请进入生态农业园区之中。第三，园区主体强强联合，产业规模效应显现。为了更好地发挥规模经济效应，生态农业园区在发展过程中注重产业资源之间的整合，形成了实力强大的特色产业，而城市先进的技术要素也能更好地融入其中，使得生态农业园区同时也承担着农业科技园区的职能。自此，斗门区的园区平台基本搭建完毕。

当地政府既保持原始生态环境最大限度地维持，为城乡先进要素的进入提供良好的环境，还着力于农村产业融合的探索与实践。同时，农业园区还为科技的研发、推广与采纳提供了良好的平台载体，且随着科研成果转化率逐步提高，园区在 2017 年被评为"国家农业科技园区"。此外，鉴于园区聚集资源发挥规模经济的天然优势，园区继续大量引进周边大型龙头企业，包括物流企业、加工企业，为构建农业全产业链做好全面合理的布局，也与电商孵化园项目、高科技项目等签订合约，推动农村产业布局的持续优化，在"双创"的路上实现农村产业结构转型升级。当然，为了农村"双创"工作更好地开展，省、市、县地方政府都会进一步考虑从产业政策层面探索对园区建设的有效支持。

◆ **专栏 10 - 1**

生态农业园区产业政策支持和保障举措

2016 年，根据《珠海市人民政府关于加快广东珠海国家农业科技园区发展的意见》精神及相关扶持政策，市政府为园区建设发展及项目开发下拨专项资金 5 000 万元。区政府支持农村电子商务发展项目 200 万元，支持农业科技项目 80 万元。农业部农业生态与资源保护总站支持广东珠海现代生态农渔业清洁生产技术试验示范项目 30 万元。

2. 推动农业现代化，园区定位"生态＋科技"双管齐下 农业园区是什么样的载体？它需要往哪方面推进？农业园区给了我们明确的答复："生态＋科技"。具体而言，在生态方面，斗门区充分利用当地优厚的自然条件，注入乡村生态文化。探索生态旅游模式，增加农业产业附加值。近年来，斗门区着力于发展旅游产业，推进旅游资源向旅游产品的转变，组织群众参加区第 12 届民间艺术巡游，展现皇族祭礼、锣鼓柜、竹板山歌等民间特色风情。同时，还举办诸多农事节日活动，包括第三届水稻收割节等。既展示了传统农业农村文化，拓宽农业的多功能性，又为农村产业带来了诸多的市场效益增长源泉。此外，斗门区还用心打造乡村旅游产品，设计"春赏花，夏采摘，秋收获，冬精品"四季游的路线，吸引超过 40 万人次游客踏访斗门。除此之外，斗门区还创造性地将音乐、田园、旅游等元素融合在一起，举办了"斗门莲江乡村音乐节"，在短短的两天时间内便吸引了近万人入园，带动五一期间实现旅游总收入0.9亿元。在吸引消费者"进村旅游"方面，斗门区通过统筹举办了夏令营、摄影大赛、媒体年会、图片征集等个性化活动，宣传斗门美食节、新村民俗赏花节以及生态莲藕节等活动。在实践过程中，斗门区有不少农庄在乡村旅游方面不断创新，优化产业布局，如十亿人火龙果庄园、逸丰生态养生园这类经营创意满满的农庄便被评为"第三批广东省休闲农业与乡村旅游示范点"。

而在科技方面，园区主要从两方面着手：农业新品种的研发以及现代高科技的融入。在产品研发方面，园区对特色品种的范围进行了划定，集聚了重点发展的力量。以水产品养殖为例，斗门区通过构建使用新种苗，运用立体养殖体系，生产出了产品质量高、口碑传播广的特色产品。而在现代科技融入方面，主要表现在农村电子商务产业方面。斗门区已经拥有首个跨境电子商务产业园——广丰跨境电子商务产业园。通过举办农村淘宝电子商务招商会，组织多名企业代表参加，为农村电子商务产业营造出"优胜劣汰、适者生存"的公平竞争环境，极大地焕发了电子商务产业进入农村地域的市场活力。近年来，"6.18农村淘宝家电节"的数据显示，斗门区内发生的累计销售额位居广东省区县前列，展示出了全区对于此类新型产业具有巨大的潜在需求，而斗门区内农村淘宝服务站代购的年销售额也达到了2 300万元，说明这一新型农村产业还能够为农村地域创造出更多增加收入的"新源泉"。斗门区农村"水田相间"的地理特征决定了水产品在全区农产品销售中占据重要地位，而"珠海渔都"水产品电子商务交易平台也为打响斗门农业"特色牌子"作出了重要贡献。由于全区市场消费需求旺盛，斗门区最终建成了覆盖全区的村级电商服务站网络体系。值得一提的是，斗门镇服务中心还曾经获得全国2016年"双十一"阿里巴巴农村淘宝服务质量评比第一名。

3. 充分发挥平台功能，推进农村产业融合　农业园区平台发挥了什么功能？更具体地，它在推动农村创业创新工作中起到了什么作用？总体而言，园区平台首要的作用便是推进了农村产业融合，推动了新产业、新业态的涌现。否则，"创"在哪、"新"在哪，我们不得而知，毕竟"眼见为实"是实实在在的判断依据。为什么说这一功能重要呢？因为深入推进农村产业融合的门槛成本是高昂的，这取决于农村要素资源科学合理的高低集中以及城乡资源重组的有效互补，而斗门农业园区显然在这一方面具有独特作用。而在乡村振兴战略的"五个振兴"中，产业振兴处于最为基础的地位。也就是说，农村产业创新了，农村创业创新才具备了"根基"。那么，农村产业创新又该如何推进呢？农村产业创新实质上是生产要素在空间上进行结构重组优化的过程，而不同生产要素结构又内嵌于不同的产业之中。那么，农村产业创新也就是不同产业之间突破自身边界，通过组合而产生"化学反应"的过程，实际上也就是农村产业融合的过程。斗门区在推进农村创业创新过程中，着力于发展农村生态旅游产业与农村电子商务产业。这两大产业正好是农业与旅游业、电子信息业的产业形态的外在融合，是土地要素、劳动要素、资本要素、技术要素的内在融合。未来，仍然有更多的新产业、新业态将不断涌现。这些新型产业不仅表现出强大的经济活力，还具备继续衍生新型业态的能力，优化城乡要素资源的有效配置。

二、引进人才就是"引进人财"

如何创造出更多的下乡创业者、返乡创业者，如何让这些创业者的"下"与"返"不仅仅体现在身份本身，更多地还体现在身上所携带的技术、管理、资本等先进要素的流动，便是引进人才的本质所在。人才振兴是乡村振兴的关键所在，可见人才要素对于农村创业创新工作推进的重要性。由于人才作用的发挥实质上就是所携带的先进要素实现价值增值的过程，在这一过程中，这些先进要素能够焕发农村经济的活力，点燃创业创新的热情，为农村增添实实在在的宝贵财富。因此，斗门区出台诸多引进人才政策的做法，吸引更多人才能在广袤的农村大地上施展才华，实际上便是出于对"引进人财"的现实需求。为此，在乡村振兴战略的指导下，为了发挥出人才振兴的作用，真正推进农村创业创新，主要出台了以下四大方面的政策。

1. 创新引进人才方式，拓宽吸引多元化、专业化人才的渠道
根据斗门区已有实施政策，人才引进方式主要包括三大方面：专业人才引进、各类人才招聘以及本土青年归巢计划。在专业人才引进方面，重点引进农村电商、互联网农业、乡村规划、农村金融等方面的新型人才；而对于这类人才，政府会在"珠海英才计划"的基础上再额外给予2万～6万元的生活补贴。在各类人才招聘方面，斗门区定期举办乡村振兴战略人才专场招聘会及人才政策宣讲会。在归巢计划方面，对符合条件的回乡就业青年人才给予奖励，奖励金额根据实际创业情况而定。总体而言，政府鼓励以上三大人才引进方面主要流向于农业龙头企业。对于企业内部的核心专业人才，政府还会妥善解决好关于引进落户与子女入学方面的问题。

2. 创新人才激励机制，让人才的作用"最大化"　斗门区坚持"实用导向"作为评定人才的重要原则，即首先推荐掌握重要农技、为农村提供服务等紧缺型实用人才，让人才专业化的先进要素能够迅速付诸实践，并给予最大限度的鼓励。此外，斗门区还重视"新型智库"的建设，邀请高等院校、科研院所、著名研究专家和资深业内人士成立斗门区推进乡村振兴战略研究院和"三农"专家工作站，通过定题研究方式给予最高50万元的课题经费。鼓励通过开展项目合作、技术指导、联合技术攻关等方式推进创业创新。新型智库很大程度上相当于建立了人才之家，而人才的作用在实践中能否"最大化"除了依靠自身，很大程度还取决于是否有与"他人"进行合作交流的条件。一个发达区域之所以人口密度比较高，最主要的就是提高了人才之间交流的机会，进而提高了新想法迸发出来的概率。

3. 农村创业创新人员职业化　不管是发起创业创新的"先驱者"人才，还是参与创业创新的"追随者"人才，自身职业业务能力的提升都需要通过职业化来实现。斗门区政府为各类人才主要提供了3个方面政策支持：第一，农村高素质农民培育工程。通过实施培育工程，农民综合素质能得到很大程度的提升。为鼓励农民能参与其中提升自我，政府还会在每人结业后给予 2 000 元的一次性奖励。第二，农村人才技能培训。由职能部门单位牵头或直接委托农民专业合作社、专业技术协会、农业龙头企业等主体开展农业技能培训，推动技术通过各类经营主体实现"技术落地"。第三，支持退休人才服务基层。退休人才对参与服务型非营利性组织能发挥重大作用，其每年最高还可以获得 12 万元补贴。

4. 创新农村文化思想，为"双创"人才创造思想动力源泉　一方面，斗门区重视农村党建工作，通过"育苗计划"和"头雁工程"，引进青年人才负责主要党建工作，进一步优化基层人才队伍结构，同时也能够进一步提升农村思想的活跃性与凝聚力。另一方面，斗门区重视农村文化建设，通过完善"斗门乡村工匠"评审体系壮大工匠队伍，通过培育"非遗"传承人队伍进一步发挥"新乡贤"在文化引领方面的榜样作用，提高斗门的文化影响力。对于新评定的"非遗"传承人，当地会根据评定级别给予 1 万～10 万元不等的一次性奖励。

此外，为解决人才创业创新过程资金短缺的问题，珠海市还将设立专门的首次规模为 2 亿元的人才创业创新基金，主要投向珠海现代产业体系规划（2017—2025）所规定的产业领域，包括现代服务业、现代农业等。当然，人才基金的目标群体是有条件限制的，主要面向高层次人才、创业创新大赛获奖人、标杆创业企业带头人等。目前，人才基金与农业生态园区已经进入了对接合作关系，将根据科学有效的项目征集筛选机制来确定给予扶持的对象。

三、插上科技"翅膀"、用质量说话

斗门区尤其重视科技所起到的重要作用，通过以园区为载体，引进实施主体、完善技术体系，斗门区把科技这一"翅膀"插入在产品上，极大地提升了产品质量。

1. 重视发挥科技的作用，完善园区科技体系　从农业生态园区到国家农业科技园区，是农业园区技术研发与应用的直接成果体现。为什么园区要如此注重科技的作用？原因有二：一是园区的合理空间布局非常适用于农业技术的研发与推广，开展技术研发工作实际上是情理之中、水到渠成的事情；二是园区目前有农业专业技术人员205人以及获得绿色证书的农民技术员808人。这些人才对农业政策制定、农业技术研发和应用、良种良法引进的推广发挥了巨大作用。目前，园区通过合理优化层级关系、探索产学研一体化、引进国内外先进技术，极大地完善园区科技体系。具体而言，园区已形成由区、镇、村三级的科技协会、农业技术推广站、农业行业协会、区农业局和各镇、村的科技工作者组成的纵横交错的农业科技普及网络，对促进农业科研成果转化和实用技术推广、提高农民科学文化素质起到关键作用。同时，通过与中山大学等科研院校形成合作关系，还初步形成了产学研环节紧密结合的现代农业体系。此外，园区注重引入国内外的先进技术成果，借鉴已有的先进经验，进一步推进园区内高科技农业自主研发的进程。

2. 引进科技实施主体，重视发挥企业与人才的作用　不管是企业还是人才，都是先进要素的携带者。它们本身既带有"科技"元素，还具备传播与实施新"科技"的能力。只有充分重视科技实施主体，科技这一"翅膀"才能插得又准又稳。为了进一步促进园区科研人才集聚，建设科技支撑体系，园区与中国水产科学研究院共建"河口渔业创新与示范基地"，聘请了雷霁霖院士担任首席渔业专家，为保持农业园区的水产循环经济的可持续健康运行提供强有力的科技支撑。目前，河口渔业示范区创建工作也得到了园区众多龙头企业、合作社的强有力支持，包括以广东海大集团股份有限公司为首的龙头企业代表和以珠海市斗门区东高水产养殖专业合作社为代表的多家合作社。由于众多经营实力强大的新型农业经营主体参与其中，河口渔业示范区开展工作尤为顺利。

3. 完善生产技术体系，用产品质量说话　通过在科技研发与推广方面的有力推动，农业园区已经具备了高技术含量的特征，能够把科学技术应用于全程农业生产过程中，切实提高农产品的生产质量。在种植方面，农业园区内部形成了一套成熟的生产技术措施。以水稻种植为例，主要包括栽培、施肥以及综合利用三方面。在栽培技术方面，实行绿色高产栽培技术，将抗病高产品种、水肥管理、病虫害防治、机械化生产等良种良法关键技术集成起来，形成综合生产技术体系。在施肥技术方面，采用测土配方施肥技术和环境友好型控缓释肥施肥技术，调节和解决作物需肥与土壤供肥之间的矛盾，达到省工、省肥、高效、低成本的目的，并且还能减少污染，保护农业生态环境。在综合利用技术方面，除了使用秸秆回田技术，还综合利用生物、物理、生态等技术，采用鸭稻共养、作物多样化栽培、太阳能杀虫灯驱虫、冬种绿肥等先进农业生产与管理技术。当然，除了在种植方面外，拥有广阔水域面积的斗门区在渔业方面也拥有了一套成熟技术——水产立体养殖体系，这一养殖体系极大地提升了斗门区水产品的知名度。

◆ 专栏 10-2

水产立体养殖体系

1. 海鲈绿色养殖技术 在有限土池（池塘水面和岸基）面积上，合理配置池塘土地和水体资源。通过多层利用海鲈排泄产生的有机物质和无机物质，最大限度地利用饲料的"剩余价值"，产生附加产值。同时，减少鱼病发生，减少渔药使用，产量、安全兼顾。

2. 南美白对虾生态养殖技术 针对南美白对虾偷死病异常严重等难题，通过合理配置池塘土地、水体资源和水生生物，形成结构稳定的水体生物群落和虾池生态系统。该技术可获得虾、鱼、菜等多种产品，使虾池生产效益大为提升。

3. 饵料环保投喂技术 在绿色生态养殖过程中，饵料中添加有益菌，如乳酸杆菌、硝化细菌等。合理控制饵料投喂数量和质量，从源头上控制有机物进入水体，防治水质劣化，降低养殖过程中病害的发生概率。合理设计养殖周期，错开海鲈销售高峰，以保证获得良好的市场价格。同时，减少养殖污水的排放，减轻环境压力。

4. 池塘底排污环保渔业技术　本项目示范并推广通威集团设计的池塘底排污生态环保养殖循环系统。此系统集成"池塘底排污、固液分离、人工湿地、鱼菜共生、节水循环"等环保渔业工程技术，将物理、生物净化与养殖技术有机结合，有效控制水产养殖的污水排放问题。

四、既有补贴又补偿、"不忘初心"加油干

推进农村创业创新，为什么要推？因为从大众的角度来看，虽然大多数人都有着创业的"初心"与初步构想，尤其是希望在家乡为父老乡亲作出自身的贡献，但出于对经营收益、经营风险以及机会成本的综合考虑，进入农村创业创新是需要深思熟虑的过程。因此若不推，农村创业创新活力就很难拥有起色，农村经济的发展也将相对处于停滞的状态。那么，如果要推的话，需要怎么推呢？答案是需要降低参与农村创业创新的机会成本，减缓经营风险所带来的顾虑，让潜在的创业创新者"不忘初心"，继续加油干。为了达到"推"的目的，确保创业创新者积极参与并且持续经营，斗门区既通过提供产业补贴政策鼓励创业创新者参与，还通过风险补偿金等金融政策降低参与者的长期经营风险。

1. 明确补贴方向，提升农村产业价值　农村创业创新的价值主要体现在产值上。为此，为了提高农村创业创新过程中所发生的产值，农业产业园区的财政补贴也得到了重视。这是否意味着"补贴在手，世界我有"？显然是不可能的。斗门区对于"补贴由谁来用、怎么用、用到哪里去"都进行了明确的规定。斗门区农业产业园区的盈利类资金补助对象为在行政区域内登记注册并在产业园区规划范围内的经营主体，主要从事农业种植、养殖、农产品加工、休闲农业等生产经营活动，并且需要具备良好信用、用地合法、有良好的产业带动能力。实施主体的财政补助资金的使用范围也具有严格的规定，以确保钱能落到实处，专款专用，最大限度发挥带动产业发展的作用。实施主体只能把补贴资金用于农业设施、科技与信息

研发、品牌建设、农业补贴购买以及产业融合。当然，补贴资金效率的实现还需要有实施优先顺序，需优先用于基础设施建设、技术引进与研发、产品牌开发与建设等。在补贴支持下，农业园区内的产业园区发展成效显著。农业产业园区是按照"生产＋加工＋科技＋营销（品牌）"的全产业链要求，统筹布局生产、加工、研发、示范、服务、旅游等功能板块而运作的，以保证产业园区内规划合理有序、产业集中度高，并且主导产业产值能占到产业园农业总产值的50％以上。此外，实施主体与农民建立了紧密的利益联结机制，产业园内农民的收入高于当地平均水平15％以上，最终形成政府引导、市场运作、企业实施、农民受益、共享发展的现代农业产业园。

2. 探索风险补偿模式，降低农业经营风险　除了提供财政补贴资金支持外，斗门区还提供风险补偿金，以降低农业经营期间可能产生的自然风险、市场风险。风险补偿金的运行机制是在指定贷款合作名录的企业与银行机构合作，区政府每年投入2 000万元风险补偿金预算作为融资增信手段，并在风险补偿金资金池放大10～25倍范围内，构建起全区科技金融发展风险补偿金规范发展框架。在风险补偿金运行模式下，企业申请获取贷款的方式灵活，包括抵押（质押）贷款、信用贷款以及担保贷款，并最终按规定的风险分担比例来共同分担整体损失。具体风险共担模式内容包括：一是与金融机构合作项目中将明确列出"政府补偿金额以政府风险补偿金总额2 000万元为上限"的条件限制，付完即止；二是建立贷款风险叫停机制。单个合作银行不良贷款金额占该银行政府风险补偿金贷款总额50％时，暂停该业务。通过将财政资金与银行业金融机构的资金进行整合，设立风险补偿准备金，引导与鼓励资金流向农村新型中小企业，创新了以往财政扶持资金一对一的使用方式，提高财政资金的使用率和覆盖率以政府风险补偿作为融资增信手段，进一步发挥金融"蓄水池"作用，降低银行放款条件，放大银行贷款额度，把更多金融活水引向农业经营主体推进农村创业创新的进程。

第三节 实施效果

一、创业创新实践总结

　　为了更好地实现农村创业创新，达到为农村经济注入"新"活力的成效，斗门区基于自身资源禀赋情况、已有实践基础以及历史性战略机遇，斗门区通过实施产业、人才、科技、财政金融等多方面的政策支持举措，推动了全区农村创业创新的实现。其中，斗门区最核心的一步便是加快打造农业园区，并致力于充分发挥其推动"新"产业、"新"业态、"新"产品显现的作用。

　　为加快农业园区建设与发展，打造创新型农业园区，斗门一直在努力探索建设成为国内一流、世界领先的产城互动农业科技城、全国特色农产品集散中心和休闲健康产业基地。园区以产业结构转变为主线，推动农业产业化过程中的"接二连三"，打造农村一二三产业融合，加快推进农业现代化进程。在这一过程，"第六产业"形态逐步显现，农业一二三产业融合进程理所当然地促使了新产业新业态的加速显现。那么，这些新产业新业态的"新"是否一定是卓有成效的呢？答案当然是未必的，"新"是否有效取决于它正常情况下的当期与未来发展轨迹是否适应于当地的实际情况。以休闲旅游业和农村电商业为例，前者至少需要优越的自然条件、充足的可开发建设用地与设施用地、较大的潜在消费需求以及附近不存在同质性或相似性的地点，而后者需要较为迫切的农村线上消费需求、相对宽裕的经济消费能力以及成熟的信息技术条件。事实上，斗门农业园区内部自然资源条件优越，农用地和建设用地储备充裕，配套用地有保障，并且是周边地区最大规模、最为成熟的农业园区，完全具备发展休闲旅游业和农村电商业等新型产业的硬性资源约束条件。此外，斗门区经济发展水平较高，电子信息产业发达，能够满足农业园区开发时所产生的技术需求。因此，斗门区的农业园区恰恰能满足农村新型产业有效运行的条件，从而能够确保新产业新业态是有效率的，能够带动农村经济运转转化为更有活力的状态。

斗门农业园区的具体实践做法总体可以归纳为两大主线：一方面，在农村创业的浪潮中，斗门生态农业园区为城乡要素禀赋双向流动并进行优化重组提供了平台，使得农村产业形态不断融合、创新，新产业新业态涌现。其中，"农业＋旅游业""农业＋信息业"所形成的休闲农业与乡村旅游产业和农村电子商务产业显得尤其具有活力，极大地优化了农村的经济结构以及人居环境。另一方面，除了宏观产业层面的显著成效外，斗门区同样重视微观产品层面的关键作用。通过重视产品科技研发实际，发挥企业与人才的作用，斗门区农产品质量高，形成了良好的品牌口碑效应，确立了在广东省乃至全国范围内的比较竞争优势，确保农产品不仅"有地方卖"还能"卖得好"。最终，这两大主线在实践过程中显现出诸多成效。

二、创业创新实践成效

斗门区推行农村创业创新以来，取得了一系列显著成效。在这一过程中，各类农村创业主体涌现、农村创业领域得到拓宽、农村创业产业链条联动、农村居民收入增加。

1. 各类农村创业主体涌现　近年来，斗门区成立了孵化园区，为众多创新型企业的成立、入驻提供了平台，而这一平台成立也是基于各类新型创业主体不断涌现的现实背景。目前，已有众多新型企业入驻孵化园，包括 20 家涉农企业、9 家第三方合作企业以及 8 家创客团队，孵化园已被农业农村部批复为全国农村农业"双创"基地。新创业主体除了孵化园平台，还包括农村电商企业、龙头企业以及合作社等。一方面，农业园区在农村电商领域做了不少有益探索，孵化扶持电商创业企业，推动传统农村企业转型升级，盘活农村区域经济。目前，农业园区已经引进了阿里巴巴、中国云谷等高科技电商平台，引导孵化园经济加速向大数据方向转型发展。除了涉农电商企业的兴起，电商服务工作的开展成效也尤为显著。2017 年，斗门区全职电商服务站达 42 个，农村淘宝特约服务分站超过 70 个，共帮助村民网购价值近 5 000 万元的商品，帮助村民节约近 500 万元生活成本。另一方面，园区得到了众多龙头企业、合作社的强有力支持，形成了"龙头企业＋合作社＋农户"的新型模式，由龙头企业作为产业带头主体、合作社负责与农户的具体对接工作。目前，以广东海大集团股份有限公司为首的龙头企业代表和以珠海市斗门区东高水产养殖专业合作社为代表的多家合作社都在推动新型农村经济发展、带动农户增收等方面发挥着重要作用。

2. 农村创业领域得到拓宽　在斗门区重视农村产业发展、支持农业园区成立之前，当地农户仅仅生产经济效益较低的普通品种谷物、水产品等。而在农业园区成立之后，随着先进要素的集聚，农业园区已经开始重视诸多地方特色品种的经济效益、重视农业多功能性的拓宽以及城乡现代科技联动。具体而言，农业园区已经开始规模生产包括白蕉海鲈（珠海市首个国家地理标志产品）、重壳蟹、白鸽鱼、黄金凤鳝、血鳝、藤鳝、禾虫、笋壳鱼、立鱼、黄沙蚬、乌鱼、沙虾、罗氏沼虾和中华绿鳝在内的特色品种。另外，斗门区综合运用农村区域内山、田、河、海相拥的优美自然资源，打造休闲农业与乡村旅游，使得众多知名自然景点都已经成为深受欢迎的生态旅游好去处，极大地拓宽了斗门区农业发展的多功能性，推动农业现代化进程中农业资源价值增值的实现。在这一过程中，众多休闲农业与乡村旅游经营主体涌现，在保护生态环境基础上，充分挖掘农业的生态、文化等多功能性。此外，斗门区农村电商平台发展迅猛，把城市电子商务技术带到农村里，推动农村创业领域结构的持续优化。由于全区市场消费需求旺盛，斗门区最终建成了覆盖全区的村级电商服务站网络体系以及专业化的电子商务交易平台，如"珠海渔都"水产品电子商务交易平台为打响斗门农业"特色牌子"作出了重要贡献。

3. 农村创业产业链条联动　在农业生态园区充分发挥作用之前，农村产业链条的各环节是"各司其职"的，限制了农业农村产业链条的增值效益。在多家示范性龙头企业带动下，种植结构调整，对标高质量农产品，按照"生产＋加工＋科技＋营销（品牌）"的全产业链要求，统筹布局生产、加工、研发、示范、服务、旅游等功能板块的运作，斗门区最终推动了农村创业产业链条的联动。园区首先通过招商引资吸引各方资源共同参与园区建设，目前拥有 8 家国家级和省级农业龙头企业、29 家市级农业龙头企业，由龙头企业带动的国家级、省级农业示范基地 14 个。截至 2017 年底，在种植结构方面，园区已有水产养殖面积 1.28 万公顷、水稻 0.35 万公顷、花卉苗木 0.14 万公顷、蔬菜 0.15 万公顷，并建有总面积超过 32 万平方米的智能化标准温室。在加工产品打造方面，农业园区成功打造了 75 类有机食品、绿色食品和无公害农产品，而白蕉海鲈、罗氏沼虾、斗门沙虾、鹤洲莲藕等知名绿色农产品畅销海内外，最终园区农业总产值达到 47.5 亿元。通过近年来的科学经营，园区已经成为全国知名的国家级现代农业生态园区，拥有"五区一基地一乡"的头衔——国家农业科技园区、国家水利风景区、国家食品安全示范区、中国河口渔业示范区（全国首个，也是目前唯一的国家级河口渔业示范区）、全国都市型现代农业示范区、国家农业产业化示范基地和中国海鲈之乡。此外，为了保证全产业链稳定安全的运行，确保农特产品"维持"在高品质水平，斗门区建立了覆盖全程的农产品质量安全监管制度，制定农产品质量安全生产技术要求和具体操作规程，并提供规范化的生产指导，尤其在疫情疫病监测控制和质量安全追溯建设方面。在完善的农产品监管体系下，斗门农特产品市场话语权更为稳固。

4. 农村居民收入增加　斗门区农村居民收入的提升主要表现在两方面：一方面，由于农产品市场销售渠道的稳定，农民收入能得到保障，降低了"卖不出去"而无法获得收入甚至亏损的风险。斗门区凭借着优越的自然条件，能生产出颇具特色的农产品品种。但毫不夸张地说，产品具有特色和产品广为人知之间尚有"十万八千里"的距离，关键所在便是知名度问题。打响农特产品知名度必不可少的是走品牌化道路、名牌化道路，重视对地方农特产品的宣传工作。此时，特色加上广为人知便能得到业界的广泛认可，为农特产品产业构建起市场话语权。目前，园区内已有 17 个生产基地和 36 个农产品获得了国家级和省级的无公害农产品、绿色食品、有机食品及产地认证。而在种植业方面，"乡意浓"有机米获第四届中国国际有机食品博览会金奖和第七届中国国际农产品交易会金奖，还有鹤洲莲藕、鹤洲香蕉、白藤湖西芹、逸丰牌番木瓜等知名无公害、绿色农产品品牌，近年又相继引进了荷兰马铃薯、以色列彩椒、大顶苦瓜、水田莲藕、火龙果等多个农业优良新品种。斗门区优质农产品不仅深受华侨、港澳同胞和国内外客商的青睐，而且产品远销到北京、上海等国内大中城市和韩国、日本、欧盟以及东南亚市场。另一方面，随着农村产业融合的深入推进，"农业＋旅游业""互联网＋农业"等新业态涌现，农村居民收入渠道得到拓宽。农村居民除了获得土地租金费用之外，还可以获得劳动工资以及各企业内部的利益分红。最终，农业园区在 2017 年一年内依靠产业发展便带动了 12 473 名农户增收致富。

◆ 专栏 10 - 3

第九届广东现代农业博览会珠海签约成果

珠海展馆举办第九届广东现代农业博览会珠海签约仪式，其中，广东仙泉湖水产有限公司与北京鱼你在一起餐饮管理有限公司签订战略合作伙伴协议，项目内容为罗非鱼鱼片，年度金额达 3 亿元；珠海新城华农业专业合作社斩获鸭扎包购销合同 675 万元；珠海十亿人社区农业科技有限公司签署火龙果酒采购意向合同金额 200 万元（专栏图 10 - 1）。

专栏图 10 - 1　第九届广东现代农业博览会斗门企业获奖

资料来源：斗门区政府网站。

三、案例展示：林伟波的"逸丰"

林伟波，1973 年出生于汕头的贫困农村，童年时期便非常懂事，主动为家人分担农耕家务并帮助操持家业，深受父母亲疼爱。如今，年近中年的他主动承担社会责任，深受当地老百姓的疼爱。目前，林伟波已被评为中国农村青年致富带头人协会常务理事、广东省青年科学家协会理事、民建珠海万山支部副主委、珠海市青年发展现代农业促进会会长、珠海市职业经理人协会会长。这一系列头衔的背后，要从 20 世纪 90 年代下海经商的大浪潮说起……

1. 闯荡特区，积累资本 1990 年，身无分文的林伟波应二哥邀请，毅然决然地来到了改革开放最前沿——珠海经济特区。刚开始，他到二哥承包的建筑工地上做小工，挑砖拌泥，铲土挖沟，吃在工地，睡在自己搭建的简陋工棚，若碰到刮风下雨，人淋得像只"落汤鸡"。"打工仔"只是林伟波实现创业"初心"的阶段性行动。不久，他便踏上了做小包工头的历程，并赚到了人生真正意义上的第一桶金。小包工头由于承建工程质量可靠，与许多工程项目投资方形成长期的合作关系，不知不觉地就变成了"大包工头"，于 1997 年投资创建了珠海诚丰建筑工程有限公司。20 世纪 90 年代以来的艰苦创业经历为林伟波积累了财富资本、社会资本以及宝贵的经商经验。尽管如此，他还在不断为自己"充电"，1994 年以来先后获得工商管理大专、本科学历和硕士、博士学位。这丰富了他的知识内涵，开阔了他的人生视野，为他今后事业的迅速发展奠定了扎实的理论基础。在珠海特区的多年闯荡，林伟波积累了财富资本、社会资本、知识资本，为下一步转型经营、进军高端生态产业奠定了坚实基础。

2. 从事生态入门新丁，坚持理想"不忘初心" 林伟波在建筑行业经营 20 多年，本可以凭借积累财富安享生活，但却再次折腾自己，走上了再创业的道路。原因何在？那是因为在农村成长的他一直有着"生态梦"，希望通过自己的努力能够改善农村生态环境，还能推动生态经济价值实现，创造可持续的生态经济模式。由于"不忘初心"，林伟波在与一位长期从事濒危物种研究的中国科学院专家促膝长谈后，"生态梦"随即被点燃，再加上自身的资本积累、地方政府的政策支持，他毅然地投身到现代生态农业开发的漫漫征程之中。2008年，在正式投入生态农业行业之前，他先通过小规模试验进行转型，而这也为其日后"生态梦"的大规模试验注入了坚定的信心。他先在珠海高新区金鼎那洲村建了一个占地面积达2公顷的铁皮石斛人工种植科研实验基地。实验基地种苗是由中国科学院华南植物园提供的，在中国科学院专家学者的精心指导下，种植铁皮石斛取得了巨大的效益。之后，林伟波便走进了珠海国家农业科技园，来到了斗门区莲洲镇红星村，倾力打造生态农村，把自己脑海中的"生态梦"付诸实践。自2012年以来，林伟波先后创立了珠海市逸丰农业科技有限公司、珠海市逸丰生物科技有限公司、广东逸丰生态投资有限公司等多家企业。首先以整村推进为平台，发挥自己的企业优势，与华南农业大学等院校加强合作。此外，他还与外国技术专家深入交流，发展特色农业创收，打造精细农业高地（图10-3）。

图10-3　林伟波（图中左三）和外国专家在一起
资料来源：搜狐网。

目前，企业利用先进生产要素推动创业创新，实现农村产业融合，在农特产品、生态旅游等方面形成了一系列成果。首先，企业汇集先进的技术要素，已经研发生产出铁皮石斛鲜条、榨汁、干花、枫斗、金条、切片、微粉等系列产品。其中，"莲溪"品牌在铁皮石斛行业占有较大的市场份额以及具有较大的市场影响力。其次，企业以名贵中草药养生产业为主题，结合当地历史人文氛围，积极推进当地美丽乡村旅游，大力建设农村创业孵化基地、科普教育基地、拓展培训基地等。另外，企业全力营造"水清""流畅""岸绿"的特色景观，将项目所在地打造成一个人文风情浓郁、自然景观优美的珠三角乡村观光旅游后花园，全力建设好高端原生态养生度假景点，打造生态养生福地。

目前，企业农特产品研发成果显著，凭借着高品质在市场上始终占据着一席之地，铁皮石斛的主要深加工产品如莲洲牌微粉、切片、面膜等已具有一定市场知名度和认可度，2016年全年销售额已突破1 500万元。而在生态旅游方面，企业通过举办大量宣传活动，极大地提高自身知名度，同时还解决了部分村民的就业问题，带动农村经济持续增长。具体而言，为了应对逐年"井喷式"游客人数增长，景区目前雇用了当地村民长期工和短期工各100余名，显著带动了当地村民走向增收致富的道路。

林伟波自幼形成的社会责任感如今仍然大放异彩，积极为当地作出个人贡献，而这也构成了他"生态梦"的一部分。农村人居生态环境的改善除了环境生态，还应包括人文生态环境，打造出属于大家的生态家园。近年来，林伟波积极响应和参与珠海市各级政府及部门、社团组织的公益活动，慰问贫困青少年，探访那洲孤寡老人，并且连续3年在重阳节为红星村和东安村的老人举办声势浩大的"敬老文化节"。他还邀请两村1 000多位老人边看表演边吃石斛宴，并亲自为老人送上礼品。

第四节　经验总结

一、以农业生态园区为主体，为"双创"提供"用武之地"

"双创双创"，去哪里创？孤身奋战，还是团体作战？斗门区实践经验表明，团体作战是农村"双创"人员的绝佳选择。自斗门区创立农业生态园区以来，农村经济蓬勃发展，新产业新业态不断涌现，农村创业创新的力量可谓"异军突起"。这只"异军"如果选择单兵作战，散落分布在不同农村地域，"异军"恐怕无法迅速突起。若在缺乏政策保障体系、合作交流体系、市场体系等的区域，其在农村内部的形象会极度奇异，容易走向消亡边缘。相反，如果选择团体作战，这只"异军"才能适应环境，把自身关于农村创业创新的新颖想法付诸实践，之前积累的资本才能找到"用武之地"，而斗门农业生态园区的作用便是如此。园区面积约占珠海市陆地面积的 1/6，聚集了绝大部分的农业资源、先进要素于一体。在园区内，各类农业经营主体实力快速成长，园区内多家国家级、省部级农业龙头企业、农业示范基地起到明显的带动作用，带领整个斗门区农产品走向品牌化、名牌化的道路，帮助斗门农产品打造出高品质的市场形象，确保了农产品能够长期稳定地销往全国各大城市、港澳台地区以及东南亚各地，为斗门农产品带来高附加值。同时，园区作为聚集资源于一体的宏观主体，在与大型高科技企业、农业科研院校等形成合作关系时尤其具有优势，因而能确保农产品质量始终走在行业前列。此外，园区一体化经营模式能够极大地降低政府规划决策成本，政府可以高效地以园区为单位向各类农业经营主体提供用地、金融等政策保障与支持。

二、完善制度政策体系，吸引先进要素下乡

乡村振兴战略的实施，关键是解决"人、地、钱"要素的问题。推进农村创业创新同样如此，不解决三要素所存在的问题，要素的流动束缚就未能"松绑"，创业创新过程就会由于长期处于要素流动缓慢的低效率状态而难以顺利推进。事实上，近年来斗门区的农村产权制度改革顺利，为城乡各类要素的流动松绑减负，注入了市场活力，更有利于先进要素下乡。"人"的问题实际上是推动农村创业创新过程中最为关键的问题。缺乏了创业创新的实施主体，就相当于"上战场却没带武器"。基于此，斗门区制定了一系列人才引进政策，引进对象既包含技术型人才、高等院校人才，也包括能为家乡作贡献的离乡青年人才、退休人才，他们都能为农村经济发展带来独特的创新活力。斗门区为人才制定了针对

性的、详细的人才奖励计划，通过丰厚的物质激励、公平公正的评价体系激励，让更多人才主动留在斗门。另外，在"地"方面，政府为园区"量身定做"了用地政策，提供了充足的用地储备，避免了农村创业创新主体在用地需求方面的约束。此外，在"钱"方面，除了针对人的物质激励方式之外，斗门区还出台了针对园区、经营主体的激励方式，通过专款专用等方式，确保园区总体前进方向走向合理、高效、可持续。

三、探索新型农业支持体系，为"双创"先驱者提供"救心丸"

斗门区农业支持体系主要表现为两方面，确保激励体系与保障体系之间达成合理的平衡。一方面，斗门区通过财政补贴的方式缓解农业经营主体的硬性资金约束，让更多创业创新的想法能够及时落地，极大地激发了各类人才参与到农村创业创新的过程之中。另一方面，斗门区通过探索建立风险共担的模式，设立风险补偿金，避免各类经营主体在贷款投资的过程中因自然风险、市场风险等使得农村创业创新进程产生剧烈的波动。通过新型农业支持体系，"双创"先驱者相当于服下了"救心丸"，放开手脚在广袤的农村大地上为农村创业创新贡献自己的一份力量。

第十一章

"好想你"公司的发展之路

——农业龙头企业创业创新

　　农业产业化龙头企业因其拥有优质要素投入成为我国新型农业经营主体的重要组成部分，更是当前农业推进创业创新的重要载体。农业产业化龙头企业创业创新是振兴乡村、推动农业农村现代化发展的重要政策抓手，农业产业化龙头企业创业创新经验既折射出当前我国推动农业创业存在的问题，又能凝练出当前我国农业创业存在的机遇。尤其是一大批龙头企业扎根农村、服务农业，推动农业产业化龙头企业高质量发展，充分发挥好农业产业化龙头企业在带动小农户发展和实现乡村振兴的重要作用。好想你健康食品股份有限公司作为全国第一家红枣行业的上市公司，在创业创新道路上奋力前行，其留下的丰富经验为红枣行业乃至整个农业行业提供了指路明灯。基于此，本章通过对河南好想你健康食品股份有限公司创业创新的介绍，从公司基本情况、创业创新历程、创业创新内容、创业创新成果与经验4个方面出发，为农业产业化龙头企业创业创新发展提供实践案例。

第一节　企业简介

一、好想你健康食品股份有限公司

　　好想你健康食品股份有限公司（以下简称好想你或公司）创始于1992年，法定代表人石聚彬。公司是集红枣、冻干产品、坚果、果

189

干等健康食品的研发、采购、生产和销售于一体的国家农业产业化重
点龙头企业。公司于 2011 年在深圳证券交易所中小板上市，成为第
一家红枣行业的上市公司，成为"中国枣业第一股"。好想你作为中
国红枣行业的龙头企业，26 年来在红枣行业主要做了 4 件事情：一
是改变了中国红枣的品质；二是改变了人们吃枣的方法；三是把红枣
带到了品牌时代；四是树立了全国特色农产品全产业链标杆企业。好
想你枣业标志见图 11-1。

图 11-1　好想你枣业标志
资料来源：好想你公司官方网站。

公司于 2016 年并购杭州郝姆斯食品有限公司（以下简称郝姆
斯公司），成为传统食品企业并购互联网食品企业第一案。郝姆斯
公司拥有"百草味"等品牌，是休闲食品的行业巨头，多年来一直
位居互联网休闲食品行业前两名。好想你作为农业产业化国家重点
龙头企业，取得商标注册证 703 件（含域外注册 32 件）、专利 70
件、著作权登记证 10 件；通过河南省科技成果鉴定 12 项，中国商
业联合会科技进步奖 1 项，中国轻工业联合会科技进步奖 1 项，河
南省科技进步奖 4 项，山东省科技进步奖 1 项，郑州市科技进步奖
4 项。2017 年，"好想你"荣获国家工商行政管理总局"商标运用
奖"，是河南省唯一荣获中国商标金奖的企业。"好想你"和"百草
味"双双入围首批"CCTV 中国品牌榜"，彰显国民品牌力量，树立
行业典范。

公司始终以"良心工程、道德产业"为核心价值观,"安全健康"作为原料采购、产品研发、生产、销售整个经营过程的指导理念。尤其在生产环节,公司通过了 ISO9001：2008 国际质量管理体系认证,并导入 HACCP 食品安全管理体系认证,建立了更为高效完善的 ISO22000 食品卫生安全管理体系,按医药行业 GMP 要求建了十万级净化车间。公司先后获得了"新郑市市长质量奖""郑州市市长质量奖""河南省省长质量奖"等多项殊荣。

截至 2017 年底,公司已建立河南新郑、浙江临江、河北沧州、新疆哈密、新疆阿克苏、新疆若羌 6 个生产加工基地,下辖 17 家全资子公司、4 家控股子公司以及 7 家参股公司,拥有"红枣大学"和"百草味大学"两所大学。公司总资产 51.54 亿元,较上年同比增长 2.14％;公司员工数量 4 773 人,同比增长 11.96％。2017 年度公司营业收入 40.70 亿元,较上年同比增长 96.47％,归属于上市公司股东的净利润 1.07 亿元,较上年同比增长 172.19％。2018 年 1～6 月公司营业收入 26.26 亿元,同比增长 35.11％,归属于上市公司股东的净利润 1.03 亿元,较上年同比增长 50.29％。

公司使命是"让国民健康起来",秉承"开创标准健康食养生活方式"的发展战略,围绕"新一代健康冻干食品"的发展策略,聚焦"健康、时尚、快乐、品质"的品牌定位。未来,公司将继续发挥健康食品全产业链优势,顺应消费升级和食品安全需求,实行双品牌运作模式,"好想你"主攻高端健康食品,"百草味"聚焦休闲健康食品。公司将以红枣为核心发展驱动力,利用冻干技术加工全国各地的特色农产品,打造"一县一品一店",实现一二三产业的融合,打造特色农业的全产业链发展,形成产业兴旺的局面,助力乡村振兴战略的实现。同时,公司将继续依托资本市场,投资并购优秀的健康食品企业,实现与公司的协同发展,做大做强中国健康食品产业,推动中国健康食品产业发展。

二、公司董事长石聚彬简介

石聚彬,男,汉族,1961 年 9 月出生,EMBA 学历,高级经济师，中共党员。目前担任好想你健康食品股份有限公司董事长，是河南省新郑市人大常委、郑州市政协常委（图 11 - 2）。

石聚彬曾任河南省新郑市孟庄镇小石庄村团支部书记等职，他以新时代农民的气魄和胆识，坚持"以枣业为主，体制创新，增强企业核心竞争力"的工作思路，加强资源整合，推进科技创新，加快产品研发步伐，积极推动企业做大做强，并引领了国内整个红枣行业的发展壮大。2009 年获得全国五一劳动奖章，2010 年 5 月获得"全国劳动模范"荣誉称号，人称"红枣司令"。

图 11 - 2 "红枣司令"——好想
你公司董事长石聚彬
资料来源：好想你公司官方网站。

◆ 专栏 11 - 1

"红枣司令"的创业人生

石聚彬小时候家里粮食不够，红枣汤成为日常便饭。1982 年高考落榜后，石聚彬在报纸上看到深圳人爱用红枣煲汤的新闻，便带上 10 筐红枣南下卖枣。到深圳的石聚彬，红枣不再新鲜，他便"买一斤送一斤"，因价格实惠、味道鲜美，10 筐红枣很快卖完。就这样，一次又一次在河南与深圳之间往返。但是，南下的火车很慢，加上南方雨水连绵，许多红枣发霉变坏，突如其来的暴雨让石聚彬血本无归，还欠了同村父老乡亲的钱。于是，石聚彬在 1987 年辞去村委会主任职务，赴郑州市新乐印刷厂工作赚钱还父老乡亲的卖枣钱。1992 年，石聚彬辞去工作回到村里继续卖枣。经历过上一次的血本无归，石聚彬决定要研发具有科技含量的高品质红枣，狠抓"创新、品质"，同时瞄准养生市场，推出"鸡心人参枣",产品销量火爆,短短3个月时间销售额超过30万元。有一次,石聚彬听到客户抱怨吐枣核很麻烦,好想你公司便推出"无核枣",卖出了10倍于普通枣的高价,再一次赚得盆满钵满。无数个日日夜夜,一次次艰辛的探索,石聚彬终于成为"红枣司令"。

石聚彬主要人生经历如下:1982年9月至1987年3月历任孟庄镇小石庄村民兵连教练、团支部书记、村委会主任等职务;1987年3月至1992年5月在郑州市新乐印刷厂工作,担任厂长;1992年5月至1992年11月在新郑县孟庄干鲜果食品加工厂工作,担任厂长;1992年11月至1997年8月创办郑州市新郑县奥星食品厂,担任厂长;1997年8月至2009年8月河南省新郑奥星实业有限公司,担任董事长兼总经理;2009年8月至2017年9月变更为好想你枣业股份有限公司,担任董事长兼总经理;2017年9月至今公司更名为好想你健康食品股份有限公司,担任党委书记兼董事长;2018年1月当选为全国第十三届人大代表。

资料来源:好想你公司官方网站。

第二节 企业创业创新历程
——一个青年村干部的成长史

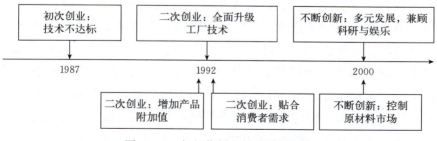

图 11-3 好想你创业创新核心历程

一、初次创业的失败：技术不达标

河南省新郑市被国家林业局命名为中国红枣之乡，而该市枣林种植的主要区域就集聚在孟庄。枣乡孟庄，它的种枣历史可以追溯到裴李岗文化时期。位于孟庄镇西栗元史村西南方的中华古枣园，树龄在500年以上的古枣树就有568棵，均系明代初年栽培。其中一株枣树，胸围3.1米，树龄600多年，且枝叶茂盛，硕果累累。经国家林业局专家测定，它是目前全国最古老的枣树，人称"枣树王"，并称这样的古树园在国内实属罕见。

"孟庄孟庄，到处沙岗，粮食不够，煮枣喝汤"。多年前在新郑流传的顺口溜，真实地道出了当时孟庄人的生存状态。在遍地沙石、不长粮食的环境中，那些旺盛的枣林结出的甜蜜果实，成为百姓的"救命果"。中国改革开放以来，随着乡镇企业的发展，孟庄及周边村落都在探索红枣商机，生产高糖枣，但结果是每一个村、每一个厂家都赔了本，主要原因是商品同质性高、加工程度低，价格低下，无处销售。

好想你健康食品股份有限公司的创始人石聚彬就出生于孟庄这片土地。由于家里贫困，初中没毕业的石聚彬就开始通过卖鞭炮、拉水泥、背盐包等方式赚钱。20世纪80年代初，石聚彬高考落榜，作为孟庄村唯一的高中生，20岁的他当上了村委会主任，并开始不断思考如何帮助乡亲们将当地的特产——红枣销售出去。石聚彬也尝试着兴办红枣加工厂，但技术不成功，最后工厂效益不够好。在咨询匮乏的年代，一次偶然的机会，石聚彬在报纸上发现深圳人爱用红枣煲汤，他敏锐地嗅到了商机。于是，石聚彬决定将家乡卖不出去的红枣拉到深圳、广州去卖。经过小规模的成功尝试后，石聚彬尝到了红枣带来的第一桶金。1987年，石聚彬决定让全村人都尝尝倒卖红枣的甜头，于是他拉着全村一卡车红枣直奔深圳。始料未及的是，货车在路上走了三四天，经过八九月降雨频繁的几个南方城市，几吨红枣严重受潮，还没摆上摊位就全部烂掉了。这次意外，使得石聚彬血本无归，欠了村民一屁股债。回到孟庄村口，石聚彬不敢进村，待天黑之后才偷偷回到家。此后，石聚彬辞掉村委会主任职务、背着 5 万元债务去了外地。他当时想，不管还能不能继续做红枣生意，这笔村民的血汗钱必须还上。

二、二次创业成功：更新理念

离开家乡的石聚彬暂时放弃了红枣事业，开始尝试投身于印刷行业，这一阶段对石聚彬的行业观产生了巨大的影响。石聚彬在做印刷工作中经常负责自学考试杂志和省委党校两本杂志的校对工作，在校对之时，石聚彬从中学习了很多法律知识。不仅如此，石聚彬也从印刷业中悟出了增加产品附加值的重要性。石聚彬在印刷行业的 5 年时间内，不仅积累了文化知识，而且还清了债款，并存有一定积蓄。

在外漂泊 5 年后，石聚彬偶然收到消息，说自从他离开后，家乡红枣虽远负盛名，却依然难以向外销售。没有领军人，村民一盘散沙，只能在每年丰收后赶着毛驴到附近的农贸市场叫卖，收入甚微。石聚彬经过几天思索，决定赶回家乡新郑。石聚彬承包了孟庄干鲜果食品加工厂，收购了一批鸡心红枣，开始生产蜜枣产品。由于蜜枣市场走俏，石聚彬预见，枣类产品加工的时代已经悄然而至。当时，消费者还停留在一方人吃一方枣的阶段，对枣类产品的营养价值没有太多认识；销售方面，也仅停留在种植户拉着枣到市场上兜售。未经加工的产品卖不起价，每吨销售价格仅为 1 000 元。可见，一个庞大的枣类产品加工市场跃然纸上。于是，石聚彬租赁了 500 亩地，招了一批老乡为公司的签约工人，把种植外包。几十名农民，每人负责约 10 亩地。

石聚彬时刻牢记早期建厂技术不过关的教训，在承包厂房后的第一件事就是花两个月的时间吃住在车间，对车间进行全面升级改造，再投入生产。石聚彬知道南方人喜欢用枣煲汤进补，对于广州、深圳等消费意识成熟的市场而言，石聚彬省去了培育市场的巨大成本，产品只要能贴合顾客的需求，必定热卖。既然要"补"，营养价值乃是首位。别人用糖液煮枣，石聚彬就用人参煮枣，突出枣药食兼用的价值，取名"鸡心人参枣"。产品包装也独具匠心，做成 100 克的小袋包装，还将 15 千克的黄色包装箱换成了 5 千克的白色箱子。其包装素雅小巧、便于单次食用的"鸡心人参枣"在深圳、广州很畅销，仅半年销售额达到 30 万元。随后，石聚彬注册了"奥星"，用从信用社借来的 100 万元买下 14 亩地建厂。石聚彬一边卖枣一边继续做市场调查，他了解到南方人不喜欢吃枣吐核，便迅速设计生产出一款类似缝纫机的半自动机器，可以把枣核打下来。然而，无核枣并没有直接量产，而是先送样品到中国出口商品交易会（广交会）展览，被新加坡三和贸易公司预定 2 吨后才开始量产。

随着三和贸易公司订购的 2 吨产品迅速售罄，大量批发商、经销商纷至沓来订货。石聚彬的短期暴富，让同行跟风而上。一时间，市场上枣类产品同质化严重，石聚彬的无核枣陷入销售瓶颈。被模仿，对于任何一个企业在所难免，但如果演化出不同形态的产品和味道，这个品牌便会与众不同。石聚彬路经天安门广场，发现地上口香糖泛滥。他灵光一闪，如果能把红枣做成"口香糖"，既是枣产品，又能吞咽，还环保，必定能在短时间内掀起枣类产品二次消费热。石聚彬把枣片做成长条，放在类似烟盒的包装里，到机场、火车站等场所免费派发，反响很好。石聚彬一边培育市场，一边摸索适合枣片销售的渠道。他想进入当时所有厂商都看好的超市渠道，但仔细分析，各种管理费和较长的结算周期将导致资金周转慢，且超市以日用品消费为主。2000 年，奥星实业在郑州市纬二路开了第一家直营店，面积约 140 平方米，石聚彬别出心裁地将店名注册为"好想你"。开张后，首批枣片很快卖光，石聚彬信心十足。一年后，店铺回本，枣片价格从每包 2.1 元涨到每包 5 元。紧接着，石聚彬又在郑州开了 5 家直营店。很快，有人上门谈加盟。为了提升"好想你"的品牌知名度和红枣片的销售量，石聚彬授予加盟商诸多"特权"：货卖不掉可以调货退货，货不齐或者运输中纸箱破损会立即调配；质量发生问题将以一赔五。每年 5 月是淡季，石聚彬会大力投入外省宣传，一旦有人询问加盟事宜，公司便迅速跟踪，并尽量帮加盟商在区域内站稳脚跟，继而提升其为区域代理商。

三、不断创新：产业多元化发展

而后，好想你公司又相继开发出"枣夹核桃"等家喻户晓的新产品。当下的好想你公司，是集红枣种植、红枣加工、冷藏保鲜、科技研发、贸易出口、观光旅游于一体的综合性企业，公司产品遍及全国278 个城市，拥有 1 600 余家红枣专卖店，是国内红枣制品种类最多、规模最大的红枣深加工企业。

在好想你公司的带动下，如今的枣乡孟庄，枣林种植面积达4.1 万亩，枣树 110 多万株，年产大枣 900 万千克左右，是以大枣为主的特色农业生态乡镇。黄帝古枣园、好想你冬枣科技示范园等枣园，目前已发展成为集红枣种植、科技研发、旅游观光、休闲娱乐于一体的生态农业观赏园，现已成为新郑市农业的对外窗口。每年红枣成熟时，数以万计的海内外游人和客商到此领略枣乡风情、捕捉商机。新郑市大枣面积已经发展到 20 万亩，品种达 30 多种，年产量突破 3.5 万吨，仅好想你公司就收购新郑大枣的 80%。据不完全统计，新郑市有枣加工企业 40 多家，开发了枣醋、枣酒、枣片等 20 大系列 200 个产品，产品远销日本、韩国等 20 多个国家和地区。

第三节　企业创业创新内容

好想你利用当地丰富的红枣资源，率先开发研制了"好想你"枣片系列、红枣系列、蜜饯系列、香酥系列、冬枣鲜枣系列、红枣醋饮品等十大系列近 200 个单品。在企业产业化发展的带动下，为农民提供了就业机会。通过建立红枣经纪人协会、红枣专业合作社等枣农自发组成的集体优势，辐射带动了河南、新疆、山东、山西、河北等近 1 000 万枣农从事红枣的种植、收购等工作。通过公司品牌建设，带动了红枣产业的大力发展。石聚彬认为，好想你的成功乃至整个食品行业成功均离不开八个创新，具体如下：

一、原料的创新

为保证产品质量，公司从源头抓起，在红枣原料方面通过在全国各优质红枣产区自建原料基地、合建原料基地等方式，牢牢控制了原料供应。公司在全国有自建种植基地近万亩，合建原料基地10余万亩。对原料基地严格按照有机食品标准进行管理，统一使用农家肥作为肥料，并且通过了国家有机食品认证，从源头上保证了红枣的安全、品质和营养价值。

为改变中国红枣的品质，好想你从706种枣的品种中选出最优质的灰枣嫁接到新疆，新疆的红枣种植基地平均每天8.5小时日照和温差与富含矿物质的雪山融水，极大地提升了红枣的品质。好想你不仅带动了新疆枣农经济，也带动全国近1000万农户从事红枣种植收购等工作。现已发展成为拥有6家全资子公司和1家非控股子公司的大型企业集团，目前在河南新郑、河北沧州、新疆若羌、新疆阿克苏红枣主产区建设有原料采购、生产加工基地，在郑州和北京成立2家销售子公司。

红枣一次成熟，全年销售，而红枣又由于水分大、含糖量高，极其不易储存。因此，储存和运输是影响红枣品质的一项重要因素。公司在主要原料基地均就近建有冷库，冷库设计按照红枣特点专门设计。红枣采摘后根据不同红枣特点，最短时间入库保存。20多年来，好想你以自建工程技术中心为依托，外联红枣行业顶级专家，通过上千次试验，总结了20多万个数据，形成了科学、标准的储藏流程。什么品种的红枣，储存在什么样的温度、湿度下，什么阶段用什么温度，什么时候保持什么样的库内空气成分，什么样的情况进行通风，都有标准的操作流程。高技术的储存设施和专业化的操作流程保证了红枣储存过程最大限度保持了原有的营养成分和活性成分，甚至有些红枣特性还通过好想你特有的储藏手段得到了提升。

更值得骄傲的是，好想你的种子曾有幸搭载"神舟八号"遨游太空。航天育种专家对全国3000多个产品的审查与复核，好想你枣业股份有限公司的红枣种苗、组培苗在众多产品中脱颖而出，最终经过专家的一致评审通过，同意搭载好想你公司的种苗，这也是全国第一个企业把红枣种苗通过"神舟八号"飞船搭载到太空。这是好想你人多年以来一直坚持不懈、不怕困难、克服重重难关的结果。好想你公司董事长石聚彬说，这次搭载"神舟八号"飞天的种子、枣苗、接穗中，有新郑灰枣、鸡心枣、辣椒枣3个品种。枣树通过航天育种能够获得基因突变，有望筛选出有价值的新品种。

二、配方的创新

为增加产品营养价值，优化产品口感，好想你不断探索新配方，向产品中加入陈皮、生姜等优质原材料，进而不断探索新产品，如红枣醋饮、奇特香枣、早生果、红枣人参茶等产品。1993年，好想你研制开发的"鸡心人参枣"产品，经河南省科学技术委员会专家评议鉴定属国内首创，获得河南省优秀新产品奖三等奖和郑州市优秀新产品奖三等奖；设计的产品包装获得国家发明专利。1994年，开发生产的去核鸡心枣、鸡心枣被河南省进出口商品检验局定为出口食品，产品出口韩国、日本、美国和东南亚等地；2003年，开发了中国人的咖啡——好想你红枣粉、红枣神茶、红枣粒等高科技产品，红枣粉、红枣神茶通过省科技成果鉴定，红枣神茶同年获得国家专利。

三、生产工艺的创新

好想你公司通过了 ISO9001：2008 国际质量管理体系认证、ISO22000 食品卫生安全管理体系、HACCP 食品安全体系认证，按医药行业 GMP 要求建立了十万级净化车间，制定了标准的 GMP 制度。红枣原料出库后，经过大小、光泽、颜色、外形4道筛选工序进入十万级的净化车间，进入车间以后再要经过以冷水、热水通过波浪、喷淋、针刺、毛刷4道清洗工序，烘干工序，冷冻、臭氧等3道灭菌工序，然后再经过分拣、精选等共16道生产工序。通过一系列的清洗和灭菌，颗颗红枣绿色天然，完全符合健康要求。好想你专注红枣 20 年，经过上百万个数据总结，根据红枣本身的固有特性设计生产工艺，利用纯物理工艺，将红枣的口感发挥到极致，使营养更容易被人体吸收。

四、技术装备的创新

好想你公司作为红枣产业的龙头企业，拥有全国一流的红枣工程技术研究中心，是唯一通过省级鉴定的红枣技术研究中心。并以此为基础先后与中国农业大学、河南工业大学、河南农业大学、郑州轻工业学院、河南省食品研究所等高校和科研院所联合成立了红枣蜂产品、生物功能红枣、红枣机械、功能饮料等产学研基地 6 个。自 1993 年以来，共开发出以新郑枣片、红枣粉、红枣茶为代表的多种系列产品。

公司拥有红枣行业唯一一家国家级企业技术中心；公司还是《免洗红枣》国家标准的起草者之一。公司创立了以"好想你""枣博士"为中国驰名商标的 200 多个商标和 100 多项专利的知识产权集群；是第一家科学技术部认定的红枣产业技术创新联盟盟主的龙头企业；第一家拥有由农业农村部认定的 8 个有机食品的红枣龙头企业。公司与全国几十所大专院校、科研院所建立了合作关系，百名知名红枣专家、营养专家、中医学家成为公司顾问。

五、产品形状的创新

1998 年，好想你公司研制开发的"好想你"枣片（图 11 - 4），经河南省科学技术委员会评议鉴定属国内首创，填补了我国红枣深加工的一项空白，获得"河南知名商品""河南省名优产品奖""国内知名企业知名品牌"，并获得国家十几项发明专利，设计的产品包装获得"世界之星"国际包装设计大奖。枣加核桃的创新来源于新郑传统吃法"一口花生一口枣"，但是，商品投入生产后发现产品不美观。于是，好想你决定以核桃代替花生，取名"枣生核"，取早生孩的寓意。

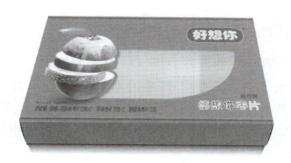

图 11 - 4　好想你枣片

资料来源：好想你公司官方网站。

六、包装形式的创新

为吸引消费者，好想你始终致力于包装形式的创新，不断开发新的包装类型。早在创业之初，好想你枣业产品就以独具匠心的包装博得市场青睐。"鸡心人参枣"首次做成 100 克的小袋包装，还将 15 千克的黄色包装箱换成了 5 千克的白色箱子。其包装素雅小巧、便于单次食用的"鸡心人参枣"在深圳、广州很畅销，仅半年销售额达到 30 万元。为确保产品包装在货架上抢眼，这其中采取个性化数字打印技术，轻质材料包装，环保与储能以及便利、可回收、灵活性等多方面的设计理念（图 11 - 5）。

图 11 - 5　好想你包装盒

资料来源：好想你公司官方网站。

七、包装规格和材料的创新

为进一步满足消费者不同场合、用途的需求，好想你将产品包装规格分为商务礼品装、伴手礼装、家庭分享装、休闲自用装。此外，基于含量多少、不同规格又进一步得以细化。好想你在包装材料的选取上不仅局限于消费者偏好，更注重环保与可回收性（图 11-6）。

图 11-6　好想你包装规格分类和新型包装材质
资料来源：好想你公司官方网站。

八、包装色彩的创新

为进一步贴近消费者，好想你根据产品特点丰富了包装色彩（图 11-7）。

200克每日蜜约-
玫瑰味枣(2016)　　　　200克每日蜜约-
茶香味枣　　　　200克每日蜜约-
红糖姜枣

图 11-7　好想你新型包装色彩
资料来源：好想你公司官方网站。

第四节　企业创业创新成果与经验

好想你公司作为中国红枣行业的龙头企业，在短短不足 20 年的时间内，它由一家乡镇企业迅速成长为一个上市企业，其中必定存在其成功的逻辑与值得借鉴的经验。

一、企业的成果：来自财务报表的证据

好想你健康食品股份有限公司，股票代码为 002582，为深圳证券交易所中小板上市公司。截至 2017 年末，注册资本 51 568.42 万元。如表 11-7 所示，2016—2017 年度，随着公司战略转型的不断深入，产品结构得以优化，公司渠道结构持续改善，实现营业收入207 183 万元、407 045 万元，分别同比增长 86.14%、96.47%。与此同时，2016—2017 年度，归属于上市公司股东的净利润达 10 689.565万元、3 927.24 万元，2017 年同比增长 172.19%，随着盈余留存积累，公司自有资本实力不断夯实。公司资产充裕、流动性强，货币资金余额快速增长，2016 年末以及 2017 年末分别为 51 079 万元、62 236 万元，2016 年末增长明显，增幅达 269.01%，2017 年末稳中有升，增幅为 21.84%；2016 年末以及 2017 年末流动资产总额分别为 236 598 万元、251 022 万元，同比增幅分别为 138.27%、6.10%，同样保持良好增长势头。从偿债能力指标来看，2016 年末以及 2017 年末公司资产负债率分别为 36.83%、36.46%，呈缓慢下降趋势，当前公司整体资产负债结构比较合理，资产负债率在行业中持续保持较低水平，资产结构不断优化，拥有较强的长期偿债能力。在现金流量方面，2016 年末以及 2017 年末公司期末现金及现金等价物余额分别为 51 079 万元、62 014 万元，增幅达285.73%、21.41%，上升幅度明显，且保持较强后续力，公司现金流稳定，经营可持续性较强。在营运能力方面，2016 年度以及2017 年度总资产周转率分别为 0.56 次、0.80 次，公司销售能力不断增强，资产投资效益向好。

从好想你近两年财务报表来看，在资产质量方面，公司资产规模持续增长，资产结构比较稳定，以流动资产为主；在资本结构方面，资产负债率持续降低，流动资产对流动负债的覆盖率超过 1.5，短期与长期偿债能力良好；盈利能力方面，公司营业收入和净利润总额逐年增长，总资产报酬率和净资产收益率保持较好水平，资产盈利能力较好。整体来看，好想你财务状况良好稳健，并保持增长态势。根据 2019 年 2 月 26 日发布的 2018 年度业绩快报来看，公司 2018 年度营业总收入为 494 939.89 万元，同比增长 21.59%；归属于上市公司股东的净利润为 12 836.65 万元，同比增长 20.09%；加权平均净资产收益率 3.87%，相比上年同期增加 0.56%。2018 年末，公司总资产达 553 208.84 万元，同比增长 7.34%。可以看到，好想你公司 2018 年营业总收入、营业利润、利润总额、归属于上市公司股东的净利润等指标较上年均有较快增长，经营业绩呈稳步上升态势。自 2016 年开始调整战略方向与销售策略后，好想你公司新品开发效率提升，大单品策略取得成果，电商渠道销售继续稳健增长，新零售业务获得阶段性进展，加强对费用的管控，内部组织管理效率有所提高，公司也开始扭亏为盈，并持续保持高增长率态势，整体业绩持续向好。

表 11 - 1　好想你公司 2008—2017 年公司财务情况

报告期	2017 年	2016 年	2015 年	2014 年	2013 年	2012 年	2011 年	2010 年	2009 年	2008 年
营业收入（万元）	407 045	207 183	111 305	97 292	90 804	89 655	78 477	65 706	40 809	28 211
营业成本（万元）	288 820	137 304	66 655	55 057	56 124	61 016	57 100	48 238	30 992	21 530
营业利润（万元）	12 639	−1 195	−1 700	5 210	11 131	9 448	9 873	9 036	5 202	3 355
利润总额（万元）	12 432	5 701	−579	6 235	11 883	10 423	12 166	10 116	5 857	4 117
所得税费用（万元）	2 695	1 792	−255	865	1 680	380	915	703	710	389
净利润（万元）	9 737	3 909	−323	5 370	10 203	10 043	11 251	9 413	5 147	3 728
基本每股收益	0.21	0.21	−0.02	0.36	0.69	0.68	1.7	1.71	0.97	0.74
货币资金（万元）	62 236	51 079	13 842	17 492	24 032	41 516	72 471	5 570	1 890	2 423

（续）

报告期	2017 年	2016 年	2015 年	2014 年	2013 年	2012 年	2011 年	2010 年	2009 年	2008 年
应收账款（万元）	37 081	33 066	20 131	14 394	13 109	9 010	5 908	2 995	2 047	1 582
存货（万元）	116 863	109 974	38 452	55 377	36 082	48 426	42 918	39 866	22 029	12 360
流动资产合计（万元）	251 022	236 598	99 299	94 123	81 526	102 724	126 274	50 560	27 846	19 466
固定资产净额（万元）	116 503	110 376	59 709	50 137	33 532	25 453	19 960	18 301	11 773	6 055
资产总计（万元）	515 382	504 604	237 786	224 109	153 861	158 552	159 998	75 327	45 956	32 511
流动负债合计（万元）	143 039	118 149	43 249	28 376	12 232	19 023	28 259	37 863	19 790	15 630
非流动负债合计（万元）	44 894	67 682	56 310	55 706	5 497	12 124	12 163	9 566	6 634	3 795
负债合计（万元）	187 932	185 831	99 559	84 082	17 729	31 147	40 421	47 429	26 424	19 424
所有者权益（或股东权益）合计（万元）	327 449	318 773	138 227	140 026	136 132	127 405	119 577	27 898	19 532	13 086
期初现金及现金等价物余额（万元）	51 079	13 242	17 492	24 032	41 516	72 471	5 570	1 890	2 423	1 008
经营活动产生的现金流量净额（万元）	22 596	−35 161	15 831	−9 386	18 041	3 592	5 202	−4 135	−187	924
投资活动产生的现金流量净额（万元）	−8 958	−16 573	−30 094	−55 349	−14 842	−21 070	−10 675	−7 337	−7 602	−5 962
筹资活动产生的现金流量净额（万元）	−2 701	89 570	10 013	58 196	−20 684	−13 477	72 375	15 152	7 256	6 452
现金及现金等价物净增加额（万元）	10 935	37 837	−4 250	−6 540	−17 484	−30 955	66 901	3 681	−533	1 414
期末现金及现金等价物余额（万元）	62 014	51 079	13 242	17 492	24 032	41 516	72 471	5 570	1 890	2 423

资料来源：网易财经网站。

二、管理经验总结

1. 规范的经营理念　好想你健康食品股份有限公司的成功理念不单单在于其迅速抓住市场时机，及时认识到产品深加工、增加产品附加值的市场前景，还在于诚信为先的经营理念。董事长石聚彬始终认为，"食品企业理念和态度很重要，食品行业必须安全卫生，还要保证营养口感，良心工程道德产品不能光看产品，还要看生产环境、生产工人，食品必须保证天然，存有食品本真的味道。"这一经营理念的先进性还体现在以下几点：一是建立企业文化。好想你枣业始终致力于企业精神的培育，不断向员工渗透其诚信、敬业、创新、进取的企业精神。好想你的企业精神是所有员工精神风貌的体现，也是对每位员工的要求。好想你在长期发展过程中，不断开拓创新、超越进取，形成了诚信、敬业、创新、进取的企业精神面貌。这保证了好想你能持续引领中国红枣领导品牌，成为卓越企业。二是明确企业战略。好想你一直把"让沙漠绿起来、让枣农富起来、让国民健康起来"这样一个兼具社会责任感的战略作为自己的企业使命，好想你开创了免洗即食枣，让红枣由餐桌走向了日常休闲消费，成为好吃又健康的零食。好想你为消费者严格把关，"颗颗精选"，在全国各大红枣产区精选原料品种，让红枣这一药食兼备的美味养生上品走进千家万户，为亿万家庭创造更加健康美好的生活。三是清晰、可操作的企业计划及目标。好想你一直具有明确的企业愿景，即持续引领中国红枣行业发展，打造卓越生态养生企业。并要求自己做到领先品牌典范，以优质的产品、真诚的服务、卓越的营销推广，持续引领中国红枣行业发展；卓越管理的典范，保障先进的管理机制，卓越的运营体系，一流的经营绩效，杰出的员工队伍，务实而积极进取的企业文化，成为红枣行业的标杆和典范；生态养生的典范，红枣行业是一个生态、养生、富民的产业。好想你通过精心打造红枣产业链，引领养生新概念，将创造养生新模式掀起生态养生新革命。此外，好想你还致力于制定适合企业的管理制度并监督反馈执行情况，制定合理有效的薪酬制度，构建合理的组织结构、完善的财务管理体系、完善的用人制度以不断完善自己的经营模式。

2. 注重产品创新，贴近市场需求　好想你可以说是将创业创新思想运用到极致的一个企业。为更贴近市场、满足消费者需求，好想你首次认识到增加产品附加值对经济效益提升的重大意义。在此之后，通过不断创新，实现了原料的创新、配方的创新、生产工艺的创新、技术装备的创新、产品形状的创新、包装形式的创新、包装规格和材料的创新、包装色彩的创新八大创新模式。这几大创新保障了原材料红枣的安全、品质和营养价值，打造了最优质的新疆灰枣，实现了好想你的种子搭载"神舟八号"遨游太空。好想你还使得红枣产品趋于多元化发展，如红枣醋饮、奇特香枣、早生果、红枣人参茶、鸡心人参枣、红枣粉、红枣神茶、红枣粒等高科技产品，不少产品获得国家专利，避免了以往的低端重复。此外，利用纯物理工艺，将红枣的口感发挥到极致，使营养更容易被人体吸收。最后，各种各样的包装形式、规格、材质使得好想你吸引了大批不同群体的消费者。凭借这八大创新，好想你成为红枣行业领军企业，改变了红枣行业的格局，带动了红枣产业的全方位发展。

3. 坚持打造品牌　好想你作为领先品牌典范，以"持续引领中国红枣行业发展，打造卓越生态养生企业"为企业愿景，始终以优质的产品、真诚的服务、卓越的营销推广，持续引领中国红枣行业发展。好想你人用脚踏实地、开拓进取的精神，赢得了连续5年全国销量领先的佳绩。好想你的迅猛发展，赢得了关注的目光，国家、省、市各级领导以及广大消费者的关爱与支持，成为好想你枣业不断超越的动力源泉。公司热心关注社会公益事业，积极投身于地方修桥、铺路等基础建设，创立育才基金和爱心基金，筹划好想你希望小学，坚持每年"关爱女孩"资金资助、贫困大学生资金帮扶，捐赠校车5辆，捐赠中国政法大学500万元等；还主动为遭受地震、雪灾的地区捐资210万元，用实际行动履行民营企业的责任与担当。好想你在树立企业品牌之际，以美好的寓意打入消费者内心，并不断探索各种营销模式，如广告植入进一步扩大企业知名度。进取的企业精神面貌，才保证好想你能持续引领中国红枣领导品牌，成为卓越企业。

4. 控制原材料市场　原材料控制对任何一项企业来说前期投入都异常巨大。因此，不少企业放弃对原材料基地的建设，选择从中间商收购。但是，好想你眼光长远，与许多知名品牌一样，从原材料着手，强调原材料建设。无论是从建厂之初单纯收购500亩地，到如今为改变中国红枣的品质，好想你从 706 种的枣品种中选出最优质的灰枣嫁接到新疆，并在河南新郑、河北沧州、新疆若羌、新疆阿克苏红枣主产区建设有原料采购、生产加工基地，都无时无刻展现了其对原材料市场的掌控力。这从长远来看大大降低了企业的经营成本，保证了企业产品的品质。这体现了该企业的经营智慧。

第十二章

种粮也有大收益
——农民专业合作社创业创新

农民专业合作社作为新型农业经营主体的重要组成部分，其自身的创业创新对于实现农村产业兴旺具有重要的现实意义。加快推进农业农村现代化，保障粮食安全，始终把"中国人的饭碗"端牢，需要构建新型农业经营体系。构建新型农业经营体系的一个重要抓手是大力培育农民专业合作社。当前，中国粮食经营主体面临着粮食价格下跌和土地流转租金快速上升的双重压力，压缩粮食经营的利润空间，许多地方出现了种粮大户"弃耕毁约"的事件。例如，山东省武城县丰旺家庭农场负责人于秀全由于租不起土地，委托村支部书记挨家挨户退掉了 3 年前从农民手中流转过来的 100 多亩土地；山西长治和晋城等地也出现了多起"毁约弃耕"事件，土地流入方因经营压力上升，单方面解除合同，强行退回耕地。如何解决扩大经营规模却难以获利的经营困境，实践层面中，一些农民专业合作社通过模式创新引领农民专业合作社的快速发展，推动传统产业转型升级，实现了"种粮也有大收益"。

基于此，本章以 3 家农民专业合作社为例，从合作社基本情况、创业创新原因、创业创新内容、创业创新历程、创业创新成效 5 个方面予以介绍，以期在"粮价下跌、地租上升"的大背景下，为农民专业合作社创业创新发展提供实践模板。具体来说，本章选取了河南省荥阳市新田地种植专业合作社、黑龙江省克山县仁发现代农业农机专业合作社和湖南省锦绣千村农作物种植专业合作社作为典型案例。之所以选取上述 3 家农民专业合作社作为本章典型案例，主要有以下 3 个方面的原因：第一，这 3 家农民专业合作社从成立起，在短短数年内均经历了由小变大、由弱变强的过程，是农民专业合作社创业创新的典范，均是以粮食种植为主的农民专业合作社，对于其他刚成立或是处于起步阶段的农民专业合作社具有极强的借鉴作用。第二，这 3 家农民专业合作社是当前中国合作社发展的两种典型代表。从经营类型看，河南省荥阳市新田地种植专业合作社成功地走出了一条以土地托管实现服务规模化的合作社发展之路，黑龙江省克山县仁发现代农业农机专业合作社则成功地走出了一条"带地入社、盈余分配"的规模化发展之路，湖南省锦绣千村农作物种植专业合作社则是走出了全程社会化服务的发展之路；从成员结构看，河南省荥阳市新田地种植专业合作社和湖南省锦绣千村农作物种植专业合作社属于核心成员收购普通成员产品的农民专业合作社，黑龙江省克山县仁发现代农业农机专业合作社属于普通社员以土地要素入股合作社的农民专业合作社，这 3 家农民专业合作社是中国当前合作社的两种主要形态。第三，这 3 家农民专业合作社分别处于东北地区、中部地区和南方地区，是在保持农业基本经营制度不变的前提下实现农业规模化经营的典型案例，对于其他农民专业合作社如何实现规模化经营提供了良好的实践范例，具有极强的经验启示。

第一节　河南省荥阳市新田地种植专业合作社创业创新发展

一、基本情况

河南省荥阳市新田地种植专业合作社（以下简称新田地合作社）创立于 2011 年 3 月，位于河南省荥阳市高村乡高村七组，以种植强筋小麦和胶质化玉米为主。新田地合作社的发展宗旨是"谋求全体成员的共同利益为目标，以家庭承包经营为基础，通过成员的合作和联合，为成员提供生产和生活服务，维护成员利益，促进成员增产增收，提高成员生活质量和水平"。新田地合作社组织成员结构分为 3

种类型：第一种是核心成员，第二种是普通成员，第三种是社员。其中，新田地合作社的核心成员和普通成员参与到合作社的盈余分配，而社员仅接受合作社提供农业社会化服务，不参与合作社的盈余分配。从 2011 年成立至今，新田地合作社从 6 个成员快速发展到 2016 年的 203 个成员，社员数也从 2011 年的 6 名增加到 2016 年的 12 000 名，土地服务面积由最初的 200 亩增加到 51 000 亩（表 12 - 1）。

表 12 - 1　2011—2016 年新田地合作社基本情况

年份	成员数（名）	社员数（名）	土地面积（亩）
2011	6	6	200
2012	20	20	500
2013	203	203	5 000
2014	203	6 000	19 000
2015	203	12 000	51 000
2016	203	12 000	51 000

资料来源：实地调研整理。

二、合作社创业创新原因

新田地合作社理事长李杰，出生于河北省成安县一个普通的农民家庭。1997 年毕业于郑州纺织工学院，就职于石家庄卷烟厂。从 2000 年起，在食品加工企业担任职业经理人，一干就是 11 年，积累了大量的食品企业管理、销售经验，为回到农村创新提供了宝贵基础。李杰在访谈中说道，"在国内，随着消费品的不断升级，专用粉成了香饽饽，也就意味着小麦原粮的结构性供给应该蕴藏着大量的机会。再加上中国各级政府支农、惠农、富农的政策力度不断加大，也让我看到了农业农村的希望。"正是这股劲头，2011 年春节之后，李杰在爱人的家乡——河南省荥阳市联系了 6 个种粮能手，组建了荥阳市新田地种植专业合作社，开始了优质原粮的生产之路。

三、合作社创业创新内容

1. 降低成本、增加收入　"从哪里跌倒，从哪里爬起"，这是新田地合作社理事长李杰心里坚信的原则之一，毕竟方向是正确的。实现合作社的发展就需要规模化经营，但是高昂的土地流转成本使得合作社经营面临困境，那么，如何降低因土地规模化经营产生的高昂土地经营成本呢？

李杰转变思路，放弃由原先的通过土地流转实现农业规模化经营的思路，转而通过农业社会化服务的方式实现农业规模化经营。李杰一直在思考什么样的"合作模式"能够引领乡亲们共同致富，"见村就进，进户就问"。针对不同农户的意见，李杰将有"土地情结"的农户发展为"合作式"社员，统一提供"种子、化肥、农药、农机、农技、收割、收储"等服务，在每个环节收取相应的费用；将没有劳动能力或外出打工，但是还不想流转土地的农户发展为"托管式"社员，合作社收取托管费用，负责粮食的全程社会化服务，季节结束将粮款全部给社员；将村委班子凝聚力、责任心较强的村，采用将土地集中连方成片，去埂、去边、去渠、打桩的方式发展为"联耕联种"社员，集中提供粮食从种到收的连片的全程托管模式。通过这 3 种合作模式，在不改变土地承包权的前提下，实现了规模化、节约化、机械化经营，形成了土地增效、农民增收的大好局面。新田地合作社经营模式的转变成功实现了合作社经营利润扭亏为盈，度过了合作社成立初期的瓶颈期。

解决了土地规模化经营所面临的经营成本问题，那么，该如何提高合作社的利润呢？李杰认为，优质优价是原粮发展的关键。为此，李杰一边走访面粉企业，了解他们需求的优质强筋小麦品种；一边拜访农业科学院、小麦种业公司，了解强筋小麦的品种及特性；一边联合郑州市种子站、荥阳市农业技术推广站，了解小麦高产栽培技术。通过大量的市场调研、分析，合作社以"品种先行，技术集成"为解决利润率的落脚点。品种上选择了强筋小麦新麦 26 和角质化玉米，同时针对新麦 26 和角质化玉米制定了标准化生产的技术流程，解决了因原先种植品种市场同质性所带来的低利润难题。新田地合作社覆盖区域推广高效化种植，通过增强产品品质、提升粮食规模扩大市场销路，避免新田地合作社的发展陷入"低品质-低利润-低品质"的发展陷阱。

随着新田地合作社的快速发展，经营绩效扭亏为盈，新田地合作社未来该如何发展？针对这一问题，新田地合作社的未来发展只专注于从事第一产业，并不从事深加工等领域。谈及这一点，李杰说："我们新田地合作社选择产业，决不能让农民担风险。农民跟着你干，前些年得到实惠了，今年亏损了，农民就不跟着干了。"从事深加工等附加值较高的领域虽然能够获得产业链价值增值，但是也会因为较高的资金投入限制了合作社的发展。正如李杰所说："合作社只专注于一产，在没有雄厚财力的基础上倘若贸然从事深加工，没有配套的销售渠道，可能过些年合作社也得死掉了。"

2. 创新经营模式　随着合作社规模的不断扩大，只有不断创新经营模式，才能实现合作社的最优管理。经营模式的创新包括以下两个方面：

第一，采用了"统分结合"的经营模式。新田地合作社的"统"具体是指合作社为社员提供涵盖多方面的农业社会化服务，即实现"统一采购农资、统一测土配方、统一选购良种、统一田间管理、统一农业机械服务、统一粮食收储及销售"的"六统一"。不仅保证了产品品质质量，又能依据市场需求指导农户生产。"分"具体表现在：一是合作社采用土地托管的方式，实现了土地经营权的分散，节省了土地租金；二是新田地合作社以村社为单位成立了农业生产要素车间（专栏12-1），既解决了农业生产服务半径过大的问题，又符合农业生产精细化、多样化的管理需要；三是将耕、种、保、收等环节涉及的机械服务外包，降低了合作社高昂的农业机械投资成本，并与农机服务组织建立了良好的关系。

◆ **专栏 12-1**

新田地合作社农业生产要素车间

农业生产要素车间是新田地合作社发展的"细胞"，采用工业化生产的模式实现合作社规模的扩大，实质上是一个核算和社会化服务管理单位。具体来说，农业生产要素车间是在一定农业生产区间内，合理配置生产要素，用工业管理方法实现农业标准化生产的一种农业生产管理方式。它的设立能够让农业生产和各种生产要素在市场概念中合理配置，从而生产最大的价值。

新田地合作社以1000亩作为一个单元设立一个农业生产要素车间。之所以采用1000亩作为一个单元，是因为1000亩基本上是一个村庄的规模，这样便于管理与农业社会化服务。每个农业生产要素车间聘用一位车间主任，根据农业生产要素车间每年的服务面积及农资销售量，车间主任会获得合作社相应的提成收入。合作社在选用车间主任时坚决不会聘用村干部，主要是为了防止村干部从中牟利和寻租，难以赢得社员的信任；其选用车间主任的标准是，该社员要在本村中具有较高的威望、种粮经验丰富、本人有除种植业之外的其他收入来源，如电工、农机手等。2017年，新田地合作社的农业生产要素车间服务模式已经覆盖了河南省9个县，农业生产要素车间的数量达到60个。

农业生产要素车间能发挥以下4个方面作用：一是推进农业科技服务站点建设。一个农业生产要素车间就是一个农业科技服务站点。用农业生产要素车间整合农业技术推广、农产品质量安全监管、农产品销售、农业生产资料配置的经营性服务团体，提升农业社会化服务人员的积极性。二是提升农业社会化服务装备水平。在粮食和大宗农产品主产区，结合实施农业机械化补贴政策，规范现有的农机合作社，完善农机类型和结构，提供最有效的土地耕作、粮食播种、植保管护、收割销售等一系列服务。租借农产品质量检测中心设备，建立农产品自检制度。三是建设农业经营主体信用服务平台。新田地合作社建设互联网信息枢纽，在每个农业生产要素车间建立互联网信息终端，具备分析农业、农机、科技、粮食、气象、水利、林业和其他涉农信息化系统的数据能力。区域内部农业生产中出现的问题通过互联网传输给信息枢纽，信息枢纽通过数据分析分发给农技服务专家组，节约时间。四是建立农业社会化服务机制。购买政府农业服务项目，在不改变土地承包关系的基础上，托管农民土地，实现统一耕种、规模化生产。规范服务管理，理顺内部权属、利益联结和收益分配关系，建成运行规范、高效快捷、服务专业的市场主体。

第二，创新并完善盈余分配制度。合作社的主要收入来源是农资销售差价、粮食烘干服务、粮食收购销售和粮食贸易收入。合作社根据业务特征建立了两套盈余分配方式，以通过覆盖核心成员-普通成员的多形式的盈余分配方式调动了成员的积极性。具体来说，第一，合作社对农资销售差价、粮食烘干服务、粮食收购销售 3 种利润按照出售粮食的交易量占可分配盈余的 40％，投资额占可分配盈余的 20％，盈余中的剩余 40％以合作社公积金的方式仅在核心成员与普通成员之间进行分配；第二，合作社对粮食贸易的收入首先采用核心成员分配盈余的 50％，其次是各群体内按个体出资额分配盈余。

四、合作社创业创新历程

1. 蹒跚起步阶段　新田地合作社创业伊始，面对流转的 200 亩土地，李杰先后 6 次到国家小麦工程技术管理中心咨询优质品种，选择高产、优质品种"豫农 416"开始了种植之路，组建了第一个"百亩优质高产攻关示范方"（图 12-1）。由于"豫农 416"品种麦秆较高、防倒伏能力较弱，大量小麦倒伏，部分社员意见较大，合作社在发展示范过程中遇到前所未有的障碍，刚开创的大好局面受挫。新田地合作社种植的小麦、玉米市场同质化程度高，面临着销售市场的激烈竞争，2011 年合作社全年亏损 60 万元。

2. 探索成长阶段　李杰面对成立初期的亏损，痛定思痛，决心开始新的探索。于是，李杰带着几名核心成员从 2012 年初便对五得

图 12-1　田间选种

利面粉集团有限公司、郑州思念食品有限公司、开封天丰面业有限公司、河南一加一面粉有限公司等多家粮食企业进行走访、调研发现，相关面粉企业对于高端产品"专用粉""饺子粉""面包粉"等产品的需求量大，然而新田地合作社原先种植的是市场同质性较高的小麦、玉米品种。于是，合作社从 2012 年开始从传统小麦向强筋小麦的种植全面转型，选择种植以"新麦 26"为主要品种的强筋小麦。"新麦 26"的湿面筋含量、沉降值、稳定性等指标都符合面包专用粉的需求，并且远超其他品种，具有良好的市场销路。为了保障品质，新田地合作社从 2012 年开始和国家小麦工程技术研究中心合作，共同制定了"新麦 26"的高产栽培标准化生产流程，并于 2013 年申请了无公害基地认定，采用设施氮肥后移技术，将传统的"新麦 26"的湿面筋含量从 30％提高到 33％，从而提升品质。此外，新田地合作社扩大市场销路，与湖北新洋丰肥业股份有限公司、江苏南京红太阳集团、河南新乡九圣禾种业股份有限公司和河南郑州秋乐种业科技股份有限公司等形成联合，严把农业生产资料的采购质量关。

3. 规范发展阶段　在探索成长阶段，合作社带动农户节本增效明显，扭亏为盈，吸引带动了荥阳市周边大量的农户。2014 年新田地合作社实现了跨越式发展，服务社员数由 203 户激增到 6 000 户，服务面积也由 5 000 亩快速增加到 19 000 亩。服务面积的快速扩张是把"双刃剑"：一方面能够发挥规模优势，另一方面也会产生服务半径不匹配的问题。考虑到这一问题，李杰决定采用工业化管理模式，以 1 000 亩为一个单位设立农业生产要素车间，实行农业生产要素车间内部统一化管理和农业社会化服务，大大降低了内部运行风险。合作社通过内部细分、分散风险的方式实现了管理运作的有序发展，也实现了盈利水平的提升。

4. 市场拓展阶段 2015 年，合作社注册成立了新田地电子商务有限公司。该公司通过互联网信息和数据的有机结合，将农业生产资料、农副产品、工业用品在线上下单、线下服务，实现了农村一二三产业的融合。此外，合作社注册了"飞龙顶"商标，生产"黑小麦面粉""玉米糁"等产品。因为黑小麦属于富硒、无糖产品，并且含筋度较高，面条爽滑可口，深受消费者的喜爱。为了解决粮食规模化经营普遍面临的烘干难题，合作社于 2016 年投资 100 多万元建成日烘干能力 180 吨的烘干塔，实现日烘干量 360 吨的基本目标，并于 2017 年与中国中化集团有限公司签订战略协议，实现合作社战略合作的进一步拓宽。中国中化集团计划与新田地合作社开展合作研究、试点粮食全程托管化生产。

五、合作社创业创新成效

1. 节本增效 新田地合作社通过施用控制肥，避免了底肥和追肥的投入。投入品数量减少和价格较低是新田地合作社节本的重要特征，合作社规模化经营亩均种子、化肥投入量分别比传统农户减少 5 千克、40 千克，使用强筋小麦"新麦 26"实现种子投入每亩节省 20 元，每千克化肥投入比传统农户减少 1.2 元，每亩肥料投入比传统农户节省 50 元，每亩机械服务比传统农户节省 20 元，农药每亩比传统农户节省 21 元（表 12 - 2）。尤其是在 2016 年华北"小麦难卖"的大背景下，新田地合作社社员较荥阳市传统农户小麦每亩增产 200 斤，销售价格每斤高出 0.2 元，价格高出近 20%。

表 12-2　2016 年荥阳市传统农户与新田地合作社服务农户亩均小麦成本对比

生产资料	荥阳市传统农户			新田地合作社服务农户			每亩节约成本（元）
	名称	使用量	金额（元）	名称	使用量	金额（元）	
种子	普通麦	15 千克	60	强筋麦	10 千克	40	20
化肥	底肥	50 千克	150	控施肥（一次施肥）	50 千克	140	50
	追肥	40 千克	40				
农药	除草剂	1 袋	10	除草剂	1 袋	0	10
	防倒伏	1 瓶	5	防倒伏	1 瓶	4	1
	飞防	1 次	25	飞防	1 次	15	10
	叶面肥	1 袋	2	叶面肥	1 袋	2	0
机械	播种	1 次	30	播种	1 次	20	10
	收割	1 次	50	收割	1 次	40	10
成本合计			372			261	111

2. 省工省心　以玉米为例，新田地合作社社员种植 1 亩玉米，比普通农户节省 9 个工。具体来说：打药节省 1 个工，种肥同播节省 2 个工，除草节省 1 个工，收割、脱粒、晾晒、运输和销售环节可节省 5 个工。

3. 组织影响力不断提升　新田地合作社目前已覆盖荥阳周边太康县、西平县和封丘县等 9 个县（市、区）。2017 年实现服务面积 19 000 亩,荥阳市周边出现了多家以"新田地"冠名的合作社，效仿新田地合作社的经营方式，向农户提供包括耕、种、收等在内的农业全程社会化服务，不断增强组织的影响力。新田地合作社相继获得了"河南省农民专业合作社示范社"和"国家级农民专业合作社示范社"荣誉称号，河南省内相关媒体对新田地合作社的宣传报道不断（图 12-2）。李杰应邀赴中南海参加国务院总理主持召开的科教文卫体界人士和基层群众代表座谈会，并获得"2015 年度河南十大'三农'新闻人物""全国农村创业创新优秀带头人"等荣誉称号。

2011—2016 年，新田地合作社实现了服务面积与经营利润的"双重提升"（图 12-3）。从服务面积上看，新田地合作社从 2011 年

图 12-2 新田地合作社获得的荣誉

的 200 亩，增加到 2016 年的 51 000 亩，经营利润也从 2011 年开始持续上升，从 2011 年的一60 万元，增加到 2016 年的 350 万元，年均增长近 50%。

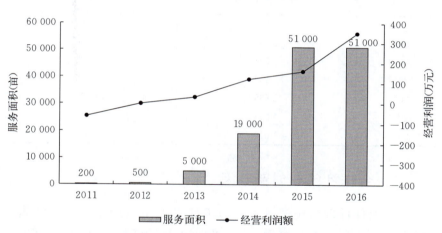

图 12-3 2011—2016 年新田地合作社服务规模及经营利润

第二节 黑龙江省克山县仁发现代农业农机专业合作社创业创新发展

一、基本情况

黑龙江省克山县仁发现代农业农机专业合作社（以下简称仁发合作社）位于黑龙江省齐齐哈尔市克山县。克山县作为国家级生态示范县，土壤肥沃，耕地面积近 300 万亩，是国家重点商品粮基地县、大豆基地县和马铃薯基地县，是全国 500 个产粮大县之一。仁发合作社成立于 2009 年 10 月，由 7 名核心成员发起成立，注册资本 850 万元。理事长李凤玉出资 550 万元，其余 6 个成员各出资 50 万元，国家补贴资金 1 234 万元，合作社的总投资额达 2 084 万元。目前，仁发合作社现有社员 1 014 户，固定资产总额为 5 789 万元，拥有马铃薯组培楼 1 800 平方米、阳光温室 3 000 平方米、网棚 58 栋、仓储窖 3 800 平方米、日烘干 500 吨和 1 000 吨玉米烘干塔各 1 座，机械装备 132 台套，规模经营土地 56 000 亩（表 12 - 3）。

表 12 - 3　仁发合作社基本情况

年份	成员数（户）	土地面积（亩）
2010	7	1 100
2011	314	15 000
2012	1 222	30 128
2013	2 436	50 159
2014	2 638	54 000
2015	1 014	56 000
2016	1 014	56 000

二、合作社创业创新原因

仁发合作社理事长李凤玉，1956 年 2 月 7 日出生于黑龙江省齐齐哈尔市克山县，大专文化，曾经在克山县担任机耕队农机驾驶员、农业技术员、村委会主任和村党支部书记等职务。鉴于李凤玉之前当过农机驾驶员和村委会主任，对农业生产十分了解，结合克山县的自然条件和对农业的热爱，2009 年李凤玉在家乡克山县河南乡仁发村联合其他 6 人筹资创办了仁发合作社，开始了以农业机械服务为主的规模化发展之路。此外，政策红利的驱动也是仁发合作社创业创新的重要原因。第一，农民专业合作社得到了法律层面的认可。2007 年 7 月 1 日《中华人民共和国农民专业合作社法》正式出台，从法律层面上肯定了农民专业合作社的主体地位。第二，农机具购置补贴政策稳步推进。自 2004 年开始，农机具购置补贴政策采用"先试点、后推广"的方式在全国层面推广。在此背景下，黑龙江省从 2008 年开始推动组建资产千万元以上的大型现代农机合作社，并出台相关规定：合作社千万元资产组成中，国家和省级补贴达到六成，合作社出资占比为四成。

三、合作社创业创新内容

1. 降低成本、增加收入 "让带地入社的农户分享到合作社的收益"是仁发合作社创办的核心理念之一。降低成本、增加收入是仁发合作社创新的重要内容。仁发合作社成立初期因土地规模小，无法充分发挥合作社大型农业机械的作用，第一年赔了 187 万元。理事长李凤玉转变思路，与其他 6 名核心成员达成共识，让农民以土地承包经营权加入合作社，走"带地入社"的发展之路。仁发合作社党委书记卢玉文说："开始不好整啊，农民总怕吃亏。我们 7 个人春节前，挨家挨户动员农户。我们向农户承诺：带地入社成为社员后，入社的土地保底价每亩为 350 元，高出当时市场最高价 110 元；入社的土地折资相当于投资，也可以参加年终盈余分红；另外，国家补贴的资金产生的效益也由社员平均分配。"仁发合作社采用"带地入社"的方式成功实现了合作社经营利润的扭亏为盈，度过了合作社成立初期的瓶颈期。在农业供给侧结构性改革的背景下，东北地区玉米价格出现断崖式下跌，仁发合作社及时调减了玉米种植面积以止损，并将合作社的种植结构由原先的种植转变为种养结合的模式。市场风险的增加也使得仁发合作社转变思路，通过大量资金和新技术投入，建设组培室、温室、网棚等设施，全面提高马铃薯品质和质量，实现了马铃薯高效化种植，夯实了仁发合作社的主营业务。

2. 创新经营模式 随着仁发合作社服务规模的不断扩大，只有不断创新经营模式，才能实现合作社的更好发展。经营模式的创新包括以下两个方面：

第一，采用了"统分结合"的经营模式。仁发合作社的"统"具体表现在：合作社采取目标化田间管理，实现了从种到收的全方位服务，即统一购买农业生产性资料、统一实行技术培训、统一进行农业机械作业、统一对外销售农产品;"分"具体表现在:一是仁发合作社将经营土地划分为若干块,分包给22人,分散经营风险,降低运行成本。二是对每个农机手采用农机具作业单车核算承包方式,实现农机手与管理者相互监督。一方面,能够避免以往农机操作手与承包管理者二者串通,降低生产效率;另一方面,通过确定用油量和修理费避免以往农机手随意加机油和对农业机械的不爱护,并通过严格的奖惩制度确保这一方式的平稳运行。三是仁发合作社社员以土地承包经营权入股的形式,减少了合作社规模化经营的成本。

◆ 专栏 12-2

仁发合作社盈余分配

"一保、两提、两分"中的"一保"指的是合作社秋季为社员兑现土地租金,"两提"指的是提取公积金和风险金,"两分"指的是将国家投资部分的盈余分红和入社资金的盈余分红(专栏图12-1)。

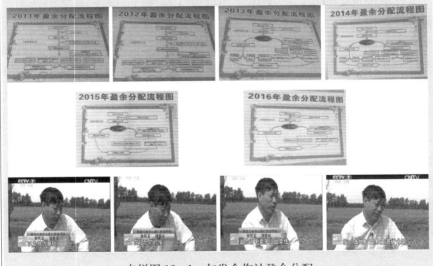

专栏图 12-1 仁发合作社盈余分配

资料来源:实地调研及中央电视台《聚焦三农》。

第二，创新并完善盈余分配制度。由于仁发合作社兼顾农机服务合作社和土地股份制合作社的特征，因此不存在着严格意义上的交易量，并不符合《中华人民共和国农民专业合作社法》关于合作社盈余分配的规定。以何种方式、何种比例确定资金和土地两种要素的贡献显得尤为重要。仁发合作社首先按照"一保、两提、两分"的分配机制，从 2013 年开始转变盈余分配方式取消保底租金，充分考虑资金和土地这两种要素的作用进行盈余分配，并逐步提升土地分配比例。2013—2016 年仁发合作社的土地分配比例分别达到了 74%、75%、78% 和 78%。

四、合作社创业创新历程

1. 起步阶段　仁发合作社成立时期恰巧是东北地区农作物收获时期，直到第二年 4 月才开始正式运营。仁发合作社拥有 30 多台大型农业机械，主要经营业务是为农户提供农业机械化服务和从事马铃薯种植。其中，农业机械代耕服务的每亩收入约为 50 元。成立初期，经营的 1 100 亩土地每亩流转租金为 240 元，但由于农业机械租赁服务市场竞争激烈以及小农户自家具有农业机械，1 100 亩土地分为多块，并没有实现连片种植，机械空跑成本高，当年仁发合作社仅代耕约 6 万亩土地，服务收入不足 100 万元。因此，仁发合作社当年亏损187 万元。

2. 成长阶段　经历了 2010 年的阵痛后，仁发合作社开始主动求变、寻找出路。理事长李凤玉认为，只有加强与农民之间的利益联结，让利于农户，才能充分发挥大型农业机械的优势，扩大土地规模。于是，为了降低支付给农民土地租金所带来的高昂合作社运行成本、降低运行风险，仁发合作社于 2011 年春季出台了对社员的"七条承诺"，即：一是以每亩土地 350 元作为保底分配，而当地土地流转价格为每亩 240 元；二是入社成员不分先后，都拥有平等的权利和义务，每年秋季统一核算后都可以参与合作社分红；三是国家 1 234 万元的补贴资金所产生的盈余，每年秋后按成员户数平均分配；四是对带土地加入合作社的成员，合作社以 10% 的年息提供资金借贷服务，最大金额为入社土地的市场价格折价；五是入社成员仍然享受国家发放的种粮补贴；六是合作社重大决策实行民主决策，一人一票，而非按股权表决；七是入社自愿、退社自由，成员在退出时可以获得该成员账户上的全部股金（公积金除外），包括各种盈余结转。"七条承诺"颁布实施不到一周时间，克山县河南乡 3 个村就有 307 户农民自愿以土地入社，合作社的自营土地面积也一下子达到了 1.5 万亩，有效解决了大型农业机械容易空跑的问题。此外，仁发合作社建立了"一保"（农户入社土地保底，每亩 350 元高出农民自行转包 110 元）、"两提"（提取公积金、农机和厂房折旧）、"两分"（土地分红和"财政扶持资金＋公积金＋出资额"分红）的分配机制，大大增强了周围农户对合作社的认知和满意程度。1.5 万亩耕地主动加入了合作社，土地集中形成了规模，大农机发挥了大作用。2012 年合作社盈余超过 2 500 万元，社员亩均分红收入达到了 360 元。

3. 发展阶段　保底收益的存在能够实现合作社社员与社员之间的利益联结机制更为紧密。但是，仁发合作社理事会成员并没有完全得到与之付出相匹配的报酬，理事会成员并没有实现"利益共享、风险共担"的利益分配机制。为了进一步强化合作社的凝聚力，实现合作社规范发展。经过理事会提议和成员代表大会一致通过，从 2013 年 1 月起仁发合作社取消了成员入社每亩 350 元的保底收益，引导成员以土地经营权带地入股，土地要素仅作为成员交易量的方式参与盈余分红。具体来说，以土地经营权带地入社的成员，年终分红占当年总盈余的 60％；以现金出资入社、国家财政补贴资金以及上年度提取的公积金等，年终分红占当年总盈余的 40％。仁发合作社明晰了资金入股和土地入股的收益分配比例，实现了成员之间收益与风险二者的匹配。此外，仁发合作社为体现"多劳多得"的分配标准和激励管理人员充分发挥企业家才能，从 2013 年起，将总盈余的 2％拿出用于支付理事长和管理人员的年度工资，理事长的工资占总盈余 0.4％，管理人员的工资占总盈余 1.6％。

4. 拓展阶段　2015 年起，受粮食价格持续走低以及与合作伙伴麦肯食品（哈尔滨）公司合作终止等诸多外在因素的影响，仁发合作社原先主要种植作物马铃薯失去了重要的销售渠道，风险程度急剧攀升。经过理事会会议商讨和成员代表大会通过，仁发合作社决定采取农业种植结构调整、实现高效化种植和延伸产业链3种模式实现合作社的纵向延伸。第一，农业种植结构调整。2014 年，仁发合作社在黑龙江省扶贫开发工作办公室的支持下，建设了年可存栏 1 000 头、出栏 2 000 头规模的黄肉牛养殖场，为实现种养结合生态循环发展奠定了基础。2015 年仁发合作社实现了以玉米、大豆和马铃薯 3 种作物为主的农业种植结构，其中玉米种植面积 40 500 亩、普通大豆种植面积 6 000 亩、马铃薯种植面积 5 500 亩、鲜食玉米 2 500 亩、有机大豆 1 000 亩和经济作物 500 亩。受玉米价格断崖式下跌和大豆价格日趋走高的影响，2016 年仁发合作社大幅缩减了玉米种植面积，仅种植玉米 4 055 亩，种植高蛋白大豆 25 000 亩，有机大豆种植面积也增加到 6 345 亩，种植马铃薯 7 000 亩、种植鲜食玉米 5 000 亩，此外还有少量的经济作物。2017 年，仁发合作社坚持以绿色有机为先导，以种养结合为途径，种植马铃薯 7 500 亩、高蛋白大豆 2.9 万亩、有机大豆 6 800 亩、玉米 3 500 亩、鲜食玉米 5 500 亩、杂粮 2 370 亩、豌豆 1 200 亩、党参 130 亩，高效作物种植比例达到 89%。在养殖业上，围绕绿色有机养殖，建成年出栏 2 000 头肉牛养殖场。同时，以肉牛养殖为依托，投资 3 000 万元建立年产有机肥 1 500 吨的有机肥厂，可施用土地 13 000 亩，有助于实现土壤品质的改良提升，促进生态循环发展。第二，推广高效化种植。仁发合作社以市场需求为定位，以质量效益为目标，以绿色有机、高产高效为方向，推广应用先进栽培模式，着力提高农业生产效益。仁发合作社依据区域优势，把做强种薯研发作为提高效益的首要任务，引进荷兰优质马铃薯品种，与荷兰夸特纳斯公司合作，投资 1.2 亿元建设种薯繁育项目，通过建设组培室、温室、网棚等设施，全面提高马铃薯品质和质量。第三，延伸产业链条。产业链的延伸是实现产业链各利益主体收益水平增加的重要途径。仁发合作社通过延伸产业链条，着力发展加工业，拓宽销售渠道，推进合作社由单一种植向复合型转变。仁发合作社推行精加工，大力发展休闲食品加工、彩薯加工和鲜食玉米加工。具体来说，仁发合作社于 2016 年建立仁发食品加工有限公司，投资 6 亿元建设年加工 4 000 吨马铃薯法式薯条和年生产马铃薯薯丁 1 万吨项目，建立法式薯条项目加工车间、智能马铃薯气调库、成品库，联系订购荷兰薯条生产线。投资 6 000 万元新上彩色马铃薯加工项目，产品囊括彩色马铃薯片、彩色马铃薯条、彩色马铃薯丁、彩色马铃薯角等系列休闲食品以及彩色马铃薯粉、彩色马铃薯泥、彩色马铃薯汁饮品和花青素提炼品等 8 大种类。投资 7 500 万元建设甜玉米加工项目，日生产能力达 30 万穗，总储藏能力 1 000 万穗，新增鲜食玉米生产线，年可生产速冻甜玉米料 2 万吨。销售渠道拓展，仁发合作社积极创建品牌，先后注册了多个品牌，并依托阿里巴巴、一号店、京东商城等知名电商平台，推进绿色有机产品线上销售。此外，仁发合作社于 2015 年牵头成立了仁发农业科技有限公司，依托营销团队、建立外埠市场，充分获取价值链中销售环节的高额利润，分享三产融合所带来的红利。

五、合作社创业创新成效

1. 节本增效 仁发合作社社员化肥厂家直接配送，每吨节省 300～500 元；种子价格每斤下降 30%；农药每亩节省 40～50 元；因农机作业不漏跑，节省空运转费用，每吨节省油费 500～600 元。普通大豆亩产高出 15 斤，普通玉米亩产高出 100 斤，马铃薯亩产最高达到 7 000 斤以上。普通玉米每斤销售价格比非社员高出 0.03 元，有机大豆销售价格达到每斤 13 元。

2. 组织影响力不断提升 仁发合作社具有农机装备 132 台套，能够实现玉米日烘干 1 500 吨，实现了 87 000 亩代耕代种和玉米的烘干服务。依托社会化服务获得收入，增强组织的影响力。仁发合作社先后获得"黑龙江省现代农机专业合作社示范社""全国农民专业合作社示范社"等荣誉称号，中央电视台《聚焦三农》对仁发合作社进行了长达 5 分钟的宣传报道（图 12-4）。仁发合作社理事长李凤玉获得"黑龙江省 2011 年度全省粮食生产大户""黑龙江省劳动模范"

"全国粮食生产大户""全国十佳农民""全国先进工作者""黑龙江省劳动模范"和十九大党代表等诸多荣誉，合作社党委书记卢玉文应邀赴人民大会堂参加《农民专业合作社法》实施十周年座谈会。

图 12-4　中央电视台《聚焦三农》对仁发合作社的报道

资料来源：中央电视台《聚焦三农》。

2010—2016 年，仁发合作社实现了亩均土地收益与经营利润的"双重提升"（表 12-4）。从亩均土地收益上看，仁发合作社从 2010 年的 240 元增加到 2013 年的 922 元后随着东北玉米价格"断崖式"下降的不利影响，亩均土地收益仍能够实现 600 元以上。经营利润也从 2011 年开始扭亏为盈，从 2013 年开始，经营利润均超过 3 000 万元，对于带动农民增收具有重要的作用。

表 12-4　仁发合作社经营情况

年份	亩均土地收益（元）	总收入（万元）	经营利润（万元）
2010	240	100.000	−187.000
2011	710	2 763.687	1 342.194
2012	730	5 594.017	2 758.568
2013	922	10 596.055	5 328.873
2014	854	10 748.040	4 890.268
2015	708	9 055.193	4 196.267
2016	602	8 662.338	3 625.723

第三节 湖南省锦绣千村农作物种植
专业合作社创业创新发展

一、基本情况

湖南省锦绣千村农作物种植专业合作社（以下简称锦绣千村合作社）位于湖南省常德市澧县。锦绣千村合作社成立于 2011 年 5 月，现有成员 5 818 户，带动农户 5 万余户，服务面积 40 余万亩，是集"供销合作、生产合作、信用合作、教育培训"四大平台于一体的新型农业社会化服务综合型合作社。锦绣千村合作社创建了"全程、多元、高效"的农业社会化服务模式，以县、镇、村三级服务体系为载体，为农民、成员提供农资采购配送、土地托管、集中育秧、统防统治、机耕、机插、机收、烘干仓储、农产品购销、技术指导、高素质农民培育、内部资金互助等服务，合作社打造的"锦绣千村"商标被认定为湖南省著名商标。锦绣千村合作社 2011—2016 年的成员分布情况如表 12‒5 所示。

表 12‒5　锦绣千村合作社 2011—2016 年基本情况

年份	成员数（户）
2011	228
2012	476
2013	1 027
2014	1 931
2015	3 252
2016	5 818

2016 年，种植规模在 50 亩以下的成员数为 4 691 户，50～500 亩以上成员 1 069 户，500 亩以上规模成员 58 户。锦绣千村合作社的社员以合作社所在地澧县农户为主，共计 4 429 户，其余社员来自澧县的周边临近县域，包括来自津市的农户 911 户、临澧县农户 374 户以及 104 户其他地区的农户。

二、合作社创业创新原因

锦绣千村合作社理事长龚佑琼出生在澧县盐井镇一个贫困的农民家

庭，18 岁在澧县县城一家酒厂打工，随后便开始创业。2008 年，龚佑琼外出学习考察后深刻意识到农业发展只有创立品牌、抱团发展才有更大的发展空间。"让土地换一种种法，让农民换一种活法"是龚佑琼创业创新的原动力。于是，龚佑琼于 2011 年 5 月成立了湖南省锦绣千村农作物种植专业合作社，始终保持以"愿景""使命""信仰""价值观""宗旨""社训"六位一体的企业文化指导合作社的发展（专栏 12 - 3）。

◆ **专栏 12 - 3**

锦绣千村合作社文化

愿景：共创全省领先、全国一流的优秀合作社。

使命：让农村生活更富裕，让城市生活更健康。

信仰：真心感恩衣食父母，诚信牵手健康生活。

价值观：创造社会财富，实现合作共赢。

宗旨：创建新型农业社会化服务综合体。

社训：始于成员需求，终于成员满意。

工作原则：凡是工作必有计划，凡是计划必有结果，凡是结果必有责任，凡是责任必有检查，凡是检查必有奖惩。

口号：搞活农村经济，带领农民致富。

专栏图 12 - 2　锦绣千村合作社文化

资料来源：锦绣千村网。

锦绣千村合作社要求每一位工作者秉承"专业、专心、专注"的工作理念，遵从"敢想、敢拼、坚持到底"的工作态度，严格执行"凡是工作有计划、凡是计划有结果、凡是结果有责任、凡是责任有检查、凡是检查有奖惩"的工作原则，以"搞活农村经济，带领农民致富"为口号（专栏12-3），致力于打造农业社会化服务综合平台，为成员提供产前、产中、产后及产业资金互助一条龙服务。

三、合作社创业创新内容

1. 打造三级服务体系 锦绣千村合作社采用"总社-分社-服务站"的三级模式构成。三级机构的服务工作统一受到锦绣千村合作社理事会管理并受监事会的监督管理。"总社-分社-服务站"三级机构之间属于隶属关系（锦绣千村合作社组织结构见图12-5）。锦绣千村合作社以乡镇为单位建立分社，以村为单位建立基层工作服务站。分社、服务站为成员提供便捷、快速的综合服务，解决成员遇到的各种难题。目前已经实现在乡镇80%以上覆盖、村级60%以上覆盖，真正解决为农服务"最后一公里"问题，搞活农村经济，带领农民致富。"总社-分社-服务站"三级机构分工精细、职责明确：总社主要负责合作社的总体战略规划、策划企划、建立机制、教育培训、项目资源等方面；分社主要负责业务督导与执行、物流配送、农产品收购、生产服务、资金互助等；服务站主要负责贯彻落实合作社各项社会化服务、解决服务"最后一公里"的问题。

2. 建立四大服务平台 锦绣千村合作社建立了供销服务平台、生产服务平台、信用合作平台以及教育培训平台四大服务平台。

第一，供销服务平台。锦绣千村合作社以核心成员常德锦绣千村植保公司为依托搭建形成的供销服务平台，为农户提供农资配送、产品收购以及消费合作3种服务。在农资配送方面，合作社集中采购农业生产资料，减少中间环节，降低采购成本，控制质量。分社和服务站向总社采购部报送产品需求计划，采购部向隆平高科、史丹利、江苏克胜等国内一线厂家采购产品。在产品收购方面，合作社为成员提供代储、代销服务。锦绣千村合作社成员可在手机客户端订购产品，

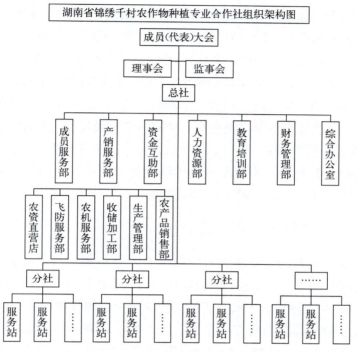

图 12-5　锦绣千村合作社组织结构

资料来源：锦绣千村网。

实现了线上下单、线下配送。

第二，生产服务平台。锦绣千村合作社为农户提供涵盖从播种到收获的各个环节，包括土地托管、集中育秧、统防统治、机耕、机插、机收、烘干、代储、代销、农业技术服务等。锦绣千村合作社通过专业化分工、职业化培训、标准化生产、产业化经营、品牌化运作、信息化支撑，为各类社员提供集中育秧、统防统治、农技指导、机耕机收、机插机防等全程服务。

第三，信用合作平台。锦绣千村合作社于 2016 年 2 月成立内部资金互助平台，坚持不对吸储放贷、不支付固定回报、对象封闭在成员内部、资金封闭在合作社产业内部四大原则。内部资金互助平台的资金使用表现出小额特点，生产经营的资金一般需求在 3 万～5 万

231

元。根据社员授信额度的不同，社员可申请的互助金金额为自身互助金存款的 5~10 倍不等，还款年利率浮动在 10% 上下。锦绣千村合作社通过内部资金互助有效解决成员融资难、融资贵的问题。

第四，教育培训平台。合作社现有全职专业技术人员 10 人，其中包括 1 名农学研究生、2 名高级农艺师、7 名初级农艺师，本地农业局、农机局、经管局、农教办、科技局等相关职能部门的骨干力量、合作企业技术专家以及合作农林院所专家教授作为合作社开展高素质农民培训的师资力量储备。目前，合作社拥有锦绣千村合作社农民培训中心 1 个室内培训场所和锦绣千村育秧工厂、锦绣千村葡萄园、锦绣千村科技示范园 3 个实训基地。

四、合作社创业创新历程

2011 年，身为常德锦绣千村植保有限公司董事长的龚佑琼，在农业生产劳动力不足、生产技术落后、经营规模缺乏竞争力的情况下，带领 50 名种植大户成立了澧县锦绣千村农作物种植专业合作社，希望通过领办合作社的方式帮助农民，解决生产、生活上的实际问题。但是，合作社成立之初并没有吸引周围农户加入，龚佑琼没有气馁和放弃，面对合作社成立初期的资金投入不足，龚佑琼就将自己在其他产业获得的积累不断地投入进来；面对合作社成员农业生产中的技术培训需求，龚佑琼带头找专家、技术人员，组织培训；面对农民对合作社的不认同，龚佑琼就带着合作社服务团队走乡进村，挨家挨户上门沟通。

正是经过 5 年的不懈努力，合作社得到蓬勃发展。澧县的农民从当初"拉都拉不进来"的困境，到现在的"争相入社"。成员数量也从当时的几十名，快速发展到现在的 5 000 多名。合作社的发展从最初的单一农资采购配送，发展到如今的集农业投入品采购配送、农业生产服务、农产品购销、资金互助四大平台于一体的综合服务型合作社。2013 年，合作社由湖南锦绣千村农业专业合作社更名为湖南锦绣千村农作物种植专业合作社，确立了以服务成员为宗旨，以发展现代农业为使命，以构建现代农业服务体系为目标，以信息技术为支撑的核心价值。合作社分工明确，下设农机服务部、技术培训部、成员发展部、综合信息部、采购配送部、农产品购销部、财务结算部7个部门。目前锦绣千村合作社服务设施完备，拥有4 000平方米的大型仓储中心、1 000平方米办公场所和1栋5 000吨气调库，同时还拥有1个能够从事高素质农民培训中心的多功能中心。锦绣千村合作社致力于为成员提供一项一项的服务，一次又一次地为成员产生效应，逐步形成了"专业农田保姆"的服务品牌形象和良好的行业口碑。

五、合作社创业创新成效

1. 节本增效　锦绣千村合作社依托供销服务、生产服务、内部资金互助、农民教育培训四大服务平台，提供"全程、多元、高效"服务，实现了合作社社员增加产量、提升品质、提高售价"三增"和减少农资成本、减少人工成本、减少投入品用量的"三减"，成功帮助成员每亩节本增收300元左右。锦绣千村合作社提供的烘干服务每吨也低于市场价20元。锦绣千村合作社每亩农业生产服务价格与市场价格的情况如表12-6所示：

表12-6　锦绣千村合作社社会化服务的效果

项目	每亩市场价（元）	每亩托管价（元）	节约成本（元）	备注
旋耕	100	80	20	
秧苗	240	210	30	
肥料	130	100	30	
机插	60	50	10	
机播	20	15	5	含拌种催芽
统防统治	70	50	20	含"三虫两病"（二化螟、稻纵卷叶螟、稻飞虱以及纹枯病、稻瘟病）
除草剂	40	30	10	根据实际情况定价
飞防	110	100	10	
管水	40	30	10	根据田块定价
收割	90	80	10	
短途运输	30	20	10	田间3 000米以内
成本总计	930	765	165	按一季计算

资料来源：实地调研整理。

2. 组织影响力不断提升 锦绣千村合作社的发展得到了中央、省、市、县各级领导的赞誉与推介。在 2016 年底召开的"培育新型农业经营主体、发展农业适度规模经营"座谈会上，时任中共中央政治局委员、国务院副总理汪洋对龚佑琼说："合作社取'锦绣千村'这个名字很接地气！希望通过你们的创新服务，能真正让千村锦绣起来。"2017 年 9 月 5 日，全国人大常委会常委、农业与农村委员会主任委员陈锡文一行 60 余人赴锦绣千村合作社调研。2018 年 4 月 9 日，湖南省委副书记、省长许达哲亲临锦绣千村合作社，对锦绣千村农业社会化服务所取得的成效给予了充分肯定（图 12-6）。

图 12-6　各级领导对锦绣千村合作社的关怀

资料来源：锦绣千村网。

锦绣千村合作社先后被澧县人民政府评为"合作社先进单位"，被湖南省委、省政府评为"湖南省委省政府为民办实事省级示范社"，获得"国家级农民合作社示范社"荣誉称号，同时也是科学技术部"星创天地"示范基地、首批"全国新型职业农民培育示范基地"、湖南省"巾帼脱贫示范基地"，被中国农村合作经济管理学会评为"2018 年度全国农民专业合作社发展十大案例"。锦绣千村合作社理事长龚佑琼先后获得澧县"劳动模范"、湖南省"百名最美扶贫人物"和"全国三八红旗手"等荣誉称号。

第四节　经验总结

新田地合作社、仁发合作社和锦绣千村合作社的带头人都怀揣着一颗对农业农村的热爱之心，回到农村牵头领办农民专业合作社，以发展农业、建设乡村、带动农民为出发点，响应了新时代"大众创业、万众创新"的号召。作为从事粮食经营的农民专业合作社，尤其是在当前粮食经营效益不佳、土地租金较高的背景下，3家合作社从成立至今均成功探索出了一条规模化经营之路，不仅带动了农民增收、农业增效，也实现了合作社自身"种粮也有大收益"。根据案例的介绍，合作社创业创新成功的关键经验可以总结为以下4个方面：

一、始终联系农民群众

新田地合作社、仁发合作社和锦绣千村合作社在发展过程中，始终与农民群众保持密切联系，通过自身的服务成功实现农民群众农业生产过程中的节本增效、省心省力，并通过盈余分配的方式将农民群众与合作社形成一个利益共同体，真正实现了合作社创立初衷"心中有农民、为农民更好地服务"。始终联系农民，一方面，合作社能够更好地开展农业社会化服务，降低成本，提升农产品品质，做到"质优"；另一方面，合作社能够吸引更多的农民加入其中从而扩大经营规模，发挥规模效应，做到"量大"。"质优""量大"有效地抵御了合作社粮食经营风险。

二、经营模式的"统分结合"

合作社经营模式的创新对于粮食种植合作社的发展具有重要意义。新田地合作社、仁发合作社和锦绣千村合作社均实现了农业规模化经营的"统分结合"："统"表现在3家合作社统一农业社会化服务，以获得规模收益；"分"表现在3家合作社分别通过设立农业生产要素车间、土地分块承包和设置"总社-分社-服务站"三级机构的方式降低规模化经营成本，在"地价上升、粮价低迷"的时期逆势而上，实现了"统"与"分"的对立统一，合作社真正实现了"种粮也有大收益"。

三、及时调整发展方向

新田地合作社、仁发合作社和锦绣千村合作社在发展过程中，面临着错综复杂的内外部环境，并没有一味按照原先的经营模式经营，及时调整自身发展战略，而不是一成不变地应对市场环境。3 家合作社均审时度势改变经营策略，避免了潜在的生存危机，顺应了市场的发展方向，保障了合作社市场的主体地位。新田地合作社由原先种植"豫农 416"转变为强筋小麦"新麦 26"和角质化玉米的种植、仁发合作社延长产业链以实现产业转型升级、锦绣千村合作社由最初单一的生产服务平台拓展为集"供销服务、生产服务、信用服务和教育服务"于一体的四大服务平台。

四、政策红利的支持

新田地合作社、仁发合作社和锦绣千村合作社在发展过程中都离不开政府惠农强农的政策支持，这为合作社的创业创新提供了制度保障。政策红利的支持让合作社理事长和广大社员吃了一颗"定心丸"，也为合作社发展迈出"低水平陷阱"提供了动力。3 家合作社均是国家级农民专业合作社示范社，合作社的理事长均获得诸多荣誉，是合作社界的领军人物，新闻媒体的报道宣传提升了合作社的知名度，也进一步激发了合作社的创新发展。

第十三章

各骋所长、百花齐放

——家庭农场创业创新

顾名思义,家庭农场就是以"家庭"为基本经营单位的农场,这也是家庭农场的本质特征所在。联合国粮农组织(FAO)对家庭农场给出了明确的定义,"家庭农场是由家庭管理和运营,并主要通过家庭内部劳动力来组织农林牧渔生产活动的组织形式"。事实上,家庭农场并不是什么新词,这一称呼在国内外学术界、日常农业生产活动中早已出现。根据 2010 年以来的相关农业普查数据显示,家庭农场这一类型占全球农场总数的 98%[①],即绝大部分农场都以"家庭"为经营单位。2013 年中央 1 号文件首次正式提出"家庭农场"概念,并强调要"创造良好的政策和法律环境,采取奖励补助等多种办法,扶持联户经营、专业大户、家庭农场"。此时,不禁产生疑惑:为什么家庭农场如此广泛,这一概念最近才在中央 1 号文件被正式提出来呢? 一方面,这有利于统一国内外对于"家庭农场(Family Farm)"概念的表述;另一方面,家庭农场概念被单独提出不是意味着新型组织的出现,而是在特定时代背景下,家庭农场这一组织形式有其独特价值所在。在大多数已有研究中,家庭农场与专业大户、普通农户一样被视为基本的生产经营单位,甚至有学者把家庭农场看为小农户的一种特殊存在形式。

中共十九大报告明确指出,要"实现小农户和现代农业发展有机

---

① Graeub B E, Chappell M J, Wittman H, et al, 2016. The State of Family Farms in the World [J]. World Development (87): 1-15.

衔接"。我国人多地少，各地农业资源禀赋条件差异很大，很多丘陵山区地块零散，全面实行规模化经营以及集中连片规模经营在短期内是不可能实现的，小农户家庭经营是我国长期以来最主要的农业经营方式。在这一现实情况下，依托小农户家庭经营来发展现代农业，必须发展多种形式的适度规模经营，培育新型农业经营主体，提高农业现代化水平。不同于其他各类新型农业经营主体，家庭农场尤其突出农户家庭经营的经营方式，主要聚焦于全产业链中的生产环节。家庭农场区别于将谋生视为主要农业经营目标的小农户，以利益最大化目标为驱动力，最大限度地在农业生产过程中注入现代要素，从而在推进农村创业创新过程中发挥重要作用。

本章将通过对 3 家家庭农场创业创新的介绍，从家庭农场创业创新原因、创业创新内容、创业创新历程、创业创新成效 4 个方面对 3 家家庭农场实例进行全方位展示，并最终提炼出几点家庭农场创业创新经验，以期为家庭农场在"双创"大背景下如何推进创业创新发展提供实践模板。本章将选取四川省成都市双堰家庭农场、天津市武清区军磊家庭农场、西藏日喀则市岗苏家庭农场作为案例分析对象，具体原因如下：第一，3 家家庭农场的成立都促进了农业生产效益的提高，激发了农村经济的活力，能够提高结论的说服力；第二，3 家家庭农场所面临的初始禀赋约束条件不一致，且都经过了成立阶段、挫折阶段、成长阶段，有利于多维展示家庭农场发展的详细演变过程；第三，3 家家庭农场分布于东部地区、中部地区、西南地区的不同省份，各地资源禀赋条件差异较大，有助于提高实践经验推广的可借鉴意义。

第一节　产业融合型：四川省成都市双堰家庭农场

一、家庭农场创业创新原因

段开迅出生于四川省成都市金堂县平水桥村。该村是成都市典型的贫困村，是基础设施不健全、产业发展落后、以从事农业初级生产为主的村庄。由于出身贫穷，段开迅在高中毕业后便急于寻求工作，脱离贫困生活，为家乡作出贡献。在学习电子技术并从事家用电器销售行业数年后，段开迅选择回到家乡，开始从事农资销售工作。1993年3月，段开迅积极参与村委会选举，开始进入本村村委会工作。2001年1月，段开迅当选为本村党支部书记。同时，经过多年的农业生产资料销售，段开迅接触了众多从事农业生产的专家、学者，为今后走进农业生产道路积累了丰富的经验，同时也深深地爱上了这个祖祖辈辈都从事的行业，专心致志地在本村的农业现代化道路上进行积极探索与实践。直到2012年，段开迅动员本村回乡创业伙伴4人，一同流转本村土地开始种植葡萄，探索农业规模化经营方式以及本村产业结构的调整优化。而一年后，即2013年，段开迅就成立了家庭农场，并进一步带领村民探索家庭农场的经营方式。

可以看出，段开迅之所以创办并发展家庭农场，主要原因有以下3个方面：第一，家乡情怀。段开迅出身于贫困村，深知贫困农村生活的艰辛程度，从小便立下了长大后为村民作贡献的志向，在村干部选举时也积极参与其中。第二，资本积累。段开迅高中毕业后便在外工作，积累了宝贵的销售经验，又结识了众多农业领域的专家、学者。这既促使他产生了在家乡从事现代农业的"新"想法，也为他回乡作为村里能人为村里作贡献打下了坚实基础。第三，党员意识。在正式创办家庭农场之前，段开迅已经担任多年的村干部，在这一过程中为村内老百姓解决了诸多疑难问题并从中体会到了助人为乐给自身带来的愉悦，进一步地强化了发挥党员模范带头作用服务群众的意识，率先创办了家庭农场。

二、家庭农场创业创新内容

在创办双堰家庭农场之后，段开迅基于当地实际情况开始探索最为适宜的农业发展"新"道路，"新"在哪？家乡物质基础并不雄厚、基础设施并不健全，只有世代赖以为生的大自然给予的条件。通过一番思索，段开迅把"新"定位在适宜当地实际情况的生产模式与经营模式两方面。

第一，在生产模式方面，双堰家庭农场选择探索种养结合模式，实现节本增收。种养结合模式尤其适用于成都郊区乡村的自然条件，能够实现土地利用价值额最大化，实现循环经济。这一生产模式启动成本并不高，但却能在有效管理维护过程中大大降低生产成本，从而为农业生产创造了充足的利润空间。由于种养结合模式属于新型生产模式，只有在市场渠道稳定、生产效益可观的情况下才会吸引周边农户加入农场规模经营的过程之中。为此，农场在启动期便主要在高标准农田区上从事农业生产活动，探索多种种养结合模式，提升农业生产综合效益。在这一过程中，段开迅作为村庄能人始终起着带头作用，因为其多年积累的资源在探索适宜当地的生产模式时是不可或缺的。基于成都"水乡"地形的特征，利用农户"观望"的心理，聚集前期积累的资本，农场探索出了在高标准农田上实践种养结合的模式，而这显然只能是"适度规模"之下的探索与创新。

第二，在经营模式方面，双堰家庭农场既重视纵向一体化协作模式，也试图尝试探索产业融合经营模式。一方面，家庭农场负责种植生产的前端环节，而产前、产后服务提供的能力方面是有所欠缺的。基于此，农场通过与合作社、企业构建起一体化的紧密关系，缓解家庭农场在产前与产后环节的不足之处，让家庭农场在新型生产模式下所生产出来的农产品能够在面对激烈的市场竞争过程中仍然有较为稳定的销售渠道。另一方面，种养结合模式与生态农业的内涵较为接近。为此，家庭农场通过农业区域景观化，在产业融合、生态休闲农业方面开始进行一系列探索，合理发挥自然资源潜在的经济价值，以农业产业为依托更好更快地带动村庄走向富裕。

三、家庭农场创业创新历程

双堰家庭农场的发展历程并非一帆风顺。前文已简要说明了初创阶段的不容易，需要一定的资本积累程度（包括物质资本和人力资本）、聚集一定数量的专业人才、拥有一定数量的村庄参与者等条件皆为成熟的情况下，家庭农场的创办以及"新"想法的落实才具备充分的可行性。然而，这一可行性只是短期的，甚至可以说"极短期"。毕竟"一劳永逸"的极端情况在农业经营过程中是不存在的，因此挫折随之而来，紧接着"新"的想法与措施必须尽可能地被提出来应对挫折。总体而言，双堰家庭农场在创办之后，经历了起步阶段、探索阶段、发展阶段，具体发展历程如下：

1. 起步阶段：农业市场多动荡，总结教训再起航　双堰家庭农场引入了红心蜜柚，企图通过生产新品种增加销售利润，并通过尝试利用间种技术，在种植红心蜜柚的同时间种蔬菜以期缩短整体生产周期，并通过流转村内土地开启发展农业规模经营的探索之路。可以说，这些做法确实能够达到"节本增收"的效果。通过让来自不同家庭的农户学习使用"柚子＋蔬菜"的间接种植技术，带动村民共同增加收入。然而，这一切"美好蓝图"实现的前提是终端销售市场对所生产产品有着高度的购买需求。市场波动的不稳定性使得家庭农场所生产农产品在第一年便碰壁，导致当年净亏损达到了10多万元。作为领头人的段开迅，其家人也怨声四起，质疑声音不断。段开迅在"碰壁"之后不是轻易放弃，而是"面壁思过"，认真总结导致亏损的主要原因到底有哪些，有什么办法可以对问题进行改进。最后，段开迅分析得出亏损的主要原因是种植与销售之间的关系脱节。"产销"没有一体化，再好的产品也难以卖出去，理想的生产效益自然而然也无法实现。基于此，段开迅开始利用自身积累的社会资本，邀约本村及外乡镇的销售能人以及企业，开始了"订单式"农业种植、互惠互利的探索，在确保市场需求区间的前提下，着力于提高优质品的有效供给，终于在第二年，农场经营收益情况有了明显改观。

2. 探索阶段：因时因地制宜，探索现代农业模式　段开迅开始大胆探索生态农业、休闲观光农业，探索种养结合，积极推广测土配方施肥技术，发展科学种养，通过"猪-沼-果"和"菌-稻-菜"模式的试验示范，探讨农业循环经济的运行模式，既明显地降低了生产成本，又能够达到保护生态环境的效果，最终使得农业综合效益得到显著提升。由于节本增收成效显现，种养结合模式吸引了周边农户效仿起来，通过流转一定规模的土地实施种养结合模式发展规模经营，农村创业的积极性在明显的效益面前被瞬间"点燃"，平水桥村高标准农田建设区域内有32家经营主体参与其中。由于发展势头迅猛，在亏损的第二年，家庭农场就实现了扭亏为盈。鉴于新型生产模式对于平水桥村增收的巨大贡献，双堰家庭农场也因此先后被评为成都市市级示范农场及省级示范农场。与此同时，段开迅认识到技术对于现代农业发展的重要性，他坚持不断学习，及时给自己"充电"，完成了农村牧渔类、农村管理类、农业经济管理专业课程，以优异的成绩获得大专学历。为了村民们有更高的积极性去种植优新蔬菜品种，双堰家庭农场还适量免费发放一些优质新型蔬菜种子给有兴趣种植的农户，使越来越多的农户投入高效益现代农业种植过程当中，并优先提供销售信息。最终，由于种植技术的保障、市场渠道的相对完善以及优质农产品的广泛需求，并且与经销商、合作社、企业等建立了较为稳定的关系，家庭农场带动更多村民实现增收致富。

3. 发展阶段：顺应市场重创新，农村产业需融合　在通过调整生产结构、生产方式后，双堰家庭农场走向市场拓展阶段，基于已有资源禀赋情况，进一步挖掘新的需求点，拓展市场空间，通过综合运用新技术、新品种、新模式等手段，进一步打开当地市场缺口，提升农业产业附加值。为此，段开迅先后到山东、湖北等地学习新模式，积极向村民推广培训新技术、新理念，逐步走向农村产业融合道路，最大限度实现村庄要素禀赋的价值增值。一方面，农业产业"内部"融合在深入推进，农业内部水稻产业、蔬果产业、养殖产业以及新品种（如羊肚菌）产业等农业产业之间进行要素重组融合，实现稳定客观的种养循环生产模式、"菌-稻-菜"生产模式等，同时继续引入新型农业特色产品，为农业生产始终注入新鲜活力，包括韩国高山娃娃菜、上海乌塌菜、芥蓝、羊肚菌等特色产品。另一方面，农业产业"外部"融合进程在稳步前行，农业产业通过与旅游业态的融合，形成休闲农业、观光农业等新型农村产业业态，并引导村民将农业园区景观化、农业景区景点化，极大地改善了整体的村容村貌。2017年，平水桥村接待观光旅游人数上万人以及体验观光团数百次，国家、省、市领导也多次到村上视察指导工作，围绕产业兴旺、生态宜居提出新型产业发展思路，目前整个平水桥村呈现出欣欣向荣的发展局面（图13-1）。

图 13-1　金堂镇平水桥村田园文化体验节

资料来源：网易号网站。

四、家庭农场创业创新成效

双堰家庭农场在村党支部书记段开迅的带领下，认真总结教训，对发展模式做出科学合理的动态安排，最终取得了极为理想的成效，主要包括以下 3 点：

第一，基于当地实际情况，实现了农村产业结构的优化。在家庭农场创立之前，村庄农村产业经济结构单一，长期处于低效的农业生产状态之中，而在段开迅引入先进要素，包括技术、管理等要素后，农业产业成为"能赚钱"的产业，种养结合模式、农作物循环经济模式以及生态休闲农业都使得农村居民人均可支配收入得到了迅猛的发展。由于种养结合试验示范成果显著，平水桥村的人均可支配收入得到了较为明显的提高，相比 2012 年增加了近 4 倍。许多对于家庭农场持"观望"态度的农户纷纷参与其中，共享现代农业发展所带来的红利。

第二，农村人居环境"焕然一新"。平水桥村通过广泛实施双堰家庭农场推出的循环经济模式，在农业产值提升的同时极大地改善了农村生态环境。另外，双堰家庭农场通过发展生态休闲农业，激励了村民们自动自觉地参与到生态环境的维护之中，并且农业园区的景观化也使得休闲农业区域成为平水桥村的靓丽风景线。

第三，双堰家庭农场的影响力得到提升。由于农村产业融合发展势头良好、农户增收成果显著、游客络绎不绝，不少政府领导都前来视察指导工作，参与下一步产业发展方向的讨论并给出非常具有建设性的建议，而周边家庭农场、企业等农业经营主体则积极前来讨论学习经验以及洽谈合作关系。目前，双堰家庭农场所在村庄先后荣获成都市文明村、四川省四好村、成都市优秀基层党组织、成都丘陵区特色农业示范基地和四川省百强名村等荣誉称号。

第二节　技术研发型：天津市武清区军磊家庭农场

一、家庭农场创业创新原因

家庭农场的发展方向除了受到外部政策、市场需求影响外，很大程度是受到家庭特征的影响。刘洪成是天津市武清区大碱厂镇人，从小就对果树种植有着浓厚的兴趣，15 岁时成为村里的果树种植技术员，展示出了种植技术方面的天赋。20 岁时，他承包了15 亩荒地，在村里建起第一个果园，由于管理到位、果品质量好，吸引十里八村的乡亲们都来观摩学习。可以看出，刘洪成自幼便在农技管理方面过人一筹。目前，刘洪成不仅是农民高级技师，还是天津市津农果树研究所所长，曾获"天津市劳动模范""林业战线先进个人""天津市市级科技推广先进个人""天津市种植业状元"等荣誉称号。

这位"头衔众多"的技术型专家，把大半辈子时间花在农作物科技研发上，而如今，他选择在武清区创办了家庭农场——军磊家庭农场（图 13 - 2）。正如刘洪成自己所言，之所以选择在从事多年科技研发工作后创办家庭农场，是因为"希望以一己之力，为科技兴农出点力、做点实事"。因此，创办军磊家庭农场主要原因便是希望通过成立这一新型农业经营主体，在经营过程中把多年来"飘在空中"的研发成果，依托实践主体促使研发成果在广袤的农村土地上"生根发芽"，真正把农业科技运用到现代农业发展的道路上。

图 13 - 2　刘洪成在观察果树生长情况

资料来源：中国农村创业创新信息网。

二、家庭农场创业创新内容

毋庸置疑，技术型家庭农场创业创新的核心便是技术，那么农业研发技术与家庭农场二者合起来会产出什么样的火花呢？家庭农场作为以家庭为基本单位的经营主体，在起步阶段农场经营的土地要素、劳动要素等主要来自自身。因此，其决策所考虑的更多也是自身、家庭，而不需受到投资人等的外部约束。在这种情况下，家庭农场可以根据家庭实际条件以及外部的一定补充条件（包括流转土地）对农业生产活动进行"任意描绘"，这时候技术专家便会偏向于"学以致用"，在具备一定规模的土地上进行现场实验，并结合实验结果，把技术运用推广到其他农户。这时，周边农户会纷纷"加入"到家庭农场中（不一定是严格意义上的加入，包括简单的合作关系），享受技术扩散带来的效益增值。这就是技术型农场创业创新的主要创新内容：技术实践"职业化"。

顾名思义，技术实践"职业化"包含两层意思：一方面，技术研发工作与技术服务工作是相衔接的，技术研发的最终目的是更好地运用；另一方面，这一技术实践转化过程是"职业化"的，即这一实践转化过程不是"空中楼阁"，而是具有研发与服务同步实践的职责。具体来说，这一"职业化"实践体现为以下两点：

1. 以"种植适应性"与"市场导向"为原则从事技术研发 技术研发是先决条件，军磊家庭农场在农业生产活动开展之前，具备一定的技术研发基础，包括已有技术成果储备（如农产品新品种）以及技术采纳过程理论上所需要的步骤等。通过秉持"种植适应性"原则，农场研发出了超密植苹果技术，以提高当地有限土地面积内高效科学地提高产量，最终实现这一品种苹果在第二年种植过程中达到亩产超 6 000 千克。通过秉持"市场导向"原则，农场主刘洪成意识到国内水果消费趋势的转变，而黄桃具有特殊香味与新鲜感官并有超越普通桃的口感，恰恰符合新的水果消费趋势，于是把研发精力又瞄准在新作物黄桃上，顺应甚至引领了最新的市场需求。

2. 秉持适度规模经营原则，以免费组织村内学习的方式传播技术 一般而言，农场主都希望通过依靠自身能力采取雇用等方式实现农业规模经营，进而实现规模效益，而这一农场则仅以技术传播方式实现村庄意义上的规模经营。农户经营的具体状况在对农场进行反馈后，进一步推动技术研发工作的深入，这一"良性互动"关系是带动全村致富的新形式。具体地，农场先是依靠自家土地通过记录下产量、成本、局限性等关键信息，促使技术成果在运用方面更具有稳定性，周边农户随之便会"慕名而来"。紧接着，技术推广阶段即农民"学习"的过程采取免费的方式，以提升用户学习并采纳技术的积极性。军磊家庭农场并没有通过大面积土地流转的方式实施规模化经营，而是以"熟人"的方式为周边希望"学习"技术的农户，以实惠价格甚至免费的方式提供技术服务指导。在这种背景下，村庄内部的技术推广过程迅速，效果也尤为显著，极大地拉动了农村经济的增长动力。

三、家庭农场创业创新历程

军磊家庭农场在创业创新的过程，的确走出了一条"技术型"专属道路。但值得注意的是，这条道路并非笔直向前的，而是循环反复的，"新"农业技术的诞生与"新"农业技术的运用是互相渗透、互相促进的。在这一过程中，技术研发与技术运用都是一条"看不到尽头却闪烁着光芒"且吸引技术专家们不断探索、继续前进的道路。

1. 起步阶段：技术好不好，用了才知道　早在 1982 年，刘洪成就开始勾画自己的果园技艺蓝图，且凭借自己对果树事业的执著追求和精心钻研，经过多年的长期努力，最终在果树栽培、良种引进繁育等方面取得了成就。关于"研发出来的技术到底能否作用于家乡的增收过程中"的疑问，是刘洪成多年都在考虑的问题，毕竟把在实验环境里试验成功的技术真正"落地"是需要花一番功夫的。为此，刘洪成也决定做一回"实战派"。2015 年，他投资 200 万元承租了周边农户 200 余亩地，建立起天津市武清区军磊家庭农场。在家庭农场经营过程中，他与多家科研部门合作，把获得成功的多个研究项目和优质果木品种逐步引进家庭农场种植品种计划中。结果发现，新品种的引入能够明显提升家庭农场的收益状况，而这为当地农户开辟了一条科技兴农的新型农业发展道路。

2. 探索阶段：传播农业技术，为周边果农服务　刘洪成把"经营就是服务"作为自己的经营之道。他根据果农对苗木的需求，与果农签订协议，进行跟踪服务，直到售出的果木开花为止。在具体操作上，主要根据与军磊家庭农场距离的远近以不同方式来提供技术服务，以提高总体的服务效率，提升农业技术传播的速度。对于近距离的农户，会根据农户需要亲临果园服务；而对于远距离的农户，会根据其所反映的记录情况，主要以在苗木生产期的不同时段寄送技术资料的方式进行指导服务。他还给自己定了服务规则，不管果农是否购买了研究所里的树苗，他都会尽己所能提供技术服务。

3. 发展阶段：技术研发贡献永不停歇　为了掌握大量的科技信息，提高自己的研究水平，刘洪成会利用一切空余时间充实自己。家里、农场除了实验标本，就是他所需的书刊，如《中国果树》《北方林果》《果树科技通讯》《果树实用技术》等。他还与京、津、冀、鲁等十几个省市级以上科研单位保持联系，并从河北昌黎果树研究所、天津农业科学院和区林业局等地聘请了 5 位技术顾问。为了克服苹果树从种植达到丰产期需要经营周期长的难题，刘洪成付出了 10 多年的努力，耐心地等到研究成果的到来。自 2001 年开始，他便从自己果园拿出 30 亩地专门从事苹果早丰产研究试验。为此，他查阅大量资料，并自筹路费先后到多家单位考察学习，进行了大量的试验。2002 年刘洪成便开始做技术与品种试验，在经历多次失败后，2013 年关于新品种研发的试验终于成功，实现 4 年结果 5 年丰产，填补武清区这一技术的空白区域。尽管如此，科研之路仍在继续。2015 年，他又研发出了超密植苹果技术，实现这一品种苹果在第二年种植过程中亩产超 6 000 千克，大大超过了原来的亩产量，提升了苹果的生产能力。近年来，他意识到国内水果消费趋势的转变，而黄桃具有特殊香味与新鲜感官并有超越普通桃的口感，恰恰符合新的水果消费趋势，因此他把研发精力又瞄准在新作物黄桃上。由于现有大多黄桃品种有诸多缺陷，于是他暗下决心一定要培育出优良的黄桃品种。通过数年的努力，在 2015 年成功培育了国庆巨黄油、巨黄金桃等新品种。这些研发推出的新品种融入家庭农场生产过程中，会进一步地提升家庭农场经营效益，进而通过外部溢出效应带动周边农户增加农业收入。

四、家庭农场创业创新成效

军磊家庭农场通过近几年的努力，实现了快速发展，达成了以下两点成效：一方面，研发成果显著，产品增值效益高。近年来，农场和区科学技术委员会进行的"无病毒果树苗木繁育推广"，市农业科学院、区林业局联合进行的"保护地果树试验"，市农委"精品水果推广项目"等多项试验研究，都取得了成功。尤其是在黄桃方面取得了重大突破，填补了国内在近年来关于甜口味巨型黄桃品种研发的空白。在引入新品种后，家庭农场的农产品收益得到明显提升。其中，新品种桃树的种植喜获丰收，上市后颇受消费者欢迎，价格达到每千克 15 元，经济效益相当于种植普通品种的 2 倍。另一方面，技术溢出效应明显。家庭农场在采纳种植技术并促进效益显现的同时，吸引了周边农户纷纷前来取经效仿。近年来，刘洪成的足迹遍及区内河西务、河北屯、双树、汉沽港等二十几个乡镇、上百个果园，技术传播辐射范围大大超出了预期。至今，他已义务接待果树咨询 10 000 多人次，为果农讲过多次课，解决了众多技术难题。

第三节　能人带领型：西藏日喀则市岗苏家庭农场

一、家庭农场创业创新原因

朱杰，一个在青藏高原上土生土长的普通农民，一名朴实肯干、创新敢干、勤劳实干的农村创业者，尽管只有初中文化程度，却在种植业生产中积极学科技、用科技、推广科技，不仅用自己的勤劳和智慧摆脱了贫穷、实现了小康，还帮助带领周围的群众走上了科技致富之路，成为桑珠孜区远近闻名的从农场里走出来的致富"明星"。

那么，这位普通农民到底为什么要创办家庭农场呢？朱杰之所以创办家庭农场，主要有两方面原因：一方面，国家政策引导。出身贫农的朱杰没什么大本事，最大的本事就是"勤"，勤学、勤做。因此，他比其他农户思考得更为长远，不仅仅思考贫困状态下如何保障生活基本供给，还思考"种什么"效益高，思考"怎么种"收成好，已经把思维拓展到现代农业经营问题。所以，他积极学习农业生产技术，依照国家对青稞良种生产和测土配方施肥试验与示范的补贴政策，他积极与市农业科学研究所、农业中心以及桑珠孜区农牧局寻求合作。在技术条件成熟基础上，以及国家政策对于返乡创业的鼓励与支持下，朱杰选择了创办岗苏家庭农场（图 13 - 3）。另一方面，朱杰通过以自我家庭经营为中心，辐射带动周边农户共同致富。因为他并不满足于自己一人的小康，他的心里始终装着全村 62 户群众，团结群众和帮助群众是他始终放在心里的事情。每次从外地培训回来，他周围总是挤得水泄不通，大家都喜欢听他讲外面的新技术、新变化。而朱杰也乐于把学到的技术和知识分享给大家，对于一些关键技术，他甚至会手把手实地演示给群众看。家庭农场这一新型农业经营主体，恰恰是符合朱杰这一"明星"引领全村发展现代农业的良好载体。

图 13 - 3 岗苏家庭农场

资料来源：土流网。

二、家庭农场创业创新内容

之所以把岗苏家庭农场看作"能人带领型"，是因为它区别于一般的能人带领农场。在"一穷二白"的家乡里以"一己之力"带领村庄发展，是客观现实制约下迸发而出的新型家庭农场，也是典型意义上的"能人带领型"农场。

1. 把拥有技术的自己"带回"家乡　也就是说，要引入撕开城乡要素流动"口子"的人才，让先进要素融入农村传统生产要素之中，改变传统要素结构。朱杰所在村庄可以称得上"一穷二白"，朱杰的初中教育程度已经算是"高材生"了，村里尤其欠缺教育、学习的渠道，而朱杰不仅是村里"走出去"的先驱者，还是把勤奋学习才掌握的先进技术"带回来"的引领者。因此，岗苏家庭农场运作过程的"能人带领"特征尤为明显。岗苏家庭农场在推进创业创新过程中最主要的特征便是"带领"，怎么带领？朱杰在外出积极与科研院所交流学习农业技术后，成为整个村稀有的"人才资源"和"先进城市要素"的拥有者，这也促使他具备了带动能力。

2. 响应政策号召，扛起带头先驱者"内联外引"的责任　值得一提的是，朱杰创办家庭农场本身只能算创业，还不能算"新"，主要"新"在家庭农场经营方式，他把家庭农场当作"传播示范技术""带动村民致富"的"能人带领型"载体，而不单纯是将农场视为实现"经济效益最大化"的经营单位。这种情况下，家庭农场的核心地点始终是朱杰的家庭，他在家里会办技术培训会议，并且村民们遇到技术难题都会找他解答，极大地密切了家庭农场与全村村民之间的社交网络，并且这一社会网络还需加上两个字——"技术"。此外，朱杰还具有奉献精神，在拿出家里的全部积蓄后多方集资，注册成立了西藏首家家庭农场——岗苏家庭农场。在家庭农场内部，购置种牛和优质绵羊等，新建牛舍、厂房、办公区、生活区，同时开展绿化建设，开展农业规模化经营道路。在规范了农场经营之后，又积极"内联外引"，从外部引入高新技术、品种，从内部开展创业青年培训，扛起了带领村民致富的大旗。

三、家庭农场创业创新历程

岗苏家庭农场的创业创新历程同样具有独特性，尤其适合那些初始资源禀赋条件一般、平均教育水平程度较低、与外界联系渠道稀少的村庄。

1. 起步阶段：勤学勤干，掌握一技之长　作为一个地地道道的农民，朱杰除了种田之外并不具备其他的谋生手段。但他拥有劳动人民与生俱来的本性——勤劳。他的"勤"表现在"勤思"上。对于农业技术，很多人都是按照祖辈们传下的法子种，不愿或是不敢使用新方法、探索新道路。朱杰家里共有65亩耕地，但只有5个劳动力。为了尽可能降低管理难度和劳动强度，朱杰投入近5万元购置了一套农机具。朱杰家的种子田从种子包衣、播种到田间除草、病虫防治，再到单打单收，从来都是井井有条、保质保量，这能在保障农业高效增收的同时促使他在当地建立起了较好的口碑。因此，他能够率先走出村庄学习外部先进技术，也不足为奇了。在通过外出向科研单位和农技推广部门学习之后，他对生产技术有了更深一层的认识，意识到要实现丰产丰收，除了"靠天吃饭"之外，把良种良法运用到农业生产过程中才是关键。由于掌握优良品种配套生产技术的门槛并不低，朱杰的"勤学勤干"仍然要发挥作用。因此，在每次区里举办的农民培训会上，朱杰的身影几乎都会出现，并在会议结束后利用一切机会向农技科研人员和其他群众虚心请教。另外，在技术实践过程中，他也会积极参与其中，当技术人员到试验地查看苗情时，他会请技术人员答疑解惑。2013 年，他作为桑珠孜区的农民带头人参加了在西藏蓝翔技能培训学校举办的西藏自治区基层农业技术员培训班，并获得"西藏基层农技推广体系改革与建设补助项目技术指导员"资格证书。2014 年 6 月，他又参加了日喀则市桑珠孜区农牧局组织的基层农技人员赴青岛参观学习活动。让他的技术水平得到了进一步提高，眼界和思想也得到了进一步拓展。

　　2. 探索阶段：不忘乡亲好，致富办农场　有了成熟的技术条件，还要有充分的物质条件。朱杰通过辛勤努力，家庭每年仅粮食生产一项收入折现就超过 5 万元，加上农闲外出务工和畜牧业产出，年收入超过 12 万元，在当地率先过上了小康生活。在 2012 年，他带领一些有志青年，拿出家里的全部积蓄，多方集资，注册成立了西藏首家家庭农场——岗苏家庭农场。在家庭农场内部，购置种牛和优质绵羊等，新建牛舍、厂房、办公区、生活区，同时开展绿化建设，开展农业规模化经营道路。目前，家庭农场引进了高产的奶牛、优质的种羊以及配备各种现代化农机设备的农场养殖基地。通过入股、雇用、流转等方式，家庭农场与周边农户建立了紧密的利益联结机制，共同致力于家庭农场的发展，同时通过发放优质种苗，让更多村民参与其中。由此，朱杰便成了当地从农场里走出来的带领村民致富的"明星"。

　　3. 发展阶段：无偿互帮互助，心向共同致富　区别于一般的追求"利益最大化"的家庭农场，朱杰始终把社会责任放置于心，时刻把"带动村民致富"当作自身行动准则。因此，朱杰为了致力于共同致富的实现，在岗苏家庭农场成立后，朱杰始终不忘帮助贫困乡亲，还会无偿地为村民们提供帮助。在技术传播的过程中，他甚至经常会手把手实地演示给群众看。有一次，村里的老村委会主任多布杰也来请教种子包衣的技巧，讲解一遍后，朱杰见他一脸茫然，干脆就拉着多布杰去了他家里，兑药、拌种、晾干、分装，从头到尾帮老人家手把手教到会为止。由于家庭农场购置了农机设备，朱杰还会免费提供车辆为附近乡村进行挖水渠、修路和集资运输、抗洪抢险作业等服务，既减轻了村民们的经济负担，也保障了生命财产安全。同时，农场还为甲措雄乡的奶牛和绵羊免费提供良种，为附近乡村无偿提供种养技术培训服务，优先为村里的贫困户提供就业机会，甚至鼓励村民们参与入股分红之中。近年来，农场还通过开展创业青年培训、全市乡书记和乡长现场培训、全市土地流转调研组现场观摩会等形式，为全市农牧民创业和科技培训搭建了良好的学习交流平台。

四、家庭农场创业创新成效

岗苏家庭农场在朱杰的带领下，实现了突破性的发展，取得了显著的成就。主要结果可概括为以下两方面：

1. 引进优良品种与先进技术，激活农村经济活力　家庭农场已经形成了拥有 130 头黑白花高产奶牛、250 只英国萨福克优质种羊以及 1 000 亩饲草的养殖基地，加上现代化农机设备的使用以及先进技术的使用，岗苏家庭农场事实上已经打造了现代化的农场养殖基地，打破了过往的单一农业种植结构，率先地走出规模化和规范化的养殖道路，优化了整体的农村产业结构。

2. 节本增收成效显著，周边农户共同致富　家庭农场目前年收益在 300 万元以上，并且通过入股、雇用、流转等方式构建了利益联结机制，让农户能够共同参与并享受到家庭农场的发展成果。除了经济上的进步，还有技术上的进步，目前每年外来参观学习培训人员3 000 人次以上，岗苏家庭农场起到了良好的农民自主创业致富示范带动作用。由于卓越的贡献，朱杰被推选为桑珠孜区人大代表，且被授予"西藏基层农技推广体系改革与建设补助项目技术指导员资格证书"，被聘为桑珠孜区"农民技术员"。先后获得 2014 年度日喀则市先进党员、2016 年全国农民创业创新百名优秀带头人等荣誉，岗苏家庭农场也获得了"日喀则市英国萨福克优质绵羊繁育和推广基地"称号，成为全市有名的农民科技人才培训基地。

第四节　经验总结

　　双堰家庭农场、军磊家庭农场和岗苏家庭农场从成立至今都成功探索出了一条规模化经营之路。尽管3家农场所在地的初始禀赋状况都不一致，发展路径也呈现出差异化的特征，形成了不同的发展模式，但最终都对农民增收、农业增效产生了积极影响。根据案例的介绍，家庭农场创业创新成功的关键经验可以总结为以下3个方面：

一、因时因地制宜、探索不同发展模式

　　本章所选取的3家家庭农场分别属于产业融合型、技术研发型、能人带领型，而这3种发展模式的形成都基于当地特有的实际情况。例如，在当地资源禀赋条件优厚、经济发展水平较高、具备一定科技实力的地区，家庭农场可以选择产业融合型道路；相反，在资源禀赋条件一般、经济贫困的地区，需要走能人带领型道路，着力于支持"极少数"的脱离贫困、掌握一定技术、致力于返乡创业的有为青年。而若村庄内部存在权威技术专家，技术研发型道路也是一种理想选择。总之，不同地区家庭农场发展模式的形成，必须在当地实际条件的基础上综合权衡再作出选择。

二、注重培训教育、内嵌社区发展

　　家庭农场由于家庭成员参与农业经营，土地要素成本和劳动力的传统生产要素成本都相对具有优势，这时如何利用成本优势创造利润空间，关键在于能否充分发挥好"人"的作用。"人"通过学习过程能够形成先进的技术、管理、知识等现代要素，能够极大地提升农业生产增值空间，而注重引进人才、为人才返乡营造宽松环境、重视高素质农民培训都能有助于充分发挥好"人"的作用。此外，还要注重兼顾"人"的心理。除了"先驱者"的奉献心理之外，其他农户在选择是否参与家庭农场经营过程、是否愿意接受家庭农场的技术传播指导，实质上是心理斗争的过程。家庭农场只有"内嵌"于村庄之中，

才能实现长期可持续的发展。本地人效应、免费技术服务推广、寻求新型生产经营模式等都是家庭农场在启动期发展时"看似意料之外，实则情理之中"的创新举措。

三、走向适度规模，引入现代经营理念

区别于合作社、农业企业，大多数家庭农场经营是以"家庭"或者"自己"为核心的，而往往不需要经过与像合作社理事会成员、企业管理人员那样在各方利益之间寻求一处平衡点。在这种情况下，家庭农场的农业规模经营往往是"适度规模"的，这一特征理应得到充分重视。农业规模经营一旦超过一个"度"，甚至横跨好几个村庄区域，契约成本、沟通成本等交易成本将提高，经营效率降低。适度规模的家庭农场有一重要优势，就是便于农场主"理念"的注入，包括"标准化经营""生态化经营""品牌化经营""技术合作经营"等。在经营理念的导向下，家庭农场能够实现较高的经济效率，既能达到理想预期收益，还能带领村民致富。

第十四章

"候鸟"变"归雁"
——返乡农民工创业创新

     实施乡村振兴战略，关键在于人，在于农村是否拥有大批能创业、会创新的高素质农民。近年来，大批农民工在国家政策的大力支持下回乡创业创新，带动家乡致富，成为支持乡村振兴的一支重要力量。基于此，本章将介绍3位返乡农民工在家乡创业创新的故事，聚焦其创业创新原因、创业创新历程、创业创新成效和创业创新经验几个方面，以期对广大返乡农民工有所启发，为大家提供可借鉴的样板。

     本章选取了山东省临朐县天润农场王永法、河南省新野县鼎泰电子精工科技有限公司王馨、安徽省桐城市农夫商城汪启航3位返乡创业农民工作为典型案例进行详细介绍。之所以选取上述3位返乡创业农民工作为本章典型案例，主要有以下两个方面的原因：第一，这3位创业者代表了农民工返乡创业的不同方向。王永法从创办养猪场做起，又办起家庭农场，而后将农场转型为集种植、养殖、销售、休闲旅游于一体的农业综合体；王馨回乡后先是创办了科技公司，在此基础上不断扩大经营范围，成立了鼎泰公司这一高新技术企业；汪启航在创办雪花池家庭农场的基础上发展农村电子商务，打造了"农夫商城"这一区域化电商平台，闯出了农村供销电商新路子。第二，这3位创业者在返乡后选择的创业领域有的与其之前从事的行业相关，有的则并无关联，但是他们的创业成果都经历了一步步发展壮大的过程，其在创业过程中积累的丰富经验都可以为后来者提供借鉴。

第一节 山东省临朐县天润农场王永法：
返乡建农场 荒山变青山

王永法是山东省潍坊市临朐县下李家崖村的一位村民，除此之外，他还有着多个特殊的身份——山东省劳动模范、返乡创业的农民工以及在当地名声响当当的天润农场经理。一位返乡创业的草根农民，是如何摇身变成山东省劳动模范的呢？一座位于沂蒙山区的普通养殖场，是如何发展成为集多功能于一体的田园综合体的呢？这还要从 30 多年前的故事说起。

一、荒山上开辟出养猪场

1986 年，刚刚高中毕业的王永法放弃学业，背起行囊，毅然离开了从小长大的临朐县下李家崖村，独自到潍坊市区打工谋生。在漫长的打工岁月里，王永法从事过许多职业，经过多年闯荡城市的历练，他的眼界拓宽了许多。在一次与朋友的交流中，王永法发现了绿色食品行业未来潜藏着巨大商机。

1997 年，怀揣着强烈创业梦想的王永法决定返回家乡，在妻子赵术丽的帮助下，他建起了一座黑猪养殖场，专门生产绿色食品黑猪肉。"土黑猪"因有好动的生活习性，其肉质营养高、口感好，备受市场青睐（图 14 - 1）。养猪场的选址就定在了下李家崖村边的南山上，当时的南山荒无人烟，漫山遍野都是碎沙和雨水冲刷出的沟壑，因为干涸这片山不仅存不住水，连耐旱的树木都种不活，然而王永法却一下子在这里承包了 30 亩山地。他先是想尽一切办法从亲戚朋友那里借钱租来了挖掘机，用了两个月的时间平整场地、架电线，在荒地上建起了猪舍，还修了一条能通车的道路。王永法的目光放得十分长远，他知道，要想在南山上有所作为，必须要下大功夫治理南山，而水资源短缺就是最让人头疼的问题。于是，他又找人来抽沙换土，打了一口 100 米的深井，修筑了蓄水池。在修建基础设施的两个月里，王永法夫妻二人吃住在南山，每天只能睡四五个小时。在付出辛苦劳动的同时，他们梦想的种子也悄悄地生根发芽了。

图 14 - 1　生态黑猪
资料来源：黑猪肉交易网。

　　养殖场初具规模后，王永法正式成为一名"猪倌"。他积极主动地学习饲养、防疫、育肥、饲料配方等技术，从正规大型养殖场引进新品种，并为每头猪建立"户籍档案"，还聘请专门技术员作养殖场的技术后盾，制定养殖技术标准化规程，实行"五统一"管理，即统一引进良种、统一供应饲料、统一兽医防疫、统一档案管理、统一技术服务。科学的养殖方法使得王永法的养殖场里产出的黑猪肉口感醇香，第一批生态猪肉投放市场后，受到了顾客热烈的欢迎，市场供不应求，每斤黑猪肉卖到了 45 元。为使"生态猪"全部达到无公害、绿色的标准，王永法进一步在养殖方法上下功夫。他为生猪喂食杜仲、胡萝卜、苜蓿等含中草药配方的营养保健餐，提高了猪的抗病能力；推行生态放养模式，在养殖场内专门开辟出一块规模不小的"活动场地"；猪舍里下有地暖、上有通风口，保证空气自然流通；延长生猪的出栏时间，天润农场的生态猪要 400 多天才能长成，肉质鲜美纯正。这些年来，在猪肉品质不断得到改善的同时，农场的养殖规模也在不断扩大，承包地从最初的 30 亩慢慢发展到了 970 亩。

　　然而，随着养殖规模的扩大，日益增多的粪便污水成为一个亟待解决的难题。那么，该如何解决这一问题呢？王永法开始掐着指头一笔笔算起了账，最终他决定在养殖场里修建一个沼气池。王永法认为，虽说建沼气池前期花钱多，可算起生态账来，这投入十分划算。污水粪便经厌氧发酵，产出的沼气可以用于农场的照明、煮饭、供暖上，沼渣也是上好的有机肥，沼液还可以充当天然杀虫剂，足以满足 5 000 平方米的蔬菜大棚、20 亩的露天蔬菜的"胃口"，用生态肥"喂"出的蔬菜和瓜果品质更佳、养分更足，作为猪饲料让黑猪食用后，猪肉的品质更优，在市场上更抢手。于是，王永法一不做二不休，直接投资 400 万元建设了 1 000 立方米大型厌氧沼气发电工程，以沼气池为核心，一步步摸索出"养殖场＋沼气沼肥＋特色种植"立体种养模式，闭合的"生态链"使农场污染物零排放，彻底实现生态循环农业。

二、从养猪场到家庭农场

在王永法的科学经营下，养猪场的生意蒸蒸日上，但他却没有满足于此。2013 年，中央 1 号文件首次提出了鼓励农民发展"家庭农场"，敏锐地捕捉到这一政策信息后，王永法便大胆地开始了他的第二次创业。在养猪场的基础之上，成立了占地 100 亩、建有高标准猪舍 8 000 余平方米的家庭农场。王永法给这个倾注了他辛劳、承载着他希望的农场命名为"天润农场"（图 14 - 2）。

图 14 - 2 天润农场入口
资料来源：搜狐网。

在天润农场成立之初,王永法也面临着不少难题。如农场的用地、用水、基建等方面问题的解决都需要他亲力亲为,一件一件地跑腿办理。农场的发展自始至终离不开电力支持,解决用电问题是第一关,也是最难的一关。为此,王永法找到了国家电网临朐县供电公司寻求帮助。了解到他的困难后,临朐县东城供电所简化办事流程,组织专门人员赶到农场施工,安装了50千伏安变压器一台,挖坑立杆16基,架设10千伏线路1 000余米,只花了两天时间就为天润农场通上了电。供电所还安排包村电工张志孝帮助王永法安装照明、通风、控温、防疫、抽水、照明以及饲料加工等用电设备。此后的日子里,张志孝积极与王永法开展对接服务,了解用电需求,对农场用电设施进行定期检查和维护,帮助解决用电方面存在的难题,成了农场用电的"保姆"。

2014年,山东省农业厅等多个部门联合出台了《关于积极培育家庭农场健康发展的意见》,这对以王永法为代表的众多农村创业者们而言是一个重大的政策利好。其中规定免收家庭农场登记注册费、验照年检费和工本费,并且提出了广大农场主所期盼的财政、金融支持的实在政策。感受到各级政府对家庭农场发展的政策支持力度越来越大,王永法的干劲也更足了。他继续在南山上开垦荒地,种植了800亩核桃,又大力发展林下经济,通过放养笨鸡来除草,既节省了人工除草费用,又通过售卖笨鸡增加了一份收入,还代替了除草剂,确保不造成污染,可谓"一石三鸟"。除此之外,王永法还在天润农场里种植了丁香、文冠果、杜仲等3万多棵中药类植物,打造了一个生态中药乔木植物园,吸引了许多游客前来观赏(图14-3)。

王永法在创业的过程中,始终坚持学习科学的种养技术和管理知识。他参加了潍坊创业大学开办的高素质农民培训班,把所学习到的现代农业生产管理知识应用到天润农场的经营管理上。例如,在农场内实施微机网上监控监管,生产记录及产品流通信息档案由专人管理,由于管理科学正规、饲养环保无公害,养殖场日渐兴旺,颇被市场看好,得到了相关部门和行业技术专家的肯定。天润农场也因此被

图 14 - 3　采摘金银花的小游客
资料来源：大众论坛。

评为了省级生猪标准化示范场和潍坊市农业产业化重点龙头企业。2014 年 9 月，王永法注册的天泽生态农业股份有限公司在齐鲁证券股权交易中心成功挂牌上市，公司发行 1 400 万股，成为潍坊市首家挂牌上市的家庭农场。

三、从家庭农场到休闲旅游乐园

王永法的创业之路并没有就此止步，他开始思考，既然农场有好的产品，何不让生态农业和休闲旅游相结合呢？为了实现农场升级发展，经过一段时间的考察研究，王永法决定将农场转型发展为一个集种养、销售、休闲旅游于一体的农业综合体，他在农场内先后建设了农事记忆长廊、农家动物园等，打出了农场的第二张名片。

为打造农事观光一日游项目，王永法开动了脑筋，积极地与东营、潍坊等地的旅行社展开合作，吸引周边县市的游客到农场来观光旅游，让游客亲身体验农业生产过程，寻找乡村记忆。农场划分了种植区、体验区、儿童娱乐区、动物园区、生态养殖区等多个功能分区，各功能区之间设有隔离带，功能区内建设了唠唠猪萌族乐园、六畜大世界动物园、真人彩弹射击游戏、农事文化研学等多个项目，各式各样的休闲娱乐项目确保游客在这里能够玩得开心（图 14 - 4）。

图 14 - 4　被农场兔子吸引的小游客

资料来源：大众论坛。

另外，饮食也是不可忽视的一个方面，尤其对于游客中的"吃货"而言。农场所在的临朐县物产丰富，农场的存在为当地土特产的开发和销售搭建了平台。农场里汇集了板栗、粉皮、豆腐皮等生态农产品供游客品尝。除了在农场消费外，游客在离开农场时还可以购买一些农场的特色猪肉、干果、蔬菜等产品作为馈赠亲友的礼物。如此一来，天润农场以旅游拉动农产品销售，以农产品丰富旅游观光体验，集吃、玩、购于一体，吸引了越来越多的游客（图 14 - 5），也让农场跻身于乡村旅游的前沿，生态效益和经济效益有了大的飞跃。

图 14 - 5　到农场参观的游客

资料来源：大众论坛。

走上致富路的王永法没有忘记下李家崖村以及附近村庄的父老乡亲。2017年，天润农场通过吸纳贫困人口就业的方式，帮助附近村子的3户贫困户实现精准脱贫。作为一名优秀的中共党员，王永法每年都到敬老院看望老人，并送去黑猪肉请乡亲们品尝。村里有劳动能力的鳏寡老人，只要本人愿意，王永法就会留到农场管吃管住，老人们除了流转土地分红，还可多得一份工资。2018年的"五一"前夕，王永法获得了"山东省劳动模范"荣誉称号。

王永法紧紧围绕临朐县全域旅游发展战略，立足整体，规划全局，积极拓展农场的产业功能，形成一盘棋。王永法直言自己对农场的未来有很大的规划，希望农场以后的发展能按照他的规划来实现，希望来农场参观旅游的游客越来越多，尤其是希望能够吸引更多外地的游客来了解临朐的农业文化、提升家乡的知名度。

四、创业创新经验总结

一处村里的荒山，在返乡创业的农民工王永法20余年来的精心打理下，已经成为一处集有机养殖、种植、加工销售、农事文化和农业乡村记忆体验于一体的循环观光农业，成为临朐县委、县政府重点建设的5处现代农业示范园区之一。回顾王永法这数十年来的创业之路，可以总结出以下值得借鉴的经验：

1. 选择有前景的创业项目 随着我国城乡居民生活水平的不断提高，对于生态食品的需求更是日益增长。在外多年的打工经历拓宽了王永法的视野，使他抓住了生产、销售生态食品这一创业机遇。返乡农民工在选择创业项目时，要有正确的认识，项目的选择应以市场为导向，要经过市场调研，充分了解市场，选择最合适的项目。此外，还要时时关注国家对行业的政策导向，有哪些行业或项目是国家允许的、支持的，有哪些是限制的，尽可能选择国家政策鼓励和支持的领域，选择有发展前景的行业。

2. 学习项目相关的技术和经营管理知识 王永法作为一个只有中学文化程度的农民，用他的大半辈子向我们诠释了不断学习对于创业、对于人生的意义。最初创办养猪场时，王永法就坚持严格按照养殖技

263

术标准化规程饲养黑猪。在处理粪便污水问题时，他更是十分明智地选择了修建沼气池，摸索出了"养殖场＋沼气沼肥＋特色种植"立体种养模式。在农村创业创新的过程中，创业者要把握机会，积极参加多种多样的培训，掌握创业基础知识、相关经济常识及法律法规，全面提升生产经营、市场拓展、品牌打造、公司治理等方面的能力。在不断地学习与应用中，提高综合素质，减少创业的盲目性，降低创业的风险。

3. 抓住政策扶持的有利机遇　近年来，国家逐渐加大对农业的扶持，不断出台优惠政策，增强各项补贴力度，鼓励农民创业致富。在天润农场建设之初，政府出台的相关优惠政策如一场场及时雨般，为王永法解了渴、振奋了信心。家庭农场的登记注册费、验照年检费和工本费都免予收取，金融机构制定了专项信贷政策和金融服务措施用于支持家庭农场发展，天润农场电力问题的解决也依赖于当地供电公司周到服务。创业者在创业时要关注政策、用好政策，但同时也要树立正确的政策观念，不应该为了享受某项政策红利而匆忙创业，要在研究市场、看准商机的基础之上，适时地通过创业政策为自己服务，才能更好地走顺创业之路。

第二节　河南省新野县鼎泰电子精工科技有限公司 王馨：贡献农村"双创"巾帼力量

妇女是乡村振兴的重要参与者。2018 年的中央 1 号文件明确提出，实施乡村振兴"巾帼行动"。同年 2 月，全国妇联下发了《关于开展"乡村振兴巾帼行动"的实施意见》，提出妇女是推动农业农村现代化的重要力量，是乡村振兴的享有者、受益者，更是推动者、建设者。河南省工商联副主席、新野县鼎泰电子精工科技有限公司董事长王馨就是这样一位为乡村振兴和农村"双创"事业贡献巾帼力量的企业家。从南下打工到回乡创业，她以回归的方式，开创了自己的创业奇迹。

一、南下打工创业

每一位成功者的背后都有一个不平凡的故事，王馨也不例外。她于 20 世纪 70 年代出生在河南省新野县城郊乡的马营村，在她 13 岁那年，父亲在开拖拉机去田里耕种时不幸遭遇车祸离世，母亲带着王馨和两个弟弟艰难度日。1989年，为了给家里减轻负担，年仅16岁的王馨毅然决定远赴广东省打工。

王馨来到了东莞市厚街镇一个生产PCB微型钻针的企业，初入工厂，面对车床、电机这些陌生的机械设备，她并没有感到惧怕，而是干劲十足地投入工作中。为尽快熟悉业务，王馨常常通宵达旦地加班学习，当同伴还在识别车床型号时，她已熟知了自己岗位的工序；当同伴还在寻思从何做起时，她已生产出了合格的产品。半年后，王馨的付出终于有了回报，她从一名普通的工人升任为小组长。与其他的小组长、班长、车间主任不同的是，在王馨看来，做工是一件快乐的事情，是人生价值的体现。在工厂工作期间，王馨在学习上的那股钻研劲儿得以充分发挥，她不仅学习和研究相关工作的工艺原理及技术，而且还研究产品的市场行情和销售。王馨收获的不仅是经济上的回报，更是敏锐的市场洞察力、先进的经营管理理念以及丰富的人际网络。这为她今后的成功奠定了基础。

1997年秋，国内兴起了新一轮创业热潮，在大环境的影响下，埋藏在王馨内心的创业梦也被点燃了。经过深思熟虑，她决定放手一搏，与在东莞市打工的兄长王雪峰一起，在厚街镇创建了一家属于自己的公司——东莞市鼎泰鑫电子科技有限公司，开始生产PCB微型钻针和周边耗材产品，王馨由此实现了从一个普通打工者到创业者的转变。

然而，创业之路并非一帆风顺。一方面，工厂刚刚创办，王馨需要充当师傅的角色，到车间教授工人技术和生产合格产品的要领；另一方面，她还得抽空到办公室，通过报纸、杂志学习同行业的先进技术和管理经验，学习与产品相关的知识。王馨有着一个在当时听来有些不切实际的目标，她希望能够同国际接轨、与时代同行，从技术和产品层面追逐同行业世界前列水平。为此，她也付出了巨大的努力。在与人交往中，她总是面带微笑、虚心请教，学习为人处世和拓展市场的本领，学习先进的企业管理经验。凭借"诚信为本、质量至上"的经营理念，短短数载，公司便抢占了"珠三角"市场，销售额节节攀升，效益连年提高，鼎泰鑫逐渐成为东莞同行业中的佼佼者。

二、返乡二次创业

在王馨的努力下，东莞的事业蒸蒸日上。然而，她的心底却始终有一份牵挂，离家十余载，每逢佳节倍思亲，她依然牵挂着家乡新野县的父老乡亲们，"我在这里出生、在这里长大、无论走到哪里、走得多远，我的心始终牵挂着这里。"

2006年，新野县在东莞市设立了办事处，主要致力于新野籍在东莞企业家的联谊和招商引资工作，鼓励在外企业家回乡投资兴业，造福家乡人民。王馨多次去办事处跟工作人员沟通交流，了解家乡的情况。后来，她在工作间隙，专门拿出时间回乡考察。在王馨离家的十余年间，家乡发生了翻天覆地的变化，新野县的经济迅速发展，建起了产业集聚区，正在向工业强县迈进。王馨仔细考察了家乡的劳动力市场，深入了解了投资环境，咨询了回归创业的优惠政策，毅然决定回报桑梓，回乡创办电子企业。

2008年，王馨投资9 000万元，回到新野县创办了"鼎泰电子精工科技有限公司"一期工程，她选择将鼎泰的主要业务和生产基地全部放在新野县。在建厂之初，王馨专门邀请了相关领域的专家在公司所在地规划论证，按最佳方案设计车间和附属工程。县、乡领导也及时地给予了大力支持，在用地、建设、用工、用电和环境保护等方面给予了王馨极大的帮助。图14-6为王馨正在向参观者详细介绍鼎泰公司的产品。

图14-6　王馨向参观者介绍鼎泰公司产品
资料来源：南阳市人才工作网。

工厂终于建起来了，也招聘了大批的工人。此时，王馨又面临着一个困难，那就是如何能使辛苦建立起来的工厂快速高效运转，达到预期的效果呢？在王馨看来，企业的效益与价值需要人才来创造。因此，她十分注重人才的培育和引进，经常组织员工培训活动（图 14－7）。经过多年来反复的实践，鼎泰公司已形成了较为成熟的人才培育和人才引进体系：一是以企业的发展前景来吸引人才，为人才搭建成功的平台；二是为人才提供科研创新经费，让他们的智慧得以充分施展；三是根据人才对企业的贡献，企业给予一定股份，让他们与企业共享发展的成果。

图 14－7　员工参加培训后合影
资料来源：南阳市人才工作网。

在公司的管理上，王馨始终以一个女性的细心和充满亲情感的诚心，践行着严谨与温情的管理模式。王馨是严谨的，她的严谨在于以制度管人，对于企业的每道工序和补救措施，她可谓了如指掌，工序与工序之间、环节与环节之间、节点与节点之间都存在着差异，如何避免差错、如何做成优质产品，都是有规律可循的。她将自身的经验体会和教训加以归纳总结，形成了较为科学和可操作的工艺流程及规章制度，要求员工在上岗前学习背诵制度，实习时对照制度，在岗位生产时运用制度，让人与制度合为一体，实现了理性管理。同时，王馨又是充满温情的，她的温情在于对员工一直充满了人文关怀。王馨明白，严格的制度可能使人感到压抑，只有巧妙地化解压抑，才能让员工的正能量得以迸发。她巡视时，总是对勤奋工作的员工报以微笑，缓解员工的紧张心理。下班时，她总是站在车间门口，用真诚的目光送走每一位当班员工。在质量点评会上，她可能对不合格产品及其生产者毫不客气；但在员工联欢的时候，她会像亲姐姐一样，让员工沉浸在幸福之中。用她自己的话说，员工是我们团队的一员，又是乡亲，只有你关心他们，他们才关心企业，与企业同命运、共呼吸。

作为新野县首家高新技术企业，鼎泰公司经过十余年的发展，已成为印制电路微钻行业全球排名前茅的企业，在智能装备的研发上取得了重大突破，自动研磨机等一大批具有自主知识产权的装备使用，年创产值 7 亿多元，实现利税 5 000 余万元，每年提供就业岗位数百个，有效地带动了河南省光电信息产业的发展。

三、创业无止境

在新野，王馨的鼎泰公司在不断地飞跃。工厂的占地面积不断扩大，在此基础上，企业的制造工艺与生产技术不断革新发展，图 14 - 8 展示了鼎泰公司员工工作的场景。后来，鼎泰公司筹建了二期工程，总投资 2 亿元，向实现年产值 5 亿元的目标迈进。公司被确定为"国家级高新技术企业""河南省高成长型民营企业"，公司研发中心被确定为"河南省工程技术研究中心""河南省企业技术中心"，公司注册的 3E 商标 PCB 微型钻针被评为河南省名牌产品，受到了主要客户如富士康集团、红板集团等的普遍称赞。

在家乡创业的再次成功，为王馨提供了继续前进的工作动力，她似"一业精，百事通"的俗语一样，开启了全方位创业的新征程。近年来，她在做实新野鼎泰公司的同时，跨行业不断拓展，不断证明她的能力与实力。在东莞市，她创办了东莞市创银投资管理有限公司、东莞市鼎泰鑫电子有限公司、东莞市鼎泰自动化科技有限公司、东莞市锋道精密刀具有限公司、东莞市瑞鼎纳米科技有限公司、东莞市鼎硕磨具磨料有限公司、东莞市展鸿电子有限公司等，涉及行业多、科技含量高，展示了一个女企业家的创业激情，展示了她驾驭多家企业

图 14 - 8　员工在借助显微镜工作

资料来源：南阳广播网。

齐头发展的领导才能。在经营鼎泰公司的同时，她又创办了新野建信村镇银行，兼并收购了河南省议事台酒业有限公司，为它们注入了大量资金，聘请了行业人才，推动了两家公司的持续有序高效运转。

王馨的成就被社会各界认可，河南省十届人大常委会副主任王明义为她和企业分别题词："真水无香""精诚所至，金石为开"。她还光荣地当选为第十二、第十三届全国人大代表（图 14 - 9）。

图 14 - 9　王馨在第十三届全国人民代表大会现场

资料来源：《民生周刊》。

四、创业创新经验总结

1. 不断充实自己 王馨虽然早在 16 岁时就离开了学校,但在创业的几十年里,她无时无刻不在学习。在鼎泰公司的办公室内,王馨有两个装满了图书的书柜,她只要有空就会坐在桌前学习。办公桌上的笔记本电脑更是拉近了她同世界的距离,使她能够跟进国内外行业动态,不断更新知识结构。农民工群体一般忙于生计,对国家大政方针以及家乡地区的政策方向了解不足,再加上受教育程度普遍较低。因此,在创业创新的过程中必须下大力气学习,用知识武装自己。既要学习了解返乡创业、就业方面的政策法规,加强利用政策法规保护自己的能力,又要学习与创业方向相关的知识,对行业现状及行业未来发展趋势有一定了解,才能使自己的创业道路走得更远、更顺。

2. 加强团队建设 鼎泰公司内随处可见"志者高远、大道无极""以人为鉴、可以知得失"等诸多标语。这些格言警句在无形中熏陶着职工的心灵,同时也塑造着企业的文化,促进了企业的团队建设。王馨还推动创办了《鼎泰风采》厂报,借此宣传企业文化,通过举办"打造自动自发的卓越团队"演讲和"背靠背、心连心"接力赛等,激励员工向上、向善、团结合作。返乡创业的农民工不能单打独斗,联合起来建设一个返乡创业团队是取得成功的关键因素,要注意优化返乡创业团队的成员结构,突出创业团队的核心领导作用,打造良好的团队文化,营造团队文化氛围凝聚人心、增进共识,促进团队发展。

3. 密切联系群众 王馨从返乡创业开始的那天起,就立下了目标,不仅要自己摆脱贫困,也要带领家乡的父老乡亲一起过上富裕的生活。一路走来,她因为怀揣这个梦想,所以不怕吃苦,一直与家乡的群众保持密切联系,想尽办法带领家乡父老乡亲共同致富。她不断扩建工厂,增加就业岗位,吸收当地员工就业,仅新野的 3 家公司就吸纳员工 1 030 人,带动就业 2 800 多人。王馨还十分关注家乡教育事业,每年拿出 2 万元设立"鼎泰助学金",鼓励优秀教师和学生。她时常回家乡马营村,与村里的 62 户农户结成"穷"亲戚,给予他们大力支持,指出就业创收路子,让他们早日摆脱贫困,走上富裕之路。在

"包联共建、晋位升级"加强服务型党组织建设中，主动与马营村对接，帮助该村修建起 3 500 米的水泥路，使家乡人"走路不踩泥"。

第三节　安徽省桐城市农夫商城汪启航： 闯出农村供销电商新路子

汪启航于 1974 年出生在安徽省桐城市，成为一名现代农夫一直是他的心愿。2013 年 11 月，在外打工多年的汪启航回到家乡创办了雪花池家庭农场，而后又进入了农村电子商务领域。他一直奋斗在追梦的道路上，从一位普通的返乡创业的农民工成长为全国农村创业创新优秀带头人、桐城市誉毅农业种植专业合作社理事长、安徽农夫商城电子商务有限公司董事长、桐城市第十四届党代表、桐城市第十三届政协委员、桐城市十佳创新型企业家。可以说，汪启航在种田中成就了一番大事业。

一、在种田中开创新事业

1993 年，刚刚高中毕业的汪启航与绝大多数农家子弟一样，随着打工人潮外出闯荡。通过多年的努力打拼，汪启航小有成就，成为一家建筑企业的管理人员。但是，作为一名生在农村、长在农村、根在农村的共产党员，汪启航对农村、对土地、对农民一直有着难以割舍、难以忘怀的情结，他希望有朝一日自己能为家乡干些实事，为家乡发展尽一己之力。于是，汪启航萌生了回乡创业的念头，他的梦想是成为一个有情怀、有作为、有担当的现代农场主，在农村的广阔天地间大展身手。

2010 年，返乡的汪启航开始思索自己的创业之旅应该从何处启程。他敏锐地观察到，中共中央和国务院发布了持续完善农业补贴制度、提高粮食最低收购价等一系列强农惠农政策。于是，汪启航把创业的方向确定在了农业生产领域，计划大规模承包土地来种植水稻。他的老家在桐城市吕亭镇新店村，这里是一片丘陵地带，土地资源十分有限，要想大规模地种植水稻，如何流转土地是摆在他面前的第一

个难题。汪启航想到了邻近的连山村，该村面积广阔，土地资源相对
丰富，如果两个村子能联合起来，集中连片地进行土地流转，那么土
地问题就迎刃而解。经过沟通，思想开明的村干部们对汪启航的想法
表示了理解和支持，在村干部通过一段时间耐心细致地劝说下，村民
们也放开了胆子，同意流转自家土地。汪启航拿出在外务工十余年积
攒的收入，在老家一口气承包了千余亩土地，全部用来种植水稻。

创业之路并非是一帆风顺的，在头两年，汪启航虽然十分辛苦，
但却收益不丰。他开始绞尽脑汁考虑如何提高种植水稻的收益，后
来，他终于想明白了一个道理，那就是要想实现产值的最大化，农产
品的生产、加工、销售等任何一个环节都缺一不可。在这个理念的指
引下，汪启航于 2013 年创立了桐城市雪花池家庭农场。

农场创立之初，汪启航专门带领着一帮经营管理人员到本地龙头
企业以及江浙地区学习取经。一方面，他们四处走访种植经验丰富的
农民，了解群众意见；另一方面，通过请教相关农技专家，学习科学
的种植方法。最终，因地制宜地制订了《雪花池农场建设规划方案》。
经过一年多的努力，雪花池家庭农场里陆续建成了标准化蔬菜大棚、
育秧工厂、有机水稻种植基地、油菜种植基地、葡萄种植基地等，一个
现代化的生态农场初具雏形。图 14 - 10 为汪启航在农场察看草莓长势。

图 14 - 10　汪启航在农场察看草莓长势

资料来源：桐城新闻网。

雪花池家庭农场先后在桐城市吕亭镇的新店、连山、金河等 6 个村流转耕地 5 000 亩，从事农业种植养殖、农副产品加工和销售、农业科技研发等。通过"公司＋农场＋基地＋农户"的模式，打造了一个集种植、加工、技术研发、线上线下销售于一体的现代生态农业产业化联合体，同时带动了周边 1 200 多户农户参与进来，形成了紧密的利益联结关系。农场注册了"誉毅"和"雪花池"商标，同时积极申报绿色食品、有机食品认证，体现了生产、生活、生态的"三生一体"。以绿色生态生产和现代流通方式，构建了"从餐桌到田头"的食品质量可追溯体系，确保城乡居民"舌尖上的安全"。同时，以"三产融合"的经营理念，推动都市农业、观光农业、休闲农业的发展，先后举办蔬菜瓜果采摘节、摄影比赛、主题夏令营、农事体验等活动，农场成为城乡居民休闲观光的好去处。

二、走上电商之路

当农场生产和加工的基础都已经打牢后，汪启航看着农场里红艳艳的草莓、绿油油的蔬菜却犯了难，如何才能让这些优质的农产品能够卖得出去、卖得上价呢？这成了又一个摆在汪启航面前的难题。他通过一段时间的摸索和学习，逐渐了解了绿色生产、网上销售、冷链配送这些"新潮"的概念。汪启航意识到，发展农村电子商务是大势所趋。于是，2014 年，汪启航投资了 1 000 多万元创办了农夫电子商城，他的目标是整合县域物流配送、打通农村物流服务的"最后一公里"。

2015 年 1 月，汪启航的农夫商城电子商务有限公司正式挂牌营业，公司旗下的"农夫商城"同时正式上线运营，建成了"农夫商城"O2O 平台和物流配送体系，实现了产销一条龙（图 14 - 11）。在汪启航的不懈努力下，他在短短的两年时间里就建成了桐城市最大的区域化电子商务平台，在"农夫商城"的微信平台上，消费者可以购买到各种应季的蔬菜瓜果、农家土特产、日用百货等 13 个大类数千个品牌万种优质商品（图 14 - 12）。

依托雪花池电子商务有限公司"农夫商城"网络平台，雪花池农

图 14 - 11　汪启航在指导商城员工工作

资料来源：桐城新闻网。

图 14 - 12　工作人员通过"农夫商城"线上平台销售商品

资料来源：新华网安徽频道。

场 6 000 亩种植基地里的绿色健康无公害蔬菜、瓜果、水稻、菜籽油等农产品打开了销路，受到了城乡居民的广泛欢迎。汪启航的公司形成了集种植、养殖、农产品加工、线上线下销售于一体的产业链条，成为当地乡村旅游和观光农业的一个亮点。在绿色生产、产业融合、休闲农业、电子商务四轮并驱下，"农夫商城"公司发展势头一片大好，并于 2017 年跻身了全省供销社电子商务示范企业的行列，汪启航又一次尝到了创业的甜头。

2017 年 10 月，汪启航在农场里创办了"雪花池乡村大世界"。开业那天，他的心里无限感慨，站在"乡村大世界"门前沉思了许久。后来，他在微信朋友圈中这样写道："让乡村的美好改变您的生活，独木难成林，希望越来越多的有识之士回乡创业，让乡村越来越美好。"

三、勇担社会责任

汪启航的生意越做越大，但是致富后的他从来没有忘记过他的乡亲们，一直尽自己所能，勇于承担社会责任，倾力造福乡里。

2016 年盛夏，桐城市持续出现了强降雨天气，雨势之猛、范围之大、灾情之广甚为罕见。汪启航的家庭农场也受了灾，洪水退去后，农场的蔬菜大棚里到处都是淤泥，被洪水浸泡了多日的瓜果蔬菜已基本腐烂。夏天本来正是瓜菜收获的季节，每天来采摘的游客络绎不绝，这场洪水让一切泡汤了。不仅如此，农场内 70 余个大棚设施被损毁，数千亩水稻减产，汪启航的损失超过了 100 万元。然而，就是在这种情况下，汪启航仍义无反顾地投身于救助受灾乡亲的行列中。在洪水来临前，汪启航带领基地工人抢摘出 300 多个西瓜。受灾后，他顾不得自救，把西瓜全部送给抢险的官兵，把自家公司收到的慰问品也装上车，还采购了五六万元日用品、食品、矿泉水等，送到多个受灾群众安置点。面对急速扩大的灾情，汪启航在农夫电子商城、桐城网等平台上发出了服务邀约，安排农夫商城配送中心的车队24 小时待命，随时准备为桐城灾区提供紧急援助（图 14 - 13）。在汪启航带动下，桐城市众多企业和爱心人士纷纷行动起来，采购募集物资，开展志愿服务，奉献爱心，传递温暖。

作为致富能人的汪启航，始终把带领农户脱贫的责任扛在肩上，通过发展产业带动周边贫困户脱贫。他的家庭农场实行"政府＋企业＋农户"的产业扶贫模式，把政府、企业、贫困户的利益有机联系起来，实现企业规模扩大，贫困户收入增加。汪启航根据贫困户的各自特点，把不同的人安置在不同的岗位上。贫困户张长英在农场做钟点工，时间自由选择，做一天拿一天工钱；贫困户章学文是二级肢

图 14 - 13 "农夫商城"运送救灾物资的车队

资料来源：桐城新闻网。

残，他做长工，收获季节当售货员、平时在农场搞搞卫生，一年固定收入 1.8 万元；对于能力强的贫困户，汪启航指导他们创业，获得更多收入。他还推动贫困户农产品在"农夫商城"微信平台上线，实现贫困户农产品订单生产，从而增加贫困户收入。2017 年，汪启航投资了 30 万元，建立了扶贫驿站，为贫困户进行专业培训（图 14 - 14），安置贫困户和残疾人就业，助力脱贫攻坚，汪启航因此也荣获安庆市首届脱贫攻坚创新奖。

图 14 - 14 "农夫商城"举办电商扶贫创业培训

资料来源：桐城市人民政府网站。

2017年11月，第一届"农村创业创新论坛"在江苏省苏州市召开，作为桐城市农村电商的"领头羊"，汪启航荣获了"全国农村优秀创业带头人"称号。他以勤奋敬业、善抓机遇、开拓创新、拼搏进取的创业创新精神，在发展现代农业、增加农民收入、推进产业融合发展、参与脱贫攻坚、建设美丽乡村中闯出了一片大有可为新天地，成为示范引领的带头人。

四、创业创新经验总结

汪启航在党和政府政策的引导下，从农产品规模生产入手，合理流转土地，创建了家庭农场，实现农业现代化生产；后来，又构建了"公司＋网络平台＋生产基地（农户）＋物流配送＋电商服务站"农村电商运营模式，解决了电子商务进农村"最后一公里"的问题。经过多年的努力，汪启航走出了属于他的返乡创业成功之路。从他的创业经历中，可以总结出以下几点值得借鉴的经验：

1. 做好规划、选好项目 汪启航深知，土地流转后的规模经营与以往农户的零散经营有着本质区别。他在土地流转之初就多方筹资，先后投资80多万元建设水利排灌设施，投资60多万元修建硬化机耕道路，解决了流转后的土地零星分散不规则以及沟渠路水不配套的问题。后来，在注册成立雪花池家庭农场后，汪启航通过学习经验和请教相关专家，因地制宜地制订出了《雪花池农场建设规划方案》。在规划指导下，陆续建成了标准化蔬菜大棚、育秧工厂、有机水稻种植基地、油菜种植基地、葡萄种植基地，使一个现代化的生态农场初具雏形。

2. 融合产业、多元发展 为适应"互联网＋"发展大势，汪启航自主开发了"农夫商城"区域性电商平台，建立"农夫商城"电商运营服务中心、物流配送中心和218个村级（社区）电商服务站，构建了"公司＋网络平台＋生产基地（农户）＋物流配送＋电商服务站"农村电商运营模式，并取得较好的业绩。另外，他还注册了"誉毅"和"雪花池"商标，积极申报绿色食品、有机食品认证，以绿色生态生产和现代流通方式，构建"从餐桌到田头"的食品质量可追溯体系。同时，以"三产融合"的经营理念，推动都市农业、观光农业、休闲农业的发展，先后举办蔬菜瓜果采摘节、摄影比赛、主题夏令营、农事体验等活动，使农场成为城乡居民休闲观光的好去处。

3. 聚集人才、诚实互信 农场成立伊始，汪启航便狠抓人才引进，吸引和聘用有经验的农技人员和农技专业的大中专毕业生加盟农场创业，与安徽铜陵学院合作，联合设立大学生实习就业培训基地，为农场聚集了大批的人才。另外，虽然农场投资大、资金周转压力大，但在发放土地租金和农民工工资这一问题上，汪启航从不含糊，他一直相信诚信是企业发展的基础。严格按照土地流转合同，农场的土地租金都能在每年底全额结清。尽管雇用农民工的工资不断上涨，但汪启航始终做到依约兑现、从不拖欠，使周边农民都愿意到农场做工。汪启航相信，唯有这样，才能走得更远、行得更稳、干得更好。

第四节　结论与启示

一、结论

王永法、王馨和汪启航作为返乡创业农民工的杰出代表，他们在各自的创业领域取得了不平凡的成绩，以具有不同特色的实践探索，绘就了一幅农民工返乡创业的崭新画卷。

在外打工多年的王永法返乡后创办了天润农场，如今的农场已经被打造成为了一个集种植养殖、休闲娱乐、观光旅游、度假吃住、大型会议于一体的大型农业文化生态观光园。近年来，陆续被授予了山东省家庭示范农场、省畜牧旅游示范区、省生猪生产标准化示范场、潍坊市农业产业化重点龙头企业、潍坊市畜产品质量安全生产示范园，还成为潍坊市的"乡村亲子游"和"中小学醉美乡村记忆游"教育示范基地，吸引了全国各地游客前往观光游览。王永法走出了一条"畜牧业＋旅游"的新路子，用实际行动诠释了"绿水青山就是金山银山"的硬道理。

王馨16岁南下打工，从一名普通的工人做起，在东莞市创办了鼎泰鑫电子科技有限公司，生产 PCB 微型钻针和周边耗材产品。而后，她积极响应家乡招商引资号召，毅然回乡投资兴业，造福家乡人民。王馨回到新野县创办了鼎泰电子精工科技有限公司，带领着鼎泰从一个默默无闻的小公司，一路成长为行业内具有品牌知名度的企业。鼎泰公司在不断发展壮大，王馨也从一名打工妹逐渐成长为优秀企业家，实现了人生的华丽转身。作为农村创业创新中的巾帼力量，她的创业征程也为广大妇女积极投身创业创新社会实践提供了样板。

安徽省桐城市的返乡创业青年汪启航返乡后认真钻研创业优惠政策，广泛捕捉政策信息，把握创业政策导向。先是联合了周边多个村庄，流转了千余亩土地来种植水稻。为实现产值的最大化，而后又创办了雪花池家庭农场。当农场生产和加工的基础都已经打牢后，汪启航创办了"农夫商城"，带领农场走上了电商之路，在短短的两年时间里，建成了当地最大的区域化电子商务平台。汪启航的公司形成了集种植、养殖、农产品加工、线上线下销售于一体的产业链条，成为当地乡村旅游和观光农业的一个亮点。

二、启示

1. 引导扶持，落实优惠政策是保障　返乡农民工创业起步低、风险大、困难多，需要政府的积极推动和科学引导，需要相关政策的全力支持和持续关注。近年来，国家坚持从农民工自身实际出发，主动对接农民工创业需求，循序渐进地提供全方位、各环节的创业支持。王永法的天润农场在建设之初，受惠于相关优惠政策，农场的登记注册等费用都免予收取；王馨回家乡投资建厂之初，在用地、用工、用电等方面都享受到了政策的福利；汪启航流转千余亩土地种植水稻，受惠于着力缓解返乡创业农民工用地难问题的土地政策。一系列的农民工创业政策的精准落地，为农民工创业持续发展提供了坚实保障。

2. 加强学习，提升自身创业能力是关键　受到文化程度和思想认识的局限，返乡农民工的整体素质偏低、创业能力不足。因此，农民工自身要通过多种途径加强学习，不断提升自身创业能力，才能提升创业成功的持续性。王永法坚持严格按照养殖技术标准化规程饲养黑猪，摸索出了"养殖场＋沼气沼肥＋特色种植"立体种养模式；王馨在打工期间不仅学习工艺原理和技术，还研究产品的市场行情和销售，为日后创业奠定了基础；汪启航通过学习同行经验和请教专家，因地制宜地制订出了《雪花池农场建设规划方案》，在规划指导下，一个现代化的生态农场初具雏形。以上3位创业典型都是在不断地学习与摸索中，减少创业的盲目性，降低创业的风险，最终实现创业的成功。

3. 共同致富，发挥引领带动作用是目的　返乡农民工是建设家乡、发展家乡的宝贵财富，他们对培育新型农业经营主体、带动农民就业增收、推动农村地区产业发展都具有积极作用。走上致富路的王永法没有忘记村里的父老乡亲，村里有劳动能力的鳏寡老人，只要本人愿意，王永法就会留到农场管吃管住，老人们除了流转土地分红，还可多得一份工资；王馨始终把带领家乡脱贫的责任扛在肩上，在新野县不断扩建工厂，增加就业岗位，吸收当地员工2 800多人就业；汪启航的家庭农场实行"政府＋企业＋农户"的产业扶贫模式，把政府、企业、贫困户的利益有机联系起来，实现企业规模扩大、贫困户收入增加。返乡农民工们充分发挥了创业领头雁的作用，实现了一人创业、致富一方。

第十五章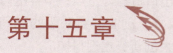

在激扬青春中启航

——返乡大学生创业创新

自"大众创业、万众创新"的发展战略提出以来，全社会各行各业进入了创业创新的热潮，自然农业方面也不例外。农村创业创新是培育农村发展新动能的必要保障，也是实现乡村振兴的重要基础。大学生群体以高知识、高素质为优势，成为返乡创业的一支主力军。近年来，中央政策也多次聚焦大学生群体，鼓励支持返乡开展创业创新活动。

在中央政策的推动下，一方面，返乡创业和就业的大学生数量都有较快增长；另一方面，创业领域也不断拓宽，涉及特色种养、农产品加工、休闲娱乐、农村电商等一二三产业。此外，越来越多的现代化科技、要素应用到创业项目中，创新出了新的模式和业态。

本章分别对邹子龙、崔贵松、卜睿、戴尚锋4位返乡大学生的创业创新故事进行介绍。着重阐述他们4人创业创新的原因、内容、历程、成效以及经验。选择他们4人作为案例样本的主要原因归纳如下：

第一，4位大学生来自全国四大不同的地理区域，在保证案例代表性的同时又能体现地区差异。邹子龙来自广东（华南）、崔贵松来自山东（华北）、卜睿来自吉林（东北）、戴尚锋来自浙江（华东）。

第二，4人分属不同的创业创新阶段，各人的创业创新特征既能反映政策态势也能映衬市场趋势。崔贵松创业开始于2000年，邹子龙和卜睿分别在2010年前后开始创业，戴尚锋的创业则开始于2013年。

第三，4人创业创新内容也存在一定的区别，且几乎涵盖了当前大学生返乡创业创新的主要方向。邹子龙主打有机、生态，产业上集种植、加工、娱乐于一体；崔贵松则以出口贸易为重点；卜睿把重点放在农产品的加工工艺上，同时发起成立了创业创新联盟的民间组织；戴尚锋是以特色农产品为核心，加大创新、重视科技。

第四，4人当前的发展虽分属不同的阶段，但都在一定程度上取得了成功，对有意愿返乡创业的大学生有一定的借鉴意义。

第一节　卖菜的中国人民大学硕士

邹子龙，男，广东韶关人，韶关高考状元，毕业于中国人民大学农林经济管理专业，研究生学历，现任珠海绿手指有机农场首席农夫（农场主）。珠海绿手指有机农场是一家以有机农业为标准，坚持种养结合、会员制营销、现代企业管理模式的城郊现代型农场。

一、创业创新原因

2010年，邹子龙即将从中国人民大学农林经济管理专业毕业，不同于周围同学的是，邹子龙没有换上整齐的西装穿梭于城市的混凝土大厦之间，为人生的下一阶段寻一处体面的格子间办公室。相反，他下定了返乡的决心，启动了他筹划已久的农场创业计划，并为此开始精心准备。

1. 向往自然　自小邹子龙就对大自然有着难以言喻的向往。据他自己回忆，孩童时期他就是一个喜欢在野外玩到不知道回家的孩子，南方的农村到处都有或大或小的池塘供孩童们嬉戏玩耍。因此，童年生活里印象最深的两个画面分别是：自己偷鱼袿鱼塘主跛脚大叔追打仓皇而逃的窘态和放学不回家令妈妈到池塘边喊回家吃饭的景象。大学生活为邹子龙提供了更多亲近大自然的机会，野外登山攀岩成为他大学时期最爱的一项户外运动，去西藏登山成为他每年的必备功课。临近毕业，当身边的同学都开始奔波于各大写字楼、寻找着属于自己的格子间时，邹子龙却明白他不喜欢这样，他的内心深处，更喜欢对着大自然工作，更喜欢寻找内心的安宁。

2. 心系农业　按邹子龙的高考成绩，当年他几乎可以报考国内任何一所大学的任何专业，但他却一声不吭地报了中国人民大学的农林经济管理专业，而且只填了这个专业，其他都是空白的。用他自己的话说："我几乎是抱着朝圣的态度去上大学的，但是我后来发现这个产业化的大学，其实还不能教给我们太多东西。"

尽管曾经对乡村改良的观点比较悲观，但邹子龙大三的时候去小毛驴农场考察实习时，他发现了社区支持农业（CSA）这样一个切实可行的路子值得去实践。他看到一群年轻人，真的可以通过自己的努力去缓解化肥、农药的滥用问题，去改变当下不好的观念。他也想做一个先锋，以一种青年创业的角色去创业，采取 CSA 的模式推进农业的发展。希望能够引导资源，引导社会多关注农业，鼓励青年人多回乡创业创新。

3. 创造性工作　邹子龙认为，农业是创造性的活动，跟工厂里的生产加工不一样，任何成果都是未知的。工厂流水线生产出来的都是一模一样的产品，但是农业生产就保持了差异性和多样性。例如，种植马铃薯就有高低大小的差别。本质上农业就是跟自然的一种磨合，能充分发挥人的主观能动性。

二、创业创新内容

2010 年至今，邹子龙坚持在 CSA 领域开展创业创新活动。从最初珠海三灶镇龙塘水库旁的农场雏形"珠海绿手指份额农园"，到如今在平沙镇占地约 20 公顷的"珠海绿手指有机农园"，邹子龙一直致力于打造可持续经营的 CSA 模式。所谓"社区支持农业"，是生产者和消费者之间的一种合作形式。在 CSA 中，生产者与消费者之间互惠互利，消费者通过支付预付款，根据自己的需求向农场订购合适的农产品份额，为农场提供经济支持；农场则承诺为消费者供应新鲜健康的农产品作为回报。

在实践形式上，CSA 主要呈现出以下 5 点原则：一是绿色生产原则。农场采取有机、生态、自然农法等不同形式的农业生产方式。这些生产方式均以保护环境、保护人体健康、尊重自然规律为基本前提。二是承诺原则。合作关系是 CSA 模式构建的本质，消费者与生产者以口头承诺或协议承诺的方式达成合作。合作的内容一般包括：

生产者提供安全绿色的农产品，消费者预付生产费用并承担部分生产劳动。三是互助原则。风险共担、共享收益是 CSA 互助原则的两大特征。具体表现为，一方面是消费者与生产者两方共同承担农业生产潜在的自然灾害、市场波动等风险；另一方面是消费者同时近距离参与农业生产过程，了解掌握食物的生产过程，对生产者提供适度帮助，参与农场活动、共享收益。四是本地化原则。CSA 的创立最初以服务本社区本地区居民为核心，但随着网络普及和快递物流的发展，CSA 也扩大了服务对象的地理范围。五是直销原则。CSA 建立的是农民与消费者的直接联系，提供"从田间直接到餐桌"的生产服务。

1. 种养结合、有机生产

"珠海绿手指有机农园"坚持以有机种植为底线，种养循环，不使用任何化学农药、化肥、激素、化学除草剂等，友善耕作，努力减少对环境的破坏，为珠三角乃至全国市民提供一种更健康、更实惠、更环保的生活选择（图 15-1）。

图 15-1　绿手指有机农园种养结合寓意图
资料来源：微信公众号"绿手指份额农园"。

自产有机肥。绿手指按照养殖先行、种植跟随的生态循环理念，一方面，邹子龙布局了农场的养殖产业，以农场青草和多余的有机蔬菜为饲料饲养猪、牛等牲畜；另一方面，农场自建沼气池，通过对农场牲畜粪便的处理形成有机肥料，反哺农场种植。因此，农场便解决了种养模式中肥料与饲料的内部循环。

物理防虫害。农场的防虫技术主要是物理方法和传统农业方法，轮作、间作、应季都很重要。物理上的防虫网、黄板都是最基本的，也是被广泛接受的，化学上会用一些植物提取剂。对于生物农药，农场觉得生物农药对虫子有危害，对人也会有影响，甚至产生抗药性。所以，绿手指基本不用生物农药。

有机认证。农场从 2014 年开始坚持做有机认证，通过有机认证，农场进一步提升了消费者的信任感。同时，农场通过认证的过程来规范自己的生产过程。这种规范对农场自身是一个提高，对消费者、政府、媒体以及公众来说，都是一种表态：做有机种植并且规范地去做认证。

2. 有机餐厅：方野农原　2018 年 2 月，绿手指农园内有机空间——方野农原正式投入使用，内设有机餐厅、酒吧、多功能厅、书吧等。有机餐厅使用中式的烹饪和西式的摆盘，每个节气更换一次菜单，餐厅 70% 的食材来自农场自产，希望向消费者传递尊重农民、尊重厨师、尊重食物的理念（图 15 - 2）。

图 15 - 2　绿手指方野农原

资料来源：微信公众号"绿手指份额农园"。

三、创业创新历程

邹子龙的创业创新历程主要分为两个阶段，在这两个阶段，他分别建立了一个 CSA 农场：一个是位于珠海三灶镇龙塘水库旁的"珠海绿手指份额农园"，另一个是位于珠海平沙镇的"珠海绿手指有机农园"。

1. 珠海绿手指份额农园　"珠海绿手指份额农园"是邹子龙第一次创业的成果。2010 年 10 月，邹子龙开始了农场的建设。经过两个月的工作，农场雏形呈现。这片农场有耕地约 1.4 公顷，分布在原生态的山林和静谧的高山淡水湖中间,是一片尚未开采过的"处女地"。因此,该片耕地不能存在任何环境污染。农场于2011年2月开始试运行。2012年6月受台风影响,农场化为一片废墟。随后,邹子龙得到政府的复垦批示,获得了在农场原址不远处的山上一块新的耕地租用权。于是,2012年7月,农场开始重建并于当年年底建成使用。这也就是最早的"珠海绿手指份额农园"。

2. 珠海绿手指有机农园 "珠海绿手指有机农园"是邹子龙创立的第二个CSA农场。"珠海绿手指有机农园"于2013年筹划建立、2014年投入建设,位于珠海市平沙镇,由一片盐碱地复垦而来,农场总占地面积约20公顷,其中包括耕地14公顷、鱼塘2公顷、其他土地4公顷。"珠海绿手指有机农园"于2016年正式经营。

3. 创业阻碍——"台风不断" 在邹子龙的创业创新历程中,受珠海地理位置影响,台风侵扰一直是农场面临伤害最大的自然灾害,两个农场先后多次受到重创。2012年6月,台风"韦森特"登陆珠海,在短时间雷雨暴风的侵袭下,"珠海绿手指份额农园"化为废墟一片。2017年8月,"珠海绿手指有机农园"遭遇了53年一遇的台风"天鸽",大棚全部垮掉,猪圈的屋顶飞出200多米远,农场直接损失接近800万元。2018年,"珠海绿手指有机农园"再次遭遇极端天气的重创,但有了过去几次的抗台风经验,台风"山竹"虽然导致农场再次损失惨重,但总算还在可控范围内,避免了发生"一夜回到解放前"的困境(图15-3)。

图15-3 农场遭遇台风"山竹"前后

资料来源:微信公众号"绿手指份额农园"。

四、创业创新成效

创业进入第 10 个年头，邹子龙除了打造了集农业一二三产业于一体的"珠海绿手指有机农园"，还不忘回馈社会，开展食物教育活动，将绿色生态的食物理念向更多人（尤其是孩童）传播。

1. 农场建设　目前农场占地 20 公顷，业务范围在农业一二三产业均有涉及。一产方面，农场以种养结合的有机生产方式种植有机蔬果、生产安全蛋禽鱼肉，坚持有机认证保证食品安全；二产方面，农场自产粗加工食品；三产方面，农场则开设有机餐厅。农场围绕有机农业实现了农业三产的有机融合。此外，自 2016 年起，农场与全国生态有机农友合作，生产更多当地食材，丰富消费者餐桌（图 15-4）。

图 15-4　绿手指有机农园

资料来源：微信公众号"绿手指份额农园"。

2. 食物教育　邹子龙认为，食物教育不应该止步在城市里、餐桌上、想象中，它还可以回到农田间。白菜不是从超市里长出来的，鸡蛋不是冰箱生出来的。在这里，所有食物呈现着它们最初的样子，不是每一根瓜都整齐划一，不是每一张叶子都光鲜亮丽。

农场会不定期举办活动，邀请父母和孩子一起来到田间，给孩子一个全面认知食物的机会，让孩子通过自己的眼睛观察，学习自然食物是如何生长的，了解食物背后土地和农民的故事，亲手触摸挂在树上的一颗果子、圈里漫步的一头牛，把亲近大地的种子埋到他们心里，让他们能够自主选择对身体健康、对环境友好的食物（图 15-5）。

图 15-5 食物教育活动

资料来源：微信公众号"绿手指份额农园"。

五、创业创新经验

邹子龙从 2010 开始创业，从一无所有到如今小有规模，凭的是他坚韧的创业决心、科学的现代化企业管理方式以及精准的市场选择判断。

1. 企业化运作，科学管理 从 2013 年开始，绿手指由过去的普通合伙企业转型注册为有限责任公司。公司股东由十几个自然人组成，以企业化的方式全面规范公司从产品到金融的各个方面。企业化运作一方面保证了农场的效率、节省了农场的成本，另一方面农场模式只有具备了企业化运作可行性才能具备可持续发展的经营性。

2. 市场选择，适应消费需求 邹子龙选择珠海作为其农场的发展落成地，综合考虑了以下 4 个方面的原因：一是被珠海"生态文明新特区，科学发展示范市"的城市定位吸引了，觉得"敢闯敢试"应该是特区的精神品牌，寄希望于政府能够看到 CSA 这种新兴农业模式的优点并加以扶持；二是珠海环境优美，冬无严寒，气候宜居宜产；三是作为一个移民城市，珠海的消费者素质高，有利于推广这个城乡互助项目；四是珠海毗邻港澳，交通便利，能辐射珠三角，后续发展交通便利，道路宽，不堵车。CSA 农场不同于一般意义上的传统农场，对消费者素质、农业生产环境、物流交通等方面均有较高的要求。邹子龙在农场创立之前对以上方面进行综合考虑，最终决定农场落户珠海。

3. 信念坚持，不言放弃　邹子龙的创业创新过程是曲折坎坷的。顶着中国人民大学的硕士光环回乡务农这件事，从始至终都难以得到外人的理解和家人的支持。连年受台风侵扰，农场多次在台风的重创下化为废墟，也曾一度让邹子龙山穷水尽，但最终他坚持了下来。随着农场规模的不断壮大，他也逐渐获得了家人的理解与支持；台风的一次次侵扰也教会了他如何采取有效措施抵御台风、减少损失。

第二节　出身寒门的食品企业董事长

崔贵松，男，1980 年 2 月出生，毕业于青岛农业大学，现任日照怡和食品股份有限公司董事长兼总经理、日照市东港区青年创业协会副会长和日照市东港区青年创业导师团成员。先后荣获"日照市东港区十大杰出（优秀）青年""东港区优秀创业青年""东港区劳动模范荣誉称号""日照十大杰出青年"等荣誉。

一、创业创新原因

崔贵松踏上农村创业创新道路，一方面，取决于他对农业的热爱以及对商机犀利的洞察力；另一方面，贫苦的出身也为他的创业提供决心和毅力。

1. 寒门出身　崔贵松自幼家境贫寒，出生在农民家庭的他自小便养成了吃苦耐劳的习惯和"穷人的孩子早当家"的责任感。因此，在大学毕业之际，他为了减轻父母的重担，毅然放弃了继续深造的梦想，果断踏入社会扛起照顾家庭的重担。

2. 眼光犀利　虽然放弃了对学术的追求，但崔贵松并未舍弃自己 4 年大学学习的专业，他选择了一条当时令绝大多数人难以理解的发展道路——返乡创业。"真是脑壳进水了""堂堂大学生偏要跑回农村种地"……想起几年前回老家创业时乡邻们的冷嘲热讽，崔贵松至今仍憋着一股劲儿。但这恰恰反映了在那个时代身边人对他创业选择的疑惑和不解。不过，他并非像邻居们认为的那样，他选择返乡创业有他自己的道理。偶然的机会他在报纸上看到了一则关于"北京一家经营有机蔬菜的知名企业货源供不应求"的新闻。凭着犀利的商机洞察力和对自己专业学习的把握，他认为自己家乡土地肥沃，适种各类蔬菜。回去干这行，必定大有可为。

3. 热爱农业 小时候的生活经历并未让他对农业反感，反而格外热爱。在选择创业后，崔贵松一有空闲就"趴"在蔬菜基地。一方面，他四处拜访蔬菜基地，从他人的实践经历中吸取经验、听取教训；另一方面，他置身于图书馆，饱览农业生产有关的书籍、信息，做足理论功课。用了两年时间崔贵松找到了他的发展路线，"春天，我种黄瓜、毛豆、甜玉米；秋天，我种甘蓝、西蓝花"，为他后续的创业道路奠定了坚实基础。

二、创业创新内容

日照怡和食品股份有限公司（以下简称"怡和食品"）的前身是日照怡和食品有限公司，公司于 2000 年由崔贵松发起成立，于 2003 年 11 月 13 日在工商部门登记注册，注册资本金 1 050 万元，崔贵松任董事长兼总经理及法人代表。公司坐落在风景秀丽的新兴港口日照市区，拥有十分便利的交通及海运条件。日照港开通的平泽专线，全程只需 12 个小时，这架起了中韩贸易的平台。日照距中国的主要港口青岛只有 120 千米，海运条件极其便利。

怡和食品是一家以保鲜蔬菜、脱水蔬菜、速冻蔬菜为主的外贸食品加工出口龙头企业。集生产加工、出口销售于一体，是日照市最大的加工类企业。公司以初级农产品（果蔬）、初级水产品的初级加工，普通货物进出口（国家限定公司经营或禁止进出口的商品除外）为主营业务，拥有怡和淞、怡和淞 YHS 两项饲料种籽注册商标。自成立以来，公司的业务迅速发展，公司恪守质量原则，以质量求生存，深受国外客户的信赖和赞誉。

怡和食品按照国际化标准，已建成规范化生产车间，拥有两条先进的蔬菜洗涤筛选生产线和两座 1 000 吨恒温库。在厦门、日照等地区都有自己的加工厂。公司的主要产品有保鲜胡萝卜、保鲜蒜薹、保鲜蒜米、保鲜山药、保鲜牛蒡、保鲜大白菜等，产品主要销往新加坡、马来西亚、韩国、日本等国家及中东、欧美地区（图 15 - 6）。

图 15 - 6　日照怡和股份有限公司网站展示图

资料来源：日照怡和股份有限公司官方网站。

三、创业创新历程

崔贵松的创业历程是与怡和食品的发展历程高度绑定的，大体上可以划分为 3 个阶段，分别是 2000—2005 年的初创阶段、2005—2013 年的成长阶段以及 2013 年至今的成熟阶段。公司在经历了初创阶段缓慢扩张，度过了成长阶段的出口危机后顺利转型，于 2013 年进入成熟阶段。

1. 初创阶段　崔贵松 2000 年返乡创业，于 2003 年成立了日照怡和食品有限公司。在创业初期，公司规模偏小、人手短缺，几乎所有事情都需要崔贵松亲力亲为。据他回忆，"忙的时候自己也要动手参与农业生产，起早贪黑，常常忙到忘记吃饭，有时为了一个订单而四处奔波"。但也是凭借这股拼劲和毅力,让他逐渐积累客户、拿下订单,企业发展逐渐趋稳。

随着业务不断积累扩大,崔贵松遇到了公司经营中的第一个大问题,即因缺少冷链储藏和运输设备导致的无法长途运输与长时期保存问题。一方面,在公司知名度逐渐扩大、订单增长的情况下,公司的产品销售突破了地域限制,开始销售到北京、上海等地,但是由于缺少冷链运输设备,导致长途运输的产品难以保鲜。另一方面,公司遭遇了"谷贱伤农"的问题,即一旦蔬菜大规模集中上市,就出现因供给过多带来的价格下降,而解决这一问题的办法是建立冷链存储,避开蔬菜上市高峰期。虽然打造冷链对于崔贵松又是一笔不小的开支,但是崔贵松在综合考虑投入产出之后仍然决定建立冷链设备。这也为随后公司的快速成长打下了坚实基础。

2. 成长阶段 在经历了初创期的蹒跚学步后,公司初具规模。崔贵松于 2005 年开始建立自己的蔬菜生产基地并于同年建设完成。蔬菜基地占地总面积约为 24 公顷,种有白菜、马铃薯、西蓝花等十几种蔬菜品种。与此同时,公司销售范围进一步扩大,产品已经出口至东亚(韩国)、东南亚、中东等地区。根据 2007 年的财务统计,公司出口创汇 900 万美元,年盈利达 600 万元。

2008 年,崔贵松经历了公司创办以来最为严重的危机,美国次贷危机导致全球金融危机爆发,依靠出口的怡和食品在 2008 年后出口订单锐减。公司陷入举步维艰的艰难处境。而尚未走出金融危机阴影的怡和食品在 2011 年又遭遇了出口市场的第二次困境。由于受极端天气影响,崔贵松和日照的菜农遭受了一场寒秋的霜露。与此同时,东南亚地区的外商借机压级压价,导致崔贵松和他的蔬菜供应菜农遭受了巨大的冲击。在内外冲击之下,崔贵松本着对菜农的诚信、对老百姓的责任,选择自掏腰包支持本地蔬菜供应菜农,不仅按原定合同价格收购菜农的菜品,还超收菜品共计 220 多万斤。崔贵松此举为菜农减亏 150 多万元,但也让他自己损失近 30 万元。

2008 年、2011 年的两次危机虽然让崔贵松损失严重,但也让他明晰了公司下一步的发展方向,用他自己的话"想强农富农,就成立合作社，搞订单农业"。崔贵松决定依靠订单农业避免农产品生产过多过少的问题，通过成立合作社联合小菜农，提升单个农户的风险抵御能力，增加规模降低成本。此外，崔贵松决定延伸产业链，建立生产线，对产品进行深加工，打造品牌、扩大影响力。

3. 成熟阶段 2013 年，怡和食品注册了属于自己的品牌"怡和淞"，标志着崔贵松完成上一阶段公司的转型发展。除了打造品牌之外，崔贵松越发重视科技对公司发展的支持作用以及公司产品质量的提升。一方面，公司与山东农业大学、山东省农业科学院建立长期合作关系，邀请专家学者亲赴公司、基地，对一线工人、管理人员进行技能指导培训，更新生产科技、丰富管理理念、提升安全意识。另一方面，在崔贵松的亲自带领下，公司严控产品质量，全方位监管产品生产过程，提高生产工艺，在各级农业部门的大力支持下，基地产品通过了"无公害农产品认证"，企业通过了"GAP 认证"。怡和食品在崔贵松的带领下诚信经营，获得了国内外客户的一致好评。

四、创业创新成效

1. 农户带动 崔贵松的公司发展至今已经可以吸纳近 200 余人就业，为当地剩余劳动力的有效转移作出了积极贡献。在带动农户方面实现如此成就与公司联结农户的方式密不可分。公司以"企业＋基地＋农民"的模式将农户的利益与公司紧密联结在一起。在公司层面实现农业产业化发展的同时，又在农户层面大大提高了农民的生产种植积极性，带动农民共同致富。例如，在 2011 年、2014 年，怡和食品分别成立日照市东港区汉光蔬菜专业合作社、日照市岚山区雅如葡萄种植专业合作社和日照市岚山区恩泽茶叶农民专业合作社，合作社除了组织村民、整合土地统一种植管理以外，还依托公司资源向农民提高生产技术指导和销售服务。在 2013 年，由怡和食品牵头、当地村集体入股，联合成立了日照幽尔崮农业开发有限公司，打造了怡和农庄。农庄主营特色旅游和特色餐饮，在为村集体带来营收的同时，也为本地农村提供了相当数量的劳动岗位，解决了剩余劳动力就业问题。

2. 公益奉献 崔贵松从创业开始得到了政府及社会各方的支持和帮助，他一直以来都保持一颗感恩之心，不忘表达对政府相关部门及各级客户经销商、消费者的谢意。怡和食品自成立以来，热衷公益事业，坚持回报社会。其中，在 2008 年，崔贵松以公司名义资助了东港区南湖镇 10 家贫困户和贫困学生，为他们的生活以及学习提供物质和文化资助，直到贫困户脱贫、贫困生毕业并有能力自力更生为止。

五、创业创新经验

崔贵松创业创新的成功经验主要体现在以下 3 个方面：首先，先有规划、再做行动。以规划指导行动，让崔贵松少走了弯路，提高了效率。其次，需求导向、顾客为上。本着顾客是上帝、诚信经营的服务理念，崔贵松能够掌握消费者的需求动向，树立了良好的企业口碑。最后，保持热情，勇于创新。如果说坚定不移地将创业进行下去是崔贵松取得成功的基础，那么主动求变的创新精神则给企业注入了无限的活力。

1. 规划先行，科学管理 崔贵松的创业创新不是由着热情随心所欲开始的，他的每一项行动、企业做出的每一次转型都有理可寻、有据可依、有图所指。一是优先规划。萌生创业想法后，崔贵松并没有立即投资办厂，而是通过走访和阅读对行业进行深度研究，制订科学规划后方才"招兵买马"。例如，在选择创业方向时，他通过报纸收集资料发现了当时蔬菜市场的需求高且供给不足，因此才决定了创业方向。二是科学指导。引进山东农业大学等智库资源，强化员工专业素质，积极根据市场要求发展冷链，实现蔬菜的质量安全和错峰销售。三是谋划长远。崔贵松重视长远发展，认真处理好眼前利润和长远发展的关系，认为只有根据企业的能力适当地追求社会效益，企业才能和谐发展。

2. 顾客导向，诚信经营 崔贵松对企业的科学管理主要体现在处理客户关系和维持诚信经营方面。在对待客户方面，怡和食品秉承客户是企业上帝的原则，以提高顾客满意度为服务宗旨，坚信良好的客户关系是创造可靠经济效益的基本前提。另外，崔贵松坚持诚信经营。依靠良好的诚信度，在同行业以及客户间保持着默契、良好的关系，为企业的经营活动创造了和谐、默契的环境，为企业生产经营打开了必要的活动空间。

3. 保持热情，勇于创新 崔贵松在大学毕业时放弃城市的工作，不顾家人反对，扎根农村坚持农业创业。虽然创业之路困难重重，但他始终对农业保持热情，对创业成功保持信心，迎难而上。但对于创业成功，只有热情是远远不够的。与他坚定不移的创业决心相呼应的是他灵活多变的创新精神。强调创新贯穿了崔贵松创业的整个过程，对成功案例的模仿借鉴是创业的基础，但若要取得精髓必定需要结合自身进行原创。

他的创新精神体现在技术创新和管理创新两个层面。技术创新上，他注重对农业生产技术和设备的升级与改造，强调对员工的技能培训；管理创新上，他要求管理技术、管理理念、管理结构上取得创新，依据企业特点打造专属的管理模式。最终走上了一条成功的集蔬菜种植、加工、销售融合发展的创业之路。

第三节　长春版豆腐西施

卜睿，女，1986 年 10 月出生，本科学历。现任吉林省昌睿食品有限公司总经理、长春市女大学生返乡创业联盟理事长。曾荣获"全国农村创业创新优秀带头人典型案例""全国三八红旗手""吉林省三八红旗手""吉林好人""吉林好青年""吉林省高校毕业生十大创业先锋""吉林省十佳大学生创业明星""长春百名青年创业人才""双学双比女状元""长春市五一劳动奖章""长春好人""长春市道德模范""长春市创业创新团队"等荣誉称号。

一、创业创新原因

2009 年，卜睿从长春大学电子信息工程学院毕业，承载着全家人希望的她作出了在当时令所有人想象不到的选择——返乡创业。其创业原因可以总结为以下两点：

第一，热爱农业。电子信息工程这一专业与农业相差甚远，父母都以为大学毕业后的卜睿会找一份本领域的工作，留在城市的写字楼里。但卜睿对农业的热爱和情怀导致她选择了这份与专业不大相关的事业——"做豆腐"。而之所以选择这项事业，一个重要原因就是她的农业情怀。卜睿从小生活在农村，父母双方也都是农民，十几年的农村生活让她习惯了农村的一切，也喜欢上了这一切。虽然 2005 年她通过高考离开了农村环境，但是对农村生活的热爱和感情并没有使她选择放弃农民身份。

第二，做主人。卜睿是一个责任心强、有主见、有想法的人，成为一个"码农"，听从他人的指令工作，既不是她的本意更不是她的追求。她向往的是拥有一份属于自己的事业，有让自己发挥想象的天地。

二、创业创新内容

1. 创业内容——昌睿食品有限公司　2009 年，卜睿不顾家人的反对返乡创业，从最初的豆腐小作坊做到了如今占地面积 4 000 平方米的昌睿食品有限公司（以下简称"昌睿食品"）。

昌睿食品于 2012 年 9 月在吉林省长春市工商行政管理局二道分局登记注册，注册资本金 50 万元。公司以豆制品加工及销售为主营业务，附带农副产品、熟食、肉类销售等业务。公司注册了"卜家"品牌，并于 2012 年获得了吉林省质量技术监督局颁发的全国工业产品生产许可证，获得全国 QS 质量认证。尊崇"踏实、拼搏、责任"是公司秉承的企业精神，坚持诚信、共赢、开创的经营理念，创造良好的企业环境，以全新的管理模式、完善的技术、周到的服务、卓越的品质为生存根本，始终坚持用户至上和用心服务于客户，坚持用自己的服务去打动客户。

2. 创新成果——"长春市女大学生返乡创业联盟"　"长春市女大学生返乡创业联盟"（以下简称"女大学生创盟"）是由卜睿发起于 2015 年 4 月成立的。"女大学生创盟"以"自我提升、互助共赢、抱团发展、帮助他人"为发展原则，旨在为对农村充满热爱、致力于农业发展的女大学生提供创业服务。

"女大学生创盟"自成立以来便得到了各级领导的重视。创立时期，时任全国妇联副主席宋秀岩亲自见证了创立的全过程；发展过程中，还得到了时任中共中央政治局委员、国务院副总理刘延东的批示，要求"总结推广此经验，支持扶持女大学生自主创业"；此后，吉林省委、长春市委等地方主要领导也先后对"女大学生创盟"发展作出重要批示。

三、创业创新历程

自 2009 年卜睿返乡创业至今，10 年的创业历程可以概括为两个时期：一是 2009—2012 年的起步时期；二是 2012 年至今的成长时期。

1. 起步时期 2009 年卜睿毕业返乡，23 岁风华正茂的年纪，她选择开一间小作坊磨豆腐，这也是她创业的开始。起点低是卜睿创业起步时期的核心特点。首先，项目朴素。豆腐生产像多数农产品创业项目一样，不具备高投入、高风险、高回报的投资属性，成本低、用工少、产出不高 3 个方面综合表现了该项目的属性。其次，规模不大。最初的豆腐作坊只有 30 平方米大小的规模，偏低的产品产出也只能服务本地周边的消费者。虽然卜睿的创业起点较低、过程辛苦，但是她凭着自己每天不辞辛苦的劳作，逐渐做大了自己的产业。

2. 成长时期 2012 年，在积累了 4 年的努力后，卜睿牵头创立了昌睿食品有限公司，由原来的小作坊变成了占地面积达 4 000 平方米、建筑面积 1 000 平方米的食品生产企业。

这一时期，公司丰富了产品类型，从单一低端的产品，发展到现在已有 20 余种单品。例如，2012 年底，昌睿食品迎来了第一批生猪的出栏，在第四届吉林冬季农业博览会，展出效果明显并得到顾客普遍认同，"卜家黑猪肉"一时成为农博会的热门话题；多元化销售渠道，由过去"早市出摊"发展成现在进入超市、代工、零售等多元的销售方式；注册了产品商标，卜睿在意识到品牌的影响作用后，注册了"卜家"品牌，并获得全国 QS 质量认证，打造了"卜家豆腐"品牌，成为长春市独一的手工豆腐品牌。此外，在 2015 年卜睿还创立了"长春市女大学生返乡创业联盟"，投身于支持女大学生返乡创业的公益事业中。

四、创业创新成效

卜睿创业 10 年除了为自己打造了一份产业，还为当地村民的发展带去了福音。另外，卜睿在自己创业成功后积极回报社会、奉献爱心。她积极参与公益事业，帮助支持毕业女大学生返乡创业，成立了"长春市女大学生返乡创业联盟"，对致力于农业创业的女大学生提供援助。

1. 创业成效 卜睿的创业成效体现在两个方面：第一，带动农户。昌睿食品自成立以来，累计解决农村剩余劳动力 120 余人，工人每人平均年收入 3.5 万元。2014 年，卜睿以"公司＋合作社＋基地＋农户"的生产经营模式，带动当地农户发展生态养殖产业，主要饲养黑猪和土鸡，打造了胡家村特色品种及品牌。在此过程中，卜睿借助互联网渠道帮助农户销售产品、宣传品牌，吸引了千里之外的消费者。另外，农户生态养殖的成功也引回了离家在外的年轻劳力和知识青年。在卜睿的带领下，胡家村部分村民实现了增收致富。

第二，奉献爱心。卜睿虽没有显赫的身份背景，但是有一份强烈的社会责任感，她希望通过自己的努力，带动身边的农民增收，同时为消费者送去一份安全食品。在致力于企业发展的同时，卜睿还积极投身社会公益事业。当玉树地震发生后，卜睿毫不犹豫地为玉树同胞们举办赈灾义卖活动，把全天的营业额全部捐给玉树同胞；当 40 年不遇的最强台风"威马逊"席卷海南，让很多拿到大学录取通知书的准大学生无钱上学时，卜睿又马上发起倡议并捐款，让这些准大学生们有学可上，如期走入大学校门；当在微信上看到同族人身患白血病急需救治时，虽然素未谋面，但卜睿还是立刻将捐款打到对方的账户上，希望自己的一点微薄之力能助患者早日康复。不仅如此，她还经常主动帮助身边的人，无论谁遇到困难，卜睿都主动给予帮助。她常说，自己的一点付出能够为他人提供方便，让他人生活更幸福，便都是值得的。

2. 创新成效　卜睿的创新成效包括两个方面：第一，孵化创业。"女大学生创盟"自 2015 年创立以来，截至 2017 年已举办超过 20 次的创业培训活动；通过与高校合作，为 15 余人次提供了外出高校学习培训的机会；选派学员至浙江义乌等电商行业发展领先的地区学习知识，吸收经验。在这一系列活动的帮助下，"女大学生创盟"培养了 27 名返乡创业女大学生，孵化出了"豆腐西施""蘑菇皇后""孔雀公主""辣椒姐姐"等一批具有特色的农产品品牌。

第二，互助壮大。"女大学生创盟"不仅直接培养孵化了新的女大学生创业者、农业企业，加入联盟的创业者之间也互助合作，实现了互惠发展。一方面，成员之间通过投融资合作，延长产业链条，降低个人创业风险，实现联盟内部的知识互通、产品互通和渠道互通；另一方面，"女大学生创盟"作为连接城市和乡村的枢纽，用新知识、新技术和新模式，帮助和引领村民生产优质安全农产品。

五、创业创新经验

1. 品牌经营　从卜睿的创业经历可以看出她具有很强的品牌意识。早在 2012 年，她就注册了"卜家"商标，打造了"卜家豆腐"这个长春市独家的手工豆腐品牌，并获得全国 QS 质量认证。"卜家豆腐"品牌的建立，一方面，能够帮助她提升产品溢价，高出行业的一般水平；另一方面，品牌为她带来了信誉积累，增强了消费者信任。另外，结合其个人特质"卜家豆腐"品牌也成就了她豆腐西施的美誉，扩大了影响力和传播范围。

2. 积极创新　卜睿创业创新体现在产业的融合发展上面。将农业和电子信息工程两个看似毫无瓜葛的专业深度融合是卜睿创新精神的集中体现。卜睿在传统行业里融入新的思路，运用"互联网＋农业"思想、物联网技术、现代网络销售平台，不仅打造了特色品牌，还把农产品远销全国各地，真正做到了农业"现代化、科技化、品牌化、标准化、精细化"发展。

第四节　火龙果农创客

戴尚锋，男，1991 年 6 月出生，西安交通大学土木工程系毕业，现任奉化市羊羔仔农场总经理，荣获"浙江省百名农创客"等荣誉。

一、创业创新原因

1. 农业热情　戴尚锋 2012 年从西安交通大学毕业，没有选择城市的生活，也没有选择与土木直接相关的职业，而是返回农村尝试做一名高素质农民。导致戴尚锋选择作出此决定的主要原因包括：一是对田园牧歌的期待。戴尚锋自幼在农村长大，过惯了田园生活的他不愿意选择别样的生活方式，一辈子田园牧歌、远离喧嚣的城市、回归自然是他最大的期待。二是对物以稀为贵的认同。如今年轻人远离农村去往城市学习、打工，并留在城市生活已几乎成为融入农村年轻人基因的一种生活理念。戴尚锋考虑到新型农业在未来有巨大发展潜力，物以稀为贵，事业也一样，意味着更多的发展机遇、更大的发展可能。

2. 资源优势　戴尚锋的老家奉化农业资源优势得天独厚，不仅环境优美、空气清新，还具备充沛的水资源。另外，在经过请教专家、考察、分析家乡的气候环境和农业市场后，戴尚锋认识到火龙果和猕猴桃是最适宜在此地区大规模种植的两类农产品。此外，在经过朋友推荐和实地考察之后，他发现尚田镇桥棚村的土质更适合这两种农产品的生长。

于是，刚刚走出大学校园的戴尚锋凭着一腔热血，在奉化的尚田镇桥棚村开启了他的农村创业之路。

二、创业创新内容

羊羔仔农场是戴尚锋一手创办的。从 2012 年起，他联系村镇干部、承包荒地、经营建造，事无巨细、亲力亲为，经过 5 年 1 000 多个日夜的辛勤耕耘，用执着和科技在 2017 年迎来了农场火龙果的丰收。现阶段，火龙果种植面积已超过 20 公顷，他本人也获得了"浙江省百名农创客"等荣誉。羊羔仔农场在戴尚锋的带领下向着美好的明天驶去。

三、创业创新历程

戴尚锋的创业时间不长，却在这短短几年经历了各式各样的困难。其中，最令他记忆深刻的一次危机发生火龙果种植初期，果苗大规模成批死亡让他一度陷入绝境，差点终结了他创业梦。

最开始由于农业技术缺乏和种植经验不足，再加上农场地处高山，热带水果完全不适应寒冷的生长环境，戴尚锋种植的火龙果果苗几乎全数死亡。面对成片倒塌的火龙果果苗，戴尚锋一度怀疑自己，甚至出现了放弃的念头。好在对农业的热情让他最后没有失去信念，坚持将农场做下去。他认真研究残存的几颗果苗，对比它们与其他果苗的区别，最终他发现了果苗死亡是由气候造成的。直接原因是他没有完善的棚室和取暖加温设施等"硬件"，也缺少科学的种植管理技术等"软件"。在意识到问题之后，戴尚锋积极寻求解决方案，对症下药，在请教了专家学者、研究书籍指南之后，他将生产过程重新来过，终于看到了一颗颗果实的成功缔结。

四、创业创新经验

戴尚锋是一个让人钦佩的 90 后大学生，他勇于承担发展农村、带动农民社会责任，更是把自己的梦想建立在此之上，用一腔热血开始了创业生涯。虽然他的创业起步较晚，但在他的创业历程中仍然有值得借鉴的经验。

1. 市场导向，发挥优势　戴尚锋创立羊羔仔农场并专注红心火龙果生产的过程体现了他以市场为导向、发挥优势的经验。第一，他通过市场调研，发现现阶段我国居民具有较强的消费能力。而在此背景下，消费者对农产品消费具有个性化需求，尤其是对生态农业、创意农业、休闲观光农业、互联网农业的多元需求较强。于是，他紧紧抓住这一市场导向，进行红心火龙果、红心猕猴桃的特色农产品种植。第二，现如今每年的就业市场上都有大量的高校毕业生，这些大学生在城市就业创业显得无足轻重，也难以实现自身价值；然而到了农村，不仅天地广阔，还能够得到政府各项惠农强农政策的支持。于是，戴尚锋认为应当抓住这种机会，倾向往农村发展。

2. 科学生产，善用资源　戴尚锋尤其注重生产上的科学性。一方面，他通过请教、学习找到了最适合在此地种植的农产品类型，又依据火龙果与猕猴桃的生长特点，在本地区找到了最合适的生长区域；另一方面，他不辞辛苦地向专家学者请教火龙果生产的科学经验，同时自己也大量阅读专业书籍，试图从书中获取专业知识。此外，戴尚锋认真研究政府对发展农场的政策支持，紧跟政策最新动态，积极借助政府力量，以合理的方式向政府寻求帮助。

第五节　结论与启示

一、结论

本章介绍了邹子龙、崔贵松、卜睿、戴尚锋4位大学生的返乡创业创新故事。邹子龙依靠珠三角地区的消费能力优势，以生态农产品种养为基础，形成了集种养、加工、餐饮娱乐于一体的现代化有机农园。崔贵松则主攻农产品对外贸易路线，以山东蔬菜生产大省为背景，以标准化生产、品牌化经营为理念，打造了日照地区首屈一指的外贸食品加工出口龙头企业。卜睿一方面专注豆制品生产，以高品质、纯手工为竞争力，建立了自己的手工豆腐品牌；另一方面，她组织发起了"长春市女大学生返乡创业联盟"，该联盟以孵化女大学生返乡创业和互助互惠为宗旨，帮助有意返乡的女大学生开展创业创新活动。戴尚锋的创业规模目前尚小，但是以特色农产品生产为核心的农场发展战略，帮助他明确了方向，农场在他的带领下正向着美好的未来前进。

二、启示

本章案例中的4位主人公凭着对农业的热爱，在创新精神的带动下，依靠现代化的企业管理方式走出了自己的创业之道。虽然 4 个人位于不同的城市，创业项目也各式各样，但他们的创业创新经历还是呈现出了许多共同之处。归纳如下：

1. 农业情怀 农业情怀是 4 人从事农村创业创新的源头。邹子龙的农业情怀是其对幼年生活的美好回忆；崔贵松的农业情怀来自于从小的农村生活经历，贫寒的农村生活让他充满斗志，时刻想着如何改变农村、致富农民；卜睿的农业情怀与崔贵松很相似，自幼开始的农村生活让她对农村生活充满习惯与依赖；戴尚锋的农业情怀也是一样。对于他们 4 人来说，农业情怀既是让他们放弃城市返回故乡的根本，也是令他们不畏艰险、永不放弃的关键。

2. 创新精神 创新精神是帮助他们 4 人取得创业成功的核心要素。邹子龙的创新精神体现在多个方面。第一，他没有采取传统的农场形式，而是选择以 CSA 的方式开辟自己的创业之路。第二，他没有停留在农业种植单个领域，在农场内布局农业养殖，实现了种养结合一体化的经营模式。另外，他还在农场布局了餐饮、住宿板块，真正做到了一二三产业融合，实现了"从田地走向餐桌"。崔贵松的创新精神体现在技术和管理两个方面。技术上他重视科技，强调借鉴但不照搬，技术应用上紧随国际前沿；管理上他善用人才，重视对员工的技能培训。利用现代科技装备管理体系，依据企业特点定制管理策略。卜睿的创新精神集中表现在她对互联网技术的应用，依托互联网技术打造了自己的线上营销平台，摆脱了传统销售面临的地域限制问题。最后，戴尚锋的创新精神体现在他对生产技术、农产品品种的研究和追求。一方面，通过学习不断优化生产技术；另一方面，避开传统农产品品种，优选新技术下培育的火龙果和猕猴桃品种。

3. 科学管理 如果说情怀提供的是一种动机，是牵引创业创新的动力，那么在农业企业的实际运营中，专业现代化的企业管理方式带来的则是成本的管控和效率的提升，而这些才是提供企业可持续发展的保证。邹子龙在企业管理方面聘用了专业的管理人才作为农场的经理人，经理人专职负责农场的内部管理。崔贵松创业创新的每一步都体现了他优秀的管理技巧。一是根据市场导向选择主营业务；二是在创业启动前进行大量基础资料获取，进行具体的谋划与布局；三是对待客户关系上，他坚持诚信经营、客户为上的原则，对农民蔬菜供应商让利让益。卜睿在豆腐作坊做大之后，也及时转型为现代化豆腐生产企业，用专业管理体系管理企业。戴尚锋的农场，目前尚处于初创之期规模不大，现阶段可能没有呈现出现代化企业管理的态势。但未来随着农场的扩大，务必需要以更加科学的管理方式对农场优化提升。

4. 品牌运作　在企业发展中，品牌既是提升知名度、提高竞争力的基础，也是建立消费者信任、形成消费依赖的保障。在本章的案例中，邹子龙、崔贵松、卜睿都设有醒目的企业品牌。邹子龙的"绿手指有机农园"以有机生活理念打造品牌，目前已在全国有机农场业界声名鹊起；崔贵松也在 2013 年注册了自己的品牌"怡和淞"，品牌的注册标志着公司的发展走向成熟；卜睿在自己创业的第四年就注册了"卜家"手工豆腐这一品牌，品牌与其个人的深度结合，让她名声在外的同时，也让"卜家"在长春地区人尽皆知。

主 要 参 考 文 献

陈建光，2015. 农村创业创新现状与对策 [J]. 中国农村科技 (8)：37 - 39.

崔海兴，郑风田，2014. 我国农民工回乡创业行为的理论与实证研究 [M]. 北京：中国农业出版社.

国家发展和改革委员会，2018. 2017 年中国大众创业万众创新发展报告 [M]. 北京：人民出版社.

韩长赋，2017. 围绕实施乡村振兴战略　深入推动农村创业创新 [J]. 农村工作通讯 (24)：5 - 7.

韩长赋，2018. 以农村创业创新推动乡村振兴 [J]. 湖南农业 (5)：26 - 27.

雷家骕，葛健新，王华书，等，2014. 创新创业管理学导论 [M]. 北京：清华大学出版社.

卢静，2018. "双新双创"为乡村带来蓬勃活力 [N]. 农民日报，11 - 13.

毛晓雅，2017. 推进农村创业创新　加快培育农村发展新动能 [N]. 农民日报，09 - 16.

农业部农产品加工局，2018. 农村创业创新呈蓬勃发展趋势 [N]. 中国科学报，03 - 21.

农业部农村社会事业发展中心，2017. 首批全国农村创业创新优秀带头人典型案例 [M]. 北京：中国农业出版社.

芮正云，方聪龙，2018. 互联网嵌入与农村创业者节俭式创新：双元机会开发的协同与平衡 [J]. 中国农村经济 (7)：98 - 114.

王昌林，2018. 大众创业万众创新理论初探 [M]. 北京：人民出版社.

王雯慧，2017. 为农村创业注入新动能新活力——解读《关于支持返乡下乡人员创业创新促进农村一二三产业融合发展的意见》[J]. 中国农村科技 (1)：22 - 25.

张怀英，2018. 农村创业助推乡村振兴的模式选择及其实现机制 [J]. 吉首大学学报 (社会科学版) (3)：98 - 104.

中国乡村振兴袁家村课题组，2018. 创新与共享：袁家村的乡村振兴之路 [R].

Graeub B E, Chappell M J, Wittman H, et al, 2016. The state of family farms in the world [J]. World Development (87)：1 - 15.